589
957

E 651

Dr V

589

LA BEAVTÉ DE LA VALEVR ET LA LASCHETÉ DV DVEL.

DIVISÉ EN QVATRE PARTIES.

Par Monsieur le Comte DE DRVY.

Dedié au Roy.

A PARIS,
Chez JEAN BESSIN, ruë de Reims proche le College.
ET
NICOLLAS TRABOÜILLET, au Palais, à l'entrée de la grande Salle.

M. DC. LVIII.
AVEC PRIVILEGE DV ROY.

AV ROY.

IRE,

    J'apprens des sentimens d'vn Roy de cette Monarchie sorti du sang de Charlemagne, que celuy qui commande à tous les Princes de la terre, a partagé son autorité de telle sorte, en se retirant dans le Ciel, qu'il a laissé celle qui regarde les choses Saintes, & la dignité de souuerain Pontife, entre les mains des Prelats qui gouuernent l'Eglise, & qu'il a donné celle qui exprime sa souueraineté, aux Monarques qui regnent sur les peuples. Cette connoissance me fait voir que Vostre Majesté porte en elle mesme,

EPISTRE.

comme vn don precieus de la Diuinité, les caracteres augustes de la domination du Fils de Dieu. C'est de là d'où sortent à la foule toutes les grandeurs qui paroissent en vostre personne. Si elles seruent à nous faire connoistre quelque chose de celles que nous adorons en l'*Auteur de la Nature*, ce diuin original de tout ce que vous possedez d'esclattant, leur rend la pareille auec vn auantage digne de sa liberalité; puis qu'il veut que ses propres magnificences nous esclairent, pour nous faire connoistre en *Vostre Majesté*, comme en leur peinture viuante, les traits admirables de leurs ressemblance. Ce Souuerain Seigneur de toutes choses ne se contente pas de vous auoir fait le portrait, dans lequel nous considerons les merueilles de son excellence, il veut que les grandes actions de *Vostre Majesté*, & les entreprises heroïques qui naissent de son courage, soient encore les images de ses faits glorieus. Cette verité paroistra au iour brillant de ce grand Seigneur, lors qu'on verra que vos victoires tireront tout leurs lustre des siennes, & que vos triomphes seront ornés de la gloire des siens. Et il sera bien iuste, SIRE, puis que tout ce que vous aurez executé de grand, en qualité d'vn des Generaus du Roy de tous les Rois, sera regardé auecque tant de respect & tant d'admiration, qu'il sera trouué digne par le iugement mesme de Dieu, de seruir à orner les pompes de son Fils. Ouy SIRE, vos

EPISTRE.

batailles & vos conquestes, comme elles sont legitimes, feront vne partie de la beauté des siennes. Et les trophées qui marqueront les auantages que vous aurez remportez sur vos ennemis, entreront dans ceux que l'illustre Fils de la Vierge erigera sur le theatre de l'Eternité, comme vn spectacle glorieus, qui representera ses exploicts. Le monde embrasé par le feu de sa colere, l'orgueil abbatu de ces perfides qui auront tasché à secoüer le joug de son Empire, & la punition de ceux qu'il abandonne aux tourmens, composeront les marques perpetuelles de ses trophées; aussi bien que ces agreables victoires, qui ont rendu esclaues volontaires de sa douceur, ceux que leurs crimes auoient autrefois assujettis à la tyranie des Demons. Ce sera entre ces mouuemens celebres, que l'on verra paroistre les villes que vous aurez prises, les rebelles que vous aurez domtés, & le nombre estonnant des armées que vous aurez vaincuës. Mais SIRE, ie ne doute point que le Duel terrassé & aboli, par les soins genereus de Vostre Majesté, ne soit le plus grand ornement de tant de choses admirables. C'est ce qui vous fera principalement esclatter de mille lumieres, au dessus d'vne infinité d'autres Conquerans, qui seront estimez en cette magnifique assemblée. En effect le bonheur que vous auez eu, de renuerser vn monstre qui a pasé iusqu'à cette heure pour inuincible, fera briller vostre gloire

EPISTRE

d'vne maniere admirable, & rien ne rendra plus d'hommage à la victoire parfaite, que le Seigneur des Seigneurs aura obtenuë sur le prince des tenebres, puisque ce tyran n'a iamais eu d'armes plus puissantes pour combattre les hommes, que celles qu'il auoit cachées sous ce crime. Ie vois encore, SIRE, que ce Monarque Eternel pousse plus auant l'expression de soy-mesme qu'il a mise en vous: car il nous fait connoistre que non seulement vos perfections nous representent les siennes, & que vos actions nous expriment ses actions adorables; mais il nous fait paroistre aussi que vos paroles, portent les marques de ses paroles Diuines, & qu'elles nous sont publiées auec vne majesté, qui honore la maniere auecque laquelle il parle. Il nous a fait entendre sa voix par luy-mesme, lors qu'il estoit sur la terre ses Prophetes & ses Apostres nous l'ont annoncée, ses Conciles nous apprennent ses volontez, comme les oracles de sa bouche sacrée, & Vostre Majesté dit aussi elle-mesme à tous ses sujets, l'horreur qu'elle a pour le Duel: vos braues Mareschaus de France, declarent de vostre part les bassesses & les laschetez dont il est rempli, & vos Edicts & vos Parlemens comme des foudres qui estonnent, publient les chastimens terribles que vous ordonnez, aux miserables qui se laissent aller aux timiditez de ce vice. Enfin, SIRE, il est constant qu'il ne peut iamais rien entrer dans l'Esprit

EPISTRE.

de vostre Majesté, qui soit plus digne de son courage & du crayon qu'elle represente de la grandeur du Souuerain de toutes les creatures, que le dessein qu'elle a conceu, de pousser à bout ce cruel persecuteur de sa Noblesse. La connoissance que i'ay de vostre auersion pour cette lasche manie, m'a persuadé que vous ne desagréríez pas que ie vous presentasse ce discours, où ie descris les hontes & les miseres de ce crime. Ie demande à Vostre Majesté, sa protection pour ce petit Ouurage, & ie ne doute point qu'elle ne soit la cause de toute l'impression vtile qu'il pourra faire dans le cœur des Gentilshommes, pour l'amour desquels il a esté entrepris. Ils verront dans le soin que Vostre Majesté prendra de fortifier mes raisonnemens, qui sont establis sur les pensées qu'elle a du Duel, les marques celebres de la pieté & de la valeur qu'elle fait tous les iours paresstre. Vos actions ordinaires, SIRE, portent continuellement les caracteres de ces illustres qualitez. La derniere Campagne est toute pleine de leurs effects heroïques, & nous auons veu depuis peu, la terrible resistance de Monmedy, rendre enfin ses hommages respectueus à la force admirable de vostre Generosité. Il falloit aussi, SIRE, vne grandeur de courage de cette nature, pour entreprendre de destruire le Duel. Son crime est tout plein d'vn venin secret, & nourri par le froid infame de la Timidité. Il est necessaire pour

EPISTRE

guerir les maux causez par cette maladie, d'employer le noble feu d'vne Valeur extraordinaire, & si i'ose declarer librement ma pensée sur ce sujet à Vostre Majesté, ie luy diray qu'il est tres-certain que pour combattre vtilement ce crime, il faut necessairement estre fort vaillant, & esloigné de toutes les foibles craintes qui tyrannisent les ames timides, & qui n'oseroient approcher de celles dans lesquelles l'Auteur de la Generosité à establi le Trosne de cette vertu des Heros. Aussi est il tres-veritable, SIRE, que i'ay principalement fondé l'esperance que i'ay conceuë, que Vostre Majesté appuyeroit de son autorité le dessein que i'ay pris d'attaquer le Duel, sur la certitude dans laquelle ie suis, que vous possedez parfaitement la Valeur en vostre personne, & que vous l'aimez dans vos Subjets. Et ie ne doute point, SIRE, que le zele que vous auez de les faire iouir du bien pretieus de la plus haute magnanimité, & de les tirer de la seruitude de la funeste manie, qui est opposée à cette vertu, n'attire infailliblement sur Vostre Majesté, les plus riches presens du Ciel. Si le magnanime Dauid a esté recompensé d'vne quantité de Prouinces, que sa Valeur a adjoustées à son Royaume, pour auoir donné genereusement la mort au Geant, qui menaçoit auec insolence toute l'armée du Roy Saül; & si Dieu a destruit d'vne façon miraculeuse, le nombre espouuantable des ennemis du Roy Ezechias, à cause

EPISTRE.

cause que ce Prince auoit ruïné les idoles que ses Sujets adoroient, & destruit le serpent d'airain, auquel ils offroient de l'encens ; que ne doit point attendre Vostre Majesté, de la liberalité Diuine, pour auoir si hautement declaré la guerre, & osté les forces à ce fier Tyran, qui faisoit honteusement mourir & les corps & les ames des plus illustres personnes, qui soient dans les Estats du Fils de Dieu, & dans les siens. Ie pense que l'on ne sçauroit rien imaginer d'assez haut, qui puisse esgaler ce que les profusions de la Bonté infinie respandront sur elle ; puisque ce qu'elle fait, surpasse asseurément toutes les autres entreprises qui se peuuent executer : car tout le monde sçait que rien n'a iamais paru plus dificile que d'éteindre l'amour du Duel dans le cœur de la Noblesse, cōme rien aussi n'a iamais eu de plus profondes racines d'vne illusion espouuantable. Ie me persuade, SIRE, que la fin de vostre combat contre ce Monstre abbatu, sera le commencement de l'execution de cette prophetie que le grand Cardinal Baronius, qui n'a iamais rien aduancé que de solide, a annoncé au grand Henry vostre Ayeul, lors qu'il luy a dit qu'indubitablement le Croissant des Ottomans devoit estre effacé par l'esclat des fleurs de Lys. Il est bien raisonnable que des armes inuentées par des hommes meschans, cedent leur gloire à elles qui sont enuoyées du Ciel, & que l'Empire qui reuere vn Imposteur,

EPISTRE.

succombe sous l'Espée victorieuse de celuy, qui adore saintement le Dieu Tout-puissant, & qui ne souhaitte de domination que pour estendre la Souueraineté de celuy, de qui il a receu tant de bienfaicts. Nous attenãds, SIRE, auec esperance l'effect d'vne chose si desirée, & ie supplie tres-humblement Vostre Majesté, de croire qu'entre tous ceux qui luy souhaitent ces auantages, personne ne les verra auec plus de ioye que moy, & que ie m'estimerois tres-heureus de pouuoir répandre mon sang en suiuant ses Conquestes, & de luy tesmoigner par mes tres-humbles seruices, que ie suis auec tous les respects que ie dois.

SIRE,

Son tres-humble, tres-obïssant
& tres-fidele sujet & seruiteur
DE DRVY.

LETTRE DV ROY.

MONSIEVR le Comte de Druy, i'ay veu le Liure que vous auez composé contre les Duels, ie l'approuue fort, & vous sçais bon gré d'auoir fait vn Ouurage si vtile à la gloire de Dieu, & pour le bien de la Noblesse de mon Royaume, vous asseurant que ie l'ay receu pour vn tesmoignage singulier de l'affection que vous auez pour cet Estat, & pour mon seruice, & que ie le reconnoistray en toutes les occasions qui s'offriront de vous donner des marques de ma bonne volonté, cependant la presente n'estant à autre fin, ie prie Dieu qu'il vous ait, Monsieur le Comte de Druy, en sa saincte garde. Escrit à Fonfainebleau le quatriesme Septembre 1658.

LOVIS.

DE GVENEGAVD.

LETTRE DE MONSIEVR L'EVESQVE
de Montauban, de la part de l'Assemblée generale du Clergé de France tenuë à Paris en l'année 1657. à Monsieur le Comte de DRVY.

MONSIEVR,

Quoy que ie vous doive responfe en mon particulier, ie vous dois dire neantmoins que ie vous fais celle-cy, au nom de l'Assemblée generale du Clergé de France, qui m'a chargé de vous tesmoigner l'estime qu'elle fait de vostre zele, & combien elle desire que vostre Livre de la Lascheté du Duel, & de la Beauté de la Valeur, dont ie luy ay donné connoissance ait tout le succez qu'on en doit raisonnablement attendre. A quoy, MONSIEVR, ie puis ajoûter, que sans rien diminuër de l'honneur qui vous est deu, elle a considéré cet Ouvrage, non seulement comme un tres-agreable effet de vos estudes & de vos bonnes inclinations, mais encore comme vn fruit precieus de tant de prieres que l'Eglise Gallicane a presentées à Dieu, & tant de Remonstrances qu'elle a faites au Roy, pour empescher cette criminelle fureur, qui a si souvent armé les hommes contre eux-mesmes, quoy que conceus dans le sein d'vne mesme Patrie, & que comme enfans d'vne mesme Eglise, ils en deussent estre d'autant plus chrestiennement vnis. Mais par vn miracle qui respond si avantageusement aux vœux de tant de personnes pieuses, nous voyons que cette fureur est beaucoup ralentie, & nous en devons iustement esperer l'entiere extinction; puisque la Noblesse Françoise de concert avec l'Eglise, condamne à present de si damnables maximes, & signale si genereusement cette condamnation par ses sçavans escrits. L'execution de la Loy de Dieu honore son pouvoir, mais elle l'establit davantage, lors que les hommes s'interessent pour sa defense: & de mesme que nous sommes tres-obligez aux exemples de pieté que nous ont donné les premiers Siecles, & que nous le sommes encore davantage à ces doctes & zelez Chrestiens, qui ont escrit pour appuyer par leur doctrine, ce qu'ils enseignoient par leurs actions; nous devons aussi, quoy que nous fassions grand cas des Gentilshommes qui mesprisent le faux honneur des combats singuliers, faire encore plus d'estime de ceux qui establissent la iustice de ce mespris par la force de leurs raisonnemens. Ainsi l'on ne peut douter que vostre Livre ne

ē 2

passe aux Siecles à venir, & que continuant le mesme effet dans les enfans de ceux qui auront abatu cette Idole de la fausse generosité, il n'en empesche pour iamais le restablissement. De sorte qu'on le pourra conter parmy les Apologetiques de la Religion, puisqu'à l'imitation de ceux qui les ont composés pour iustifier la vertu Chrestienne, vous montrez qu'il n'y en a point de veritable, que quand elle sçait trouver en elle-mesme & la raison de ne se point venger & la moderation de ne le point faire. Car comme c'est estre bien esloigné de l'Evangile qui nous ordonne d'aimer nos ennemis, que de chercher à s'en venger, & de faire choix entre les moyens pour y parvenir, de ceux qu'on ne peut executer qu'en deshonorant Dieu, qui est le plus interessé en la conservation de l'honneur de ses Creatures; c'est estre bien conforme au mesme Evangile, que d'enseigner les raisons qu'on a de pardonner à ses ennemis, & de montrer qu'il y a de la lascheté d'en rechercher la vengence. Et en effet l'honneur n'estant qu'une approbation dont les personnes raisonnables sont convenuës, y en peut il avoir dans ce que condamnent ces mesmes personnes? Et si pour se déterminer à quelque action, on la regarde dans le sentiment qu'en doivent avoir ceux qui la verront, si, dis-je, on est persuadé que la Morale des Sages condamne le Duel, & que l'Evangile y ajoûte ses defenses, se trouvera-t'il quelqu'un assez abandonné à son propre sens, pour ne se pas absolument soûmettre à ces veritez? Non, MONSIEVR, cela ne se peut, elles sont trop esclairées des lumieres de la parole de Dieu, & trop fortement appuyées de vos excellens discours, pour ne pas achever ce qu'elles ont si heureusement commencé, & ne pas attirer doresnavant l'indignation de tous les honnestes gens sur les Duellistes, comme sur de vils Gladiateurs que Dieu reprouve, que les Anges mesprisent, que le Roy prive des honneurs & des dignitez, que les Loix punissent, & qui ne sont considerez que des Demons, à cause de leur Prince, qui fut le premier homicide du monde. Vostre Ouvrage explique si bien tout cela, qu'il merite nostre estime, & nous la luy donnons d'autant plus volontiers, que nous le croyons digne de celle de tous les autres hommes, & mesme d'estre beni & recompensé de Dieu. C'est, MONSIEVR, le sujet des vœux & des prieres de l'Assemblée, à quoy i'aioûte celles qu'en mon particulier ie vous fais de me croire, comme ie suis veritablement,

MONSIEVR.

A Paris ce 10. Auril 1657.

Vostre tres-humble & tres-affectionné serviteur
PIERRE E. de Montauban.

LETTRE DE MONSIEVR LE MARESCHAL D'ESTREE A MONSIEVR LE COMTE DE DRVY.

ONSIEVR,

J'eusse bien souhaité que la Lettre que vous nous auez escrite, & le Liure que Monsieur l'Abbé de Fuquiere m'a fait voir de vostre part, fussent venus dans le temps que la plus grande partie de Messieurs les Mareschaux de France estoit encore icy ; ils auroient eu aussi bien que moy, vn singulier plaisir à voir des marques de vostre zele, & la force de vos raisonnemens, sur vne matiere si digne de vostre occupation, & que vous auez si bien traitée. Ils ne seront pas plustost de retour, que ie les assembleray, & les entretiendray du merite de vostre Ouvrage. Cependant ie vous exhorte, tant que ie puis, MONSIEVR, de le donner au public ; il ne seruira pas peu à confirmer la Noblesse dans la disposition, où elle semble estre plus que iamais, d'obeïr aux Edits du Roy, & de ne se laisser plus abuser par cette fausse opinion du point d'honneur mal entendu, qui a esté iusques icy si dommagable à vne infinité de familles. Vous aurez vne grande satisfaction, quand vous verrez que vostre trauail contribuëra beaucoup à l'auancement d'vn si grand bien, & i'en aurois vne tres-particuliere s'il se presentoit quelque occasion, où ie vous pusse tesmoigner l'estime que ie fais de vostre vertu, & auecque quelle inclination ie suis,

MONSIEVR,

A Paris ce 25. de Iuin 1657.

Vostre tres-humble seruiteur
D'ESTREE.

LETTRE DE MONSIEVR
LE MARESCHAL DE GRAMONT
A MONSIEVR
LE COMTE DE DRVY.

ONSIEVR,

 Voſtre Livre eſt ſi vtile à la Religion & à l'Eſtat, que tous ceux qui s'intereſſent en l'vn & en l'autre, vous en doivent des remerciemens. Meſſieurs les Mareſchaux de France y ſont plus particulierement obligés que tous autres : puiſque par vos fortes & puiſſantes raiſons, il ſemble que vous concouriez auecque eux à deſtruire vn mal, qui paroiſſoit ſi enraciné dans l'eſprit des François.

 Mais comme il a plû à Dieu benir noſtre trauail, nous devons eſperer qu'il acheuera ſon Ouvrage, & que noſtre Nation connoiſtra, que la veritable gloire ne conſiſte pas à ſe battre en Duel, mais bien à employer ſa vie pour le ſeruice du Roy, & le ſouſtien de la Monarchie.

 Nous avons veu autrefois des perſonnes, dont les combats particuliers auoient eſté auſſi heureus que frequents, reduits à demander l'aumoſne ; Et il eſt encor hors d'exemple, que ceux qui ont ſignalé leur valeur dans la guerre, n'en ayent remporté des marques eſſentielles de l'eſtime de leur Prince.

 Voſtre Livre peut ſervir d'vne inſtruction ſi vtile, que ie ſouhaiterois que ce fuſt celuy qu'on fiſt lire le premier, à ceux qui viennent dans le monde : pour moy i'en fais vne eſtime tres-particuliere, & ie rechercheray ſoigneuſement les occaſions de vous teſmoigner que ie ſuis,

MONSIEVR,

A Paris ce 2. Iuillet 1657.

       Voſtre tres-humble ſerviteur
        de GRAMONT.

PREFACE.

IL me semble que la coustume oblige ceux qui donnent quelque chose au public, de rendre raison de leurs motifs, & d'exposer en peu de mots le dessein de leurs ouurages, Et puis de répondre aux difficultez qui pourroient naistre des choses qui y sont contenuës. Pour suiure cét ordre, j'aduoüeray franchement que ie me suis porté à parler contre le Duel, parce que i'ay connu les artifices, & les laschetez, dont il est remply, & que les mesmes mouuemens, qui m'ont animé à me declarer son ennemy en signant auecque tant de braues gens, l'Ecrit dressé contre luy, m'ont aussi fait resoudre à descouurir ce que ie connoissois de ses foiblesses & de ses timiditez. Mon desir a esté de profiter par là, aux personnes de condition, qui n'auoient pas encore remarqué toutes les illusions dont ce crime est couuert; Et dautant que ie sçais par experience, que la seule raison qu'on allegue ordinairement contre luy qu'il est vn grand peché, qui conduit aux enfers, ne fait pas vne impression t'elle qu'elle deuroit dans l'esprit des hommes, ie pense que ie me serois contenté de la faire valoir pour moy seul, sans me mesler de rien produire aux autres contre cette terrible manie, si ie n'auois pas eu des armes pour la combattre, que ses partisans n'ont pas accoustumé de mespriser.

En effet ils disent tous qu'ils ayment la valeur, & qu'ils ont beaucoup d'auersion pour la lascheté. Ie me suis donc persuadé, que, si ie leur faisois voir nettement, qu'il n'y a point de valeur en ce vice, ils n'auroient plus d'amour. ny d'estime pour luy, & que si au contraire, ie leur faisois connoistre en suitte, qu'il est tout plein des hontes de la lascheté, & de la timidité, ils commenceroient à le haïr & à le mespriser absolument. C'est pourquoy i'ay fondé tous mes raisonnemens là-dessus, & i'ay tasché de prouuer fortement que ces deux choses sont veritables.

Puis que i'ay abandonné cét infame combat, à cause qu'il est

é ij

PREFACE.

ennemy de la plus haute generosité, i'ay crû estre obligé, de descouurir les beautez de cette grande perfection, afin qu'elle iettast du respect dans l'ame de ceux qui la considereront. C'est en quoy consiste asseurément, le premier mouuement de l'auersion qu'on doit auoir pour le Duel, qui est si opposé à cette illustre perfection, qui est le noble caractere d'vn courage si releué.

Mon Traité estant diuisé en quatre Parties, j'employe toute la premiere à la description & aux loüanges de cette excellente valeur. La seconde apprend les bassesses du crime que ie m'efforce de destruire, elle prouue qu'il est lasche, & répond à toutes les obiections, qu'on peut alleguer pour soustenir sa mauuaise cause. Dans la troisiesme partie, ie produits douze auantages de la veritable valeur, & fais voir que la fausse, en quoy consiste la lascheté du Duel, est suiuie d'vn pareil nombre de desaduantages: les exemples des plus fameus Braues de la terre, & ceux des miserables qui sont tombez dans la timidité par leurs crimes, confirment ce que i'ay auancé. La quatriesme expose la maniere dont les gens de qualité, doiuent vser Chrestiennement de leur condition, elle contient les reflections sur ce qui a esté dit, exhorte à le considerer auec vn peu d'attention, & plusieurs sortes de personnes sont suppliées de s'employer à la ruyne d'vn monstre si ennemy de l'illustre generosité.

Ie ne doute point que beaucoup de gens ne trouuent estrange, que ie porte les choses que ie dis, d'vn air deuot, & qui n'est pas ordinaire à ceux de ma profession, & qu'ils ne se choquent peut-estre, de ce que ie les fais voir trop hautement iusques dans le Fils de Dieu, qui est leur premiere source. Ie puis asseurer sans mentir, que cette pensée m'a quelquefois fait songer aux moyens de traitter la matiere que i'ay entreprise, plus en elle mesme sans la puiser si haut; mais i'ay connu que ce procedé n'auroit pas esté legitime, puis qu'il desroberoit au premier Principe de toutes les belles & bonnes choses, l'honneur qui luy est deu, & effaceroit aussi les principales beautez de ces mesmes choses. Car nous ne pouuons douter, que l'Illustre Roy des Roys ne soit l'ame & l'appuy de tout ce qui est reel, & de tout ce qui se peut imaginer d'excellent. Ce qui est despouillé du lustre qu'il donne, est veritablement plein d'vne bassesse tres-mesprisable, Et le Soleil de la Nature ne pare point ce qu'il esclaire de tant d'esclat, que ce Seigneur en donne à tou

PREFACE

ce qui fort de luy. Enfin pour ne se pas trop estendre sur vn suiet infiny, comme tout ce qu'enferme l'Vniuers, demeureroit sans mouuement, sans force, & sans rien auoir d'aymable, mais retourneroit dans l'effroyable neant d'où il a esté tiré, si la main de Dieu qui le soustient, s'esloignoit vn peu de luy : Aussi tout ce qui n'est point animé de cét Esprit Diuin Fils de la Vierge, est dans vn profond abaissement, dans vne laideur qui n'est pas conceuable, & dans la derniere de toutes les foiblesses. C'est luy seul qui esléue, qui fait grand, qui fait illustre, & qui répand les derniers traits de la beauté, & de l'agrément. C'est pourquoy i'ay esté persuadé, que cette verité ne se deuoit point du tout cacher. Ioint qu'à parler veritablement, ie me sers des solides raisons que la Foy nous fournit, parce qu'elles sont les plus puissantes pour conuaincre les esprits des hommes, & qu'on ne les peut contredire si l'on ne renonce à la Religion qui les enseigne : de sorte que sans examiner si l'on est deuot ou si l'on ne l'est pas, si on mesprise la deuotion ou si on l'estime, i'establis mes raisonnemens sur des fondemens si fermes, qu'il faut que les Impies aussi bien que ceux qui respectent la Diuinité, en demeurent d'accord. Et c'est là tout ce que ie pretends pour faire voir la belle valeur en son lustre, & pour faire paroistre le Duel tout couuert de ses bassesses & de ses laschetez. Que le Duelliste donc allegue tout ce qu'il voudra contre l'air de pieté qui le choque dans ce discours, il n'en sera pas moins lasche pour cela, ny moins conuaincu de sa propre honte : ainsi qu'vn malade qui mespriseroit les raisonnemens que font les Medecins sur les causes & sur les mouuemens de la fiévre, n'en seroit pas moins en peril, si cette mesme fiévre l'embrazoit auec tous ses plus fascheus accidens. De là on doit connoistre indubitablement, que mon dessein est plus de prouuer la verité, que ie défens par les principes les plus forts qui la puissent soustenir, que d'imprimer à contre temps la deuotion dans le cœur de ceux qui ne la veulent pas receuoir, ny de les importuner pour leur en faire prendre les sentimens, que Dieu seul peut grauer dans leurs ames, par les moyens qui luy sont agreables.

Et puis apres tout, les honnestes gens doiuent aymer ce qui porte les nobles caracteres de la grandeur de courage, de la generosité, & de cette douceur tendre & charmante, qui attire les inclinations de tout le monde. C'est ce qui se trouue parfaitement en

PREFACE.

celuy seul, qui peut communiquer ces auantages admirables. Si les Heros se glorifioient autrefois auecque tant de vanité, d'estre sortis du sang des Dieux, & en esleuoient la grandeur de leur ame, & de leur courage dans toutes leurs actions: Si le superbe Alexandre a fait mille foiblesses ridicules, pour imprimer cette opinion là de luy, quoy qu'il sceust bien qu'il n'auoit qu'vne origine fort humaine; combien deuons-nous estimer l'honneur que nostre Religion nous fait receuoir, de tirer nostre naissance, du sang mesme du Dieu des Dieux ? Sans mentir ce n'est point vne fable, & le rang illustre que cette dignité nous fait tenir, nous oblige de prendre des sentimens plus Heroïques mille fois, que ceux que les Poëtes ont donnés, à tous les fameus enfans de Iupiter, qui remplirent d'admiration les premiers peuples de la terre.

Les sentimens des hommes sont aussi differents, que leurs esprits sont tournez de manieres differentes. C'est d'où ie vois naistre vne seconde difficulté à laquelle il faut que ie réponde. Il y a de l'apparence que ceux qui regardent le Duel comme vne belle chose, ne regarderont pas mon dessein de le condamner, auec des yeux aussi fauorables; peut-estre mesmes qu'ils diront que pour entreprendre de le blasmer, il faut auoir resolu de ne se gueres seruir de son Espée. Ie proteste que la crainte qu'on ne fist vn semblable discours de moy, n'a point fait d'impression sur mon ame: tout ce Traitté fait assez voir que ie ne l'entens pas ainsi, & que ie ne conseille de quitter la lascheté de ce vice, qu'à cause qu'il faut aymer la valeur. Le party que ie soustiens, est trop fort, & les richesses qu'il contient de la plus haute generosité, sont trop abondantes, pour apprehender quelque chose entre les bras mesme de cette qualité magnanime. C'est pourquoy ie puis dire auec toute sorte de retenuë, & auec vn veritable desir de ne fascher iamais personne, que me tenant dans les termes que les loix de l'Eglise, & celles de l'Estat me prescriuent, ie ne redoute ny les langues, ny les espées de tous ceux, que la basse & foible manie du Duel pourroit armer contre moy. Ie declare assez dans tout mon discours, que mes sentimens sont pleins de respect pour toute la Noblesse, & que l'enuie d'en détromper vne partie, m'a engagé à parler comme ie fais, contre vne chose qu'elle ne doit plus du tout estimer.

Si les lyces où l'on soustenoit son opinion, estoient permises, ie

PREFACE.

dirois que ie ferois preft de deffendre le droict de la valeur, d'imiter le vaillant Marefchal Boucicaut, qui en dreffa vn aupres de Calais, afin de tefmoigner aux Anglois, en ce temps-là nos ennemis, que nous eftions affez braues, pour nous deffendre de toutes façons. Le refpect que les vaillans hommes des fiecles paffez, auoient pour les Dames, leur faifoit faire cent chofes de cette nature : la haute generofité, en eft vne affez belle, pour m'obliger à faire quelque chofe en fa confideration ; mais galanterie à part, & pour parler ferieufement, ceux que cette grande perfection anime, & qui ont abandonné le Duel parce qu'il eft digne du dernier mefpris, ne doiuent iamais connoftre la terreur, que pour la faire fentir, à ceux qui les attaquent.

La troifiefme difficulté eft produite par celle dont ie viens de parler, & ie fuis obligé d'y fatisfaire. Il eft bien difficile, qu'entre tous ceux qui eftiment encore le Duel, il ne s'en rencontre quelques-vns, qui tefmoignent eftre fafchez, de ce que ie m'attache auec foin, à faire connoiftre, que ce crime eft plein de lafcheté : mais i'efpere que s'ils veulent prendre la peine de confiderer attentiuement, les motifs que i'ay d'en vfer ainfi, ils auoüeront que ie n'ay pas tort. Toute la France fçait que ce combat eft fondé fur vne imagination, qu'on a prife depuis long-temps ; que rien ne prouuoit mieux la valeur d'vn homme, que la refolution auecque laquelle il venoit auec franchife trouuer fon ennemy, pour terminer l'efpée à la main la querelle qu'il auoit auec luy. Tous les obftacles que les raifonnemens de la morale les confiderations de famille auffi bien que ceux que les menaces des Souuerains & de l'Eglife oppofoient à ce torrent, ont toufiours paru fans force ; parce que les Duelliftes fe perfuadoient, qu'en s'expofant dans ce peril auecque la brauoure, qu'ils fe figuroient vainement en cette action, ils deuoient paffer d'autant plus pour vaillans ; qu'ils mefprifoient hautement pour obtenir ce beau nom, la perte de leur fortune, la ruyne de leurs maifons, la douleur qu'on reffent de quitter fon païs, fa femme & fes enfans ; Et enfin qu'ils abandonnoient fans difficulté, leur vie & leur falut mefme au hazard d'vn danger tres-apparent : comme fi toutes ces chofes confiderables deuoient eftre les gages authentiques de leur generofité affeurée. De forte que dans la veüe de cet attachement funefte, que tant d'honneftes gens auoient à ce meftier des anciens Gla-

PREFACE.

diateurs, qui faisoit le mespris des Braues, dans les siecles qui mettoient leur gloire, à connoistre en quoy consiste la veritable valeur dans cette veuë, dis-je, de la puissance auecque laquelle vne opinion fausse & pleine d'erreur, auoit si fortement preoccupé les esprits des hommes, il ne m'a paru aucun moyen capable de les desabuser par le secoure du raisonnement, qu'en leur faisant connoistre, que toute l'imagination qu'ils auoient, que le Duel estoit remply d'vne valeur tres-estimable, estoit trompeuse & tout à fait contraire à la verité ; puis qu'effectiuement il n'y a rien de plus certain, qu'il porte les traits & les caracteres asseurez de la plus lasche de toutes les bassesses, pour laquelle ie ne doute point que ces personnes n'ayent toute sorte d'horreur: & ainsi i'ay eu sujet de croire, que si cette connoissance solide pouuoit faire son impression dans leur ame, il estoit infaillible qu'estant poussez par l'instinct de leur courage, ils mespriseroient genereusement, ce vice, qu'ils auoient autrefois beaucoup estimé, & qu'au lieu de se choquer contre ceux qui leur font remarquer tant de foiblesse, en ce qu'ils croyoient auparauant digne d'estime, ils auroient pour eux autant de reconnoissance, qu'vn homme empoisonné a coustume d'en faire paroistre à celuy qui l'a déliuré des douleurs mortelles, que luy faisoit souffrir le venin qui le tourmentoit, & qui le conduisoit à la mort. Et comme il seroit injuste de laisser mourir vn malade, pour le vouloir traitter auec trop de delicatesse, & rejetter les remedes vn peu douloureus, qui seuls seroient capables de le sauuer : aussi y auroit-il vne cruauté tres-blasmable, & vne infidelité mesme contraire à l'honneur, de cacher à ceux qui sont possedez de ce mal terrible qui est fondé sur l'estime du Duel, que ce crime est lasche, à cause de la repugnance qu'ils ont à estre persuadez de cette verité, dans la connoissance de laquelle toutefois, consiste asseurément le seul remede propre à donner vne prompte guerison à leur maladie si déplorable. Si c'est que cét aveu suppose vn mal honteus, dans lequel on ne veut point confesser qu'on soit tombé, ie diray pour les consoler, que comme les personnes de la plus saine complexion, ne laissent pas quelquefois d'estre incommodées & de ressentir les effects de leur condition mortelle, aussi les plus braues ont pû estre surpris, & laisser pour vn temps, par la force de la tromperie qui les possedoit, la chaleur de leur courage, entre les mains de celuy qui est la source

PREFACE.

ce de toutes les basses impressions de la lascheté. Apres cét accident, le vaillant homme se doit munir contre ce mal, & s'empescher d'y retomber. Pour moy qui dis ces choses dans les pensées que i'ay, d'honorer tous ceux qui sont nez auec du cœur, & qui ne voudrois rien produire qui leur pûst desplaire; ie ne pretends pas, en accusant d'vne foiblesse lasche, les mouuemens qui assuiettissent les hommes au Duel, insulter au malheur de ceux qui sont tombez en cette faute, & me tirer du pair, comme si ie n'auois iamais trempé dans ces erreurs, & que ie fusse exemt de la honte qu'elles doiuent attirer sur ceux qui en sont infectez. I'avoüe que i'ay failli dans les sentimens d'estime que i'ay eus autrefois pour le vice que ie blasme maintenant, & ie veux bien confesser que lors que ce crime a corrompu mon imaginatiõ, il a esté iuste de me regarder auec le mespris que ie me persuade que les autres personnes ont merité, qui se sont laissées aller aux illusions de cette trompeuse manie. C'est tout ce que ie puis dire pour tesmoigner mes respects à la Noblesse, ma sincerité dans mes pensées, & mes desirs de contribuer quelque chose, qui puisse seruir à dissiper les tenebres qui accompagnent tousiours le Duel.

Ie crois que mon procedé en cette occasion, doit oster aux plus difficiles tout suiet de mescontentement; à cause du terme de *Lascheté* dont ie me suis serui, dans cét ouurage. S'il contient quelque chose de fort pour ruïner ce que ie veux destruire, c'est qu'il est éclairé des lumieres que les paroles de nostre Monarque, & celles des grands Hommes qui les ont suiuies auecque respect, m'ont données: aussi dois-je confesser que c'est par ces discours si pressans, que i'ay pû produire quelque chose d'vtile, & qui appuye le grand progrez que leur zele a desia fait contre le monstre que ie combats. Ie souhaitte que leur autorité confirme les raisons qui sont contenuës dans ce discours, & qu'elle fasse voir à mesme temps, que ce n'est pas moy qui ay le premier dit qu'il y auoit de la lascheté dans le Duel. Cette connoissance me mettra à couuert contre ceux qui me pourront accuser iniustement, & fera considerer auec soumission & deference, les mots dont sa Majesté s'est seruie, & tant de personnes considerables ensuitte, pour apprendre à nostre Nation, les sentimens qu'on doit auoir du crime, dont ils ont découuert la laideur. Le Roy donc dans son Edict verifié en Parlement le septiesme Septembre

i

PREFACE.

de l'année 1651. qu'il tesmoigne par celuy du 29. Iuillet de l'année 1653. auoir fait examiner en presence de la Reyne, de Messieurs les Mareschaus de France, & de plusieurs autres grands Personnages, declare auecque le Conseil de toutes ces personnes si considerables, qu'il y a de la lascheté dans le Duel, & qu'il est entierement destitué de valeur & de courage. Monsieur l'Archeuesque d'Ambrun, digne pour ses merites de la haute qualité qu'il possede dans l'Eglise, & sorti d'vn sang accoustumé à donner de vaillans Hommes à ce Royaume, assisté de Monsieur le Cardinal Mazarin, & de quantité d'Illustres Prelats, dans vne tres-belle Remonstrance qu'il a faite au Roy, la Reyne estant presente, de la part du Clergé de France, le trente-vniéme d'Aoust de l'année 1653. a genereusement fait connoistre que le Duel estoit couuert de foiblesse & de lascheté, qu'il n'auoit aucun caractere de valeur, & qu'il meritoit d'estre traitté d'infamie & de mespris. Avant tout cela, il se voit dans les Memoires de Monsieur de Sully, que ce Duc, Ministre d'Estat en ce temps-là, escriuant à Henry IV. le plus vaillant Prince du Monde, luy dit qu'il est persuadé qu'il y a de la lascheté dans ce mesme Duel, & luy conseille de faire renouueller tous les ans, ses Edicts contre ce crime. Et ce Liure que ie donne maintenant au public, qui est tout rempli de pensées que ces grands hommes m'ont fournies sur cette matiere, a pour l'appuy de ses raisonnemens, l'autorité de tant de personnes Illustres, qu'on ne peut auecque iustice rejetter vn terme, auquel ils n'ont point denié leur approbation. Ceux qui n'ignorent pas la soumission que nous deuons à l'Eglise Gallicane, ne blasmeront iamais ce qu'elle ma fait l'honneur d'admettre, par l'organe d'vn de ses plus fameus Prelats: Et le respect que toutes les personnes de cet Estat doiuent aux sentimens de Messieurs les Mareschaus de France, les oblige à ne point condamner dans mes discours, le mot de *Lascheté*, que ces vaillans Seigneurs ont iugé propre à déraciner du cœur des François, le pernicieus vsage des combats particuliers. Apres tout cela, il est inutile d'en dire dauantage pour la iustification d'vn terme que i'ay appris de ceux, dont les instructions me doiuent tenir lieu de loix, & qui peut aussi seruir d'vn remede propre à détruire le plus grand mal, qui puisse iamais arriuer aux vaillans hommes de ce Royaume. Il estoit necessaire de joindre en ce

PREFACE.

lieu, les raisons qui m'ont porté à faire voir qu'il y auoit de la lascheté dans le Duel, afin de respondre à ce qu'on pourroit dire contre ce mot. Peut-estre que la pluspart de ces choses sont répanduës dans tout ce traitté : mais ie crois qu'on ne m'accusera pas pour cela d'auoir fait vne repetition mal à propos, puisque ie ne pouuois m'en exempter legitimement.

Mon dessein estant de rendre vtiles à ceux qui ietteront les yeux sur ce Liure, les pensées de ses principales lumieres de cette Monarchie, i'ay mis au cōmencement de cét ouurage, les Lettres que ces excellentes personnes m'ont fait la grace de m'escrire sur le sujet dont il traitte. Quoy que cét auantage soit si grand pour moy, que ie ne puisse assez reconnoistre combien il est au dessus de ce que ie merite, ie croirois toutefois commettre vn crime, indigne d'vne ame qui fait estat des sentimens genereus, si i'en abusois pour satisfaire ma vanité, & si mon intention n'estoit toute entiere, de referer à la seule gloire de celuy qui inspire aux hommes & les hauts mouuemens & les belles expressions, l'honneur que les obligeantes paroles de ces precieuses Lettres semblent m'apporter. Elles sont trop considerables pour estre employées à vn autre vsage, & ce seroit les profaner que de les faire seruir à vne autre fin, qu'à celle qui doit estre la derniere de toutes les choses releuées, comme elle en est l'origine & le soustien. Ie dois encore dire icy, que i'ay tous les respects possibles pour les celebres Docteurs, qui ont donné auec zele pour la Majesté de Dieu, & pour l'vtilité du public, leur approbation à ce petit trauail ; leur doctrine fortifie la foiblesse de la mienne, & il est iuste qu'on rende à leurs sentimens, la deference que mes raisons ne peuuent obtenir par leur propre force.

Ie sçais qu'il n'est pas d'vn homme d'honneur, de conseiller aux autres ce qu'on ne voudroit pas pratiquer soy mesme en pareille rencontre, & dans les mesmes circonstances, C'est pourquoy ie m'imagine que beaucoup de gens qui ne me connoissent pas, trouueront à redire que i'aye tant persuadé aux personnes de condition de quitter leurs maisons, pourueu qu'elles n'y soient point arrestées par des raisons necessaires, afin de se produire & dans la Cour & dans la guerre ; Et que cependant on ne me voye presentement ny dans l'vn, ny dans l'autre de ces deux lieux. Ie ne douse point qu'on ne cessast de m'accuser si l'on sçauoit mes pen-

PREFACE.

sées là dessus. La verité m'oblige de dire, que iamais homme n'a eu des desirs plus pressants (i'entens de ces desirs qui suiuent vne impetuosité legitime) de s'appliquer entieremēt au seruice de son Souuerain, sur ces deux illustres theatres des bonnes actions: mais mon sort, ou plustost pour parler Chrestiennement, cette Prouidence qui gouuerne toutes choses, ne l'a pas voulu; & les embarras d'affaires qui ont accablé ma maison, apres la mort de ceux ausquels i'ay succedé, m'ont osté tout moyen de pouuoir executer vn souhait si raisonnable, & m'ont contraint malgré mon inclination de me retirer chez moy, & d'abandonner les lieux fameus, dans lesquels i'auois resolu de passer le reste de ma vie. Il se trouuera assez de personnes de qualité, qui me pourroient iustifier en cette rencontre. I'ay crû estre obligé de chercher ma satisfaction, dans l'obeïssance qu'on doit aux ordres de la Diuinité, & ma consolation dans l'esperance d'esleuer des enfans, qui n'auront pas tant d'obstacles, que i'en eus à faire les choses qu'ils doiuent aimer, & peut-estre ne seront-ils pas indignes de paroistre vn iour deuant leur Roy auec quelque estime. Voila la quatriesme chose, à laquelle ie me suis imaginé qu'on pouuoit trouuer quelque difficulté: ie passe apres cela à vne cinquiesme.

Sans doute que ceux qui liront ce que ie mets au iour, y trouueront plusieurs defauts, contre toutes les methodes que doiuent obseruer ceux qui escriuent regulierement: les periodes ne seront pas bien aiustées, & elles n'auront pas asseurément leur derniere perfection. Ie leur pardonne de bon cœur ces pensées, & les supplie de considerer que ie ne fais nullement profession de composer des Liures; ce nom mesme me surprend & m'estonne, aussi biē que celuy d'*Auteur*. Ce n'est pas que ie ne les reuere tous deux en ces grands Genies, qui se meslent si auantageusement de donner leurs ouurages au public; mais comme ils ont des choses que ie n'ay pas, ie dois aussi auoir de leur merite, des sentimens que ie n'ay pas pour moy. I'ay crû pourtant que la Nature me donnoit assez de facilité à expliquer ce que ie voulois dire, pour ne pas craindre de produire ce que i'auois dans l'ame sur le sujet dont il s'agit, encore que ie ne le puisse pas faire auecque les plus beaux traits de l'Eloquence. Et ie me suis persuadé qu'on excuseroit facilement vn Gentilhomme, qui employe la plus part de son son temps à voir ses amis & à chasser, s'il ne s'exprimoit pas si

PRÉFACE.

agreablement que ceux qui font toufiours, ou dans leurs Cabinets ou dans la focieté des plus excellents Maiftres de noftre langue. L'on trouuera fi fouuent, ces mots *Valeur, Generofité, Magnanimité*, auffi bien que *Lafcheté, Timidité, foibleffe & baffeffe*, que peut-eftre l'on en fera ennuyé : cependant il a efté impoffible de l'euiter ; puis que tous les raifonnemens que ce difcours enferme, font appuyez fur les feules chofes que ces paroles fignifient, & qu'elles en font l'ame & l'efprit. Et parce qu'il falloit ne pas repeter vn mefme mot trop fouuent, cela a efté caufe que tous ceux qui marquent à peu prés la Valeur, ont efté employez indifferemment, fans choifir auec tant de circonfpection, la plus precife façon de les placer auecque la iufteffe qui auroit pû fe defirer, fi la raifon que ie dis, ne l'auoit point empefché. Elle doit auffi feruir à excufer la mefme chofe, lors qu'on a vfé de tous les termes qui fembloient exprimer quelque lafcheté.

Enfin, ie verray auec vn tres-grand plaifir, effacer tout ce qu'il y a de raifonnable dans ce Traitté, par la beauté des ouurages que d'autres feront fur le mefme fuiet. Ie fouhaitterois que tous les vaillans Seigneurs & tous les beaux efprits que la France poffede, fe refoluffent à faire voir la force de leurs raifonnemens, contre ce monftre que ie combats. Ie fouffrirois de bon cœur que la brillante clarté qui en fortiroit, m'obligeaft comme vn feu plein d'efclat, à brufler ce que i'ay fait, à caufe du peu de proportion qu'il y auroit de mes penfées auec celles de ces hommes illuftres. Ce facrifice me feroit auffi agreable, que celuy qui me feroit donner ma vie, pour deffendre les interefts de la haute Valeur qui vient du Fils de la Vierge, contre ceux de la lafcheté du Duel, que le demon a graué fi indignement dans le cœur de ceux qui aiment encore ce crime.

TABLE DES CHAPITRES.

PREMIERE PARTIE.

Où il est traité de la Valeur, on en monstre les excellences, on connoist le Principe qui la produit, & on voit les merveilles qu'elle fait executer.

CHAP. I. 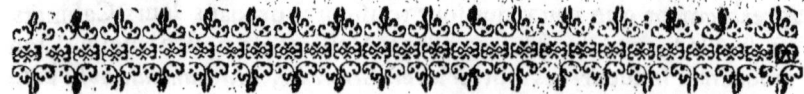 *La Valeur a tousiours esté beaucoup estimée des hommes, & Dieu mesme nous fait paroistre l'amour qu'il a pour cette belle perfection.* page 1

CHAP. II. *Ce qu'est la force en Dieu, & la Valeur dans les creatures.* p. 4

CHAP. III. *Les Demons ont perdu leur magnanimité par le Peché, & l'ont fait perdre aux hommes par la mesme raison.* p. 7

CHAP. IV. *Iesus Christ est la source de toute la force, & de toute la Valeur que Dieu a communiquée aux creatures depuis le peché des Demons & celuy d'Adam.* p. 9

CHAP. V. *Iesus Christ est la force & la Valeur des Anges.* p. 11

CHAP. VI. *Iesus Christ est la force & la Valeur des hommes.* p. 12

CHAP. VII. *Iesus Christ est la source de la force qui fait souffrir les hommes avecque constance, & qui les fait parler avec generosité, aussi bien qu'il est le Principe des belles actions que la Valeur fait executer.* p. 17

CHAP. VIII. *De quelle sorte la hardiesse naturelle est dependante de Iesus Christ.* p. 19

CAAP. IX. *De quelle sorte Iesus Christ donne la Valeur qui depend de sa Grace.* p. 22

CHAP. X. *Les choses deduites aux deux Chapitres precedents sont confirmées par exemples, dans celuy-cy l'on fait voir la verité de la premiere proposition, qui enseigne que la Valeur naturelle n'est donnée de Iesus Christ que pour servir comme de degré à monter iusqu'à l'excellence de celle qui depend immediatement de sa Grace.* p. 25

CHAP. XI. *La verité de la seconde proposition est montrée, qui nous apprend que la Valeur qui vient de la Grace du Verbe incarné, est incomparablement plus eslevée que celle de la hardiesse naturelle, & fait executer des choses beaucoup plus geandes.* p. 30

CHAP. XII. *Il est respondu à ce qui est obiecté de la crainte que nostre Seigneur a voulu souffrir au iardin des Olives, & il est monstré qu'elle estoit volontaire, & n'empeschoit point l'excellence de la Valeur infinie qui estoit en luy, comme en la source de toutes les Valeurs.* p. 34

SECONDE PARTIE.

L'on y voit les laideurs de la Lascheté qui se reconnoissent particulierement dans le Duel, lors que l'on considere attentivement les illusions & les tromperies dont il est rempli. La lumiere de la verité, l'autorité des grands hommes, & le iugement des plus braves qui ayent iamais esté, découvrent avecque clarté les bassesses & les timiditez de ce crime.

CHAP. I. LE Demon envieux de la veritable valeur tasche à la changer en Lascheté par ses illusions, ce qu'il fait principalement dans le Duel. p. 38

CHAP. II. Les motifs qui ont animé celuy qui fait ce discours, & qui l'ont obligé à découvrir les laschetez du Duel. p. 44

CHAP. III. Le Demon abuse les hommes par ses tromperies en leur faisant paroistre le Duel qui est plein de Lascheté, comme s'il estoit vne action de valeur. p. 48

CHAP. IV. Combien les tenebres qui environnent le Duel, sont grandes, & combien il est difficile de les découvrir. p. 52

CHAP. V. Du premier moyen par lequel nous venons à la connoissance de la Lascheté du Duel, qui paroist clairement aux yeux de ceux qui le regardent avec attention. p. 59

CHAP. VI. La lascheté du Duel se voit par les effets de timidité qu'il fait ordinairement paroistre. p. 71

CHAP. VII. Du second moyen par lequel on connoist la lascheté du Duel, qui consiste en l'autorité du iugement qu'en ont fait les plus grands hommes, & particulierement ceux qui ont parlé avecque la lumiere de l'Eglise. p. 97

CHAP. VIII. Le Duel n'a iamais esté connu par les plus vaillants peuples de l'Orient, ny par tous les genereus hommes que la Grece a autrefois produits. p. 86

CHAP. IX. Le Duel a tousiours esté meprisé des Romains. p. 90

CHAP. X. Des avantages de nos Rois & de leurs peuples, par dessus tous les autres Princes & les autres Nations de la terre; ces illustres Monarques ont tousiours condamné le Duel. p. 110

CHAP. XI. Tous les grands hommes de ce Royaume ont meprisé le Duel, le iugement que Messieurs les Mareschaus de France en ont fait. p. 107

CHAP. XII. On répond aux principales obiections que l'on fait ordinairement à l'avantage du Duel: on découvre la foiblesse de la premiere, qui est qu'il y a long temps qu'il a esté en vogue parmy quelques Nations voisines de la nostre, & l'on resout celle de la seconde qui allegue, que quelques personnes de grande consideration ont donné des loüanges à cette action. p. 115

CHAP. XIII. La trosiéme obiection est renversée, qui pretend maintenir le Duel, à cause que la pratique en estoit receüe dans tout le Royaume entre les personnes de condition, & l'on destruit la quatriéme qui soustient que les ieunes gens qui entrent dans le monde, ne peuvent renoncer à ce combat sans faire tort à leur reputation & à leur honneur. p. 121

CHAP. XIV. Réponse à la cinquiéme obiection qui allegue qu'il n'y a point de bonne reparation aux offences que par le moyen du Duel. p. 129

CHAP. XV. La sixiéme obiection est que l'exemple des Braves du temps passé, qui faisoient des actions éclatantes par le secours du Ciel, n'a point de force contre le Duel, d'autant que nous ne sommes plus au temps des miracles, cette difficulté est resoluë. p. 134

Chap. XVI. Il est respondu à la septiéme obiection, qui dit que les raisons alleguées contre le Duel sont bien vrayes selon Dieu, mais non pas selon le monde. L'on resoud aussi la huictiéme obiection, qui pretend que si l'on oste le Duel, on sera cause qu'il s'assassinera beaucoup de gens. p. 143

TROISIESME PARTIE.

Elle découvre les douze principaus avantages de la veritable Valeur, & expose autant de desavantages de la fausse, dans laquelle consiste la Lascheté du Duel : toutes ces veritez fondées sur le raisonnement, sont confirmées par des exemples fort celebres.

Chap. I. Pourquoy les exemples rapportez contre la Lascheté ne sont pas tirez precisément de la matiere du Duel. p. 148

Chap. II. La veritable Valeur est tousiours accompagnée d'honneur ; la fausse qui est la Lascheté, est aussi continuellement environnée de honte & d'infamie. p. 151

Chap. III. Le deuxiéme avantage de la Valeur consiste à n'estre iamais abbatu par la crainte dans quelque peril que ce soit, pas mesme dans le moment de la mort. Le deuxiéme desavantage de la fausse valeur est, d'estre continuellement tourmenté de cette fascheuse passion. p. 158

Chap. IV. Le troisiéme avantage de la veritable valeur est, de soustenir tousiours les choses iustes, & de proteger les foibles oppressez : La fausse valeur aime l'iniustice, & ne s'attaque qu'aux choses foibles. p. 164

Chap. V. Le quatriéme avantage de la veritable valeur est, qu'elle fait executer tout ce qu'elle fait entreprendre, avec une grande hauteur de courage, & une ardeur que nul obstacle ne peut arrester. Le quatriéme desavantage de la fausse valeur est, qu'elle découvre sa propre foiblesse, & fait connoistre qu'elle n'est que Lascheté. p. 167

Chap. VI. Le cinquiéme avantage de la veritable valeur est, d'estre suivie de toutes les vertus illustres & esclatantes, & principalement de la clemence, qui tient le premier rang entr'elles. p. 172

Chap. VII. Le cinquiéme desavantage de la fausse valeur consiste en ce qu'elle est pour l'ordinaire, accompagnée de tous les vices & particulierement de la cruauté. p. 183

Chap. VIII. Le sixiéme avantage de la veritable valeur consiste en ce qu'elle est assistée de Dieu : la fausse valeur au contraire a pour ennemy cette Maiesté redoutable p. 185

Chap. IX. Le septiéme avantage de la veritable valeur est, d'estre suivie pour l'ordinaire d'un grand bonheur mais au contraire la fausse est presque tousiours malheureuse. p. 192

Chap. X. Le huictiéme avantage de la veritable valeur est, qu'elle est suivie de la victoire ; & le desavantage de la fausse est au contraire, d'estre honteusement vaincuë. p. 196

Chap. XI. La veritable valeur attire l'admiration de tout le monde, & la fausse attire le mépris. p. 199

Chap. XII La veritable valeur a pour son dixiéme avantage de faire sacrifier à Dieu, & la fausse pour son dixéme desavantage de faire sacrifier au Demon p. 204

Chap. XIII. La veritable valeur a pour unziéme aduantage d'estre tousiours recompensée

pensée, & la fausse valeur a pour vnziéme desauantage d'estre tousjours punie. p. 111
CHAP. XIV. Le douziéme avantage de la veritable Valeur est, qu'elle a Dieu pour sa fin. p. 216
CHAP. XV. Le douziéme desauantage de la fausse Valeur est, d'avoir le Demon pour sa fin. p. 219.

QVATRIESME PARTIE.

Elle monstre que la grandeur de Dieu nous doit obliger à respecter ses Ordres, & que l'obeïssance que nous devons aux Loix de nos Monarques, doit tirer son origine de celle qui est deuë à celuy qui est le legitime Seigneur de tous les Souverains. Elle expose aux gens de qualité vne devotion pure, facile & proportionnée à leur condition. Plusieurs sortes de personnes sont suppliées d'employer leurs soins à la destruction du Duel, puis qu'il est ennemy irreconciliable de la veritable Valeur.

CHAP. I. IL dit quelque chose de la grandeur de Dieu, & de la foiblesse ridicule des impies, qui entreprennent avec vne estrange bassesse d'esprit, de mépriser la divinité. p. 224

CHAP. II. De la solide devotion à laquelle la Religion Chrestienne oblige les personnes de qualité, aussi bien que tous ceux qui en font profession. p. 231

CHAP. III. Ce que c'est que l'esprit du Fils de Dieu, qui doit conduire tous les Chrestiens : de la maniere dont il fait agir les personnes de condition, & de la devotion qui leur est propre. p. 238

CHAP. IV. Les grandeurs qui suivent la naissance des personnes de haute condition, se doivent recevoir par soûmission à la Providence Divine, & non pas par le mouvement de l'orgueil naturel. De quelle sorte ceux qui les possedent en doivent vser. p. 246

CHAP. V. Quelques avis propres aux personnes de condition qui veulent avoir la solide pieté, le premier est d'éviter cette injuste crainte de se mettre entre les mains de Dieu, de peur qu'il ne prive avec severité de toutes les douceurs de la vie. Le second est de prendre garde qu'il ne paroisse rien de particulier dans l'aparence exterieure, & dans la maniere de vivre, qui doit estre semblable à celle des autres personnes du mesme rang. p. 251

CHAP. VI. Le troisiéme avis porte, qu'il faut prendre la devotion d'vn air fort doux, sans se laisser jamais gesner l'esprit. Le quatriéme enseigne à vaincre l'orgueil naturel, par la consideration des beautez & des grandeurs qui sont en Iesus Christ, lesquelles sont infiniment plus illustres & plus hautes, que tout ce que nous pouvons voir d'éclatant dans la Cour. p. 257.

CHAP. VII. Le cinquiéme avis fait voir que, quoy que la qualité des Gentilshommes de naissance les applique à honorer les grandeurs du Fils de Dieu, ils ne doivent pas pour cela estre moins soigneus de rendre l'honneur qu'ils doivent à ses humiliations & à ses souffrances. Et le sixiéme avis conseille à ces mesme Gentilshommes de se produire dans la Cour & dans la guerre, dés que leur âge le permettra, s'ils n'en sont point empeschez par des raisons particulieres. p. 263

CHAP. VIII. Le septiéme avis pour les personnes de condition, est qu'elles doivent choisir vn homme de bien, & d'vne pieté tres esleuée pour leur amy, afin qu'il les puisse assister dans toutes les diverses rencontres de la vie. Le huitiéme conseil les *inuite à renoncer au Duel par respect aux ordres du Souuerain de tous les hommes, aussi bien que par obeyssance aux Edits du Roy.* p. 270

CHAP. IX. *La Noblesse est priée de considerer auec vn peu d'attention tout ce qui a esté dit dans ce Traitté, & de quitter en suite les interests du Duel, puis qu'il enferme la lascheté, pour suiure ceux de la veritable valeur, pour laquelle ils ont eu tant d'inclination.* p. 280

CHAP. X. *Tous les Prelats sont suppliez d'employer leur zele pour la destruction de la Lascheté du Duel, puis qu'il est le plus grand ennemy de la Valeur qui tire son origine du Fils de Dieu. La fin de ce Chapitre s'adresse à Monsieur le Cardinal Mazarin.* p. 288

CHAP. XI. *Discours aux Dames pour les obliger à vser de leur pouuoir, afin de faire triompher la veritable valeur de la Lascheté du Duel.* p. 383

CHAP. XII. *Conclusion à la Reine.* p. 303

F I N.

APPROBATION.

NOVS sous-signez Docteurs en Theologie de la Sacrée Faculté de Paris, Certifions avoir veu & leu vn Livre intitulé de la Beauté de la Valeur, & la Lascheté du Duel, composé par Monsieur le Comte de Druy, lequel ayant merité d'estre loüé de tout le Clergé de France assemblé à Paris, par la Lettre que Monseigneur l'Evesque de Montauban adresse à cet illustre Auteur, au nom de toute l'Assemblée, & par les Lettres de Messieurs les Mareschaus de France, qui s'emploient si genereusement à l'execution des Ordonnances sainctes & tres-Chrestiennes du Roy contre ce crime infame du Duel, demanderoit plutost des Eloges de Nous que l'Approbation que nous luy donnons, reconnoissans que dedans cet Ouvrage non seulement il n'y a rien de contraire à la doctrine de la Foy & des Mœurs de la sainte Eglise Apostolique, Catholique & Romaine, mais qu'estant composé par vn Autheur illustre & vrayment courageus, il pourra seruir à la gloire de Dieu, qui luy a donné ce zele & ce talent si particulier, & esteindre les furieus effets du faux honneur qui regne ordinairement dans les personnes de sa profession. C'est nostre sentiment que nous avons donné par escrit à Paris le premier de Septembre de l'année mil six cens cinquante-sept.

I. B. BOSSVET.   GVIGNARD.

Priuilege du Roy.

LOVIS par la grace de Dieu Roy de France & de Nauarre: A nos amez & feaux Conseillers les gens tenans nos Cours de Parlement, Maistres des Requestes ordinaires de nostre Hostel, Preuost de Paris ou son Lieutenant Ciuil, Baillifs, Seneschaux ou leurs Lieutenans, ou autres nos Officiers qu'il appartiendra, Salut. Nostre amé & feal le sieur de Drvy Cheualier Comte dudit lieu, Nous a fait remonstrer que dans ses heures de loisir, pour instruire la Noblesse & toutes autres personnes, quels peuuent estre les attributs des Duels, il a composé vn Liure intitulé *de la Beauté de la Valeur & de la Lascheté du Duel*, lequel dans la creance qu'il a que ledit Livre pourra apporter quelque instruction & connoissance à ceux qui se donneront la peine de le lire, il le donneroit volontiers au public, s'il Nous plaisoit luy en accorder la permission, & pour ce nos Lettres necessaires. A CES CAVSES voulans tesmoigner audit sieur Comte de Drvy, l'estime que Nous faisons de son trauail, & des bonnes intentions qu'il a eues composant ledit Liure, d'instruire la Noblesse de ce Royaume & tous autres, & leur faire abhorrer les Duels; Nous luy auons permis & permettons par ces Presentes de faire imprimer, vendre & debiter en cette ville de Paris & autres lieux de ce Royaume, païs & terres de nostre obeïssance, par tels Imprimeurs ou Libraires qu'il pourra choisir, ledit Liure intitulé *de la Beauté de la Valeur & de la Lascheté du Duel*, & ce en telle marge ou caractere, & autant de fois que bon luy semblera, pendant le temps de cinq années, à conter du jour que ledit Liure sera acheué d'imprimer, durant lequel temps faisons tres-expresses inhibitions & defenses à toutes personnes de quelque qualité qu'elles soient, d'en rien imprimer, vendre ny debiter en aucun lieu de nostre obeïssance sous pretexte d'augmentation, correction, changement de titre ou autrement, en quelque sorte & maniere que ce soit sans le consentement dudit sieur de Drvy, ou de ceux qui auront pouuoir de luy, à peine de confiscation des Exemplaires contrefaits, de quinze cens liures d'amende applicable vn tiers à l'Hostel-Dieu de Paris, vn autre tiers à l'Hospital General des paunres, & l'autre tiers au Libraire & Imprimeur que ledit sieur de Drvy aura choisi pour faire ladite impression, à la charge qu'il sera mis deux Exemplaires dudit Liure du Duel en noſtre Bibliotheque publique, & vn en celle de noſtre tres-cher & feal le ſieur Seguier Cheualier de nos Ordres, Chancelier de France, & de faire inſcrire la preſente permiſſion dans le Regiſtre du Syndic des Imprimeurs & Libraires de cette ville & Vniuerſité de Paris, auant que d'expoſer ledit Liure en vente, à peine de nullité des Preſentes. SI VOVS MANDONS & à chacun de vous ainſi qu'il appartiendra. ORDONNONS par ces Preſentes que du contenu en icelles vous ayez à faire iouïr l'Expoſant, plainement & paiſiblement ſans qu'il y ſoit contreuenu, & que mettant au commencement ou à la fin dudit Liure, vn Extraict de la preſente permiſſion, il y ſoit adjouſté foy comme à l'original des Preſentes. MANDONS & commandons au premier noſtre Huiſſier ou Sergent ſur ce requis faire pour l'execution des Preſentes tous exploits, ſans pour ce demander autre permiſſion, nonobſtant Clameur de Haro, Chartre Normande, & toutes autres Lettres à ce contraires. Car tel eſt noſtre plaiſir. Donné à Paris le dix-huictiéme iour de Feurier l'an de grace 1658. Et de noſtre regne le quinziéme. Par le Roy en ſon Conſeil, LIGNERON.

Acheué d'imprimer pour la premiere fois le dernier iour de May 1658.

Les Exemplaires ont eſté fournis.

Regiſtré ſur le Liure de la Communauté, ſuiuant l'Arreſt du Parlement en datte du 9. Auril 1653. Signé BECHET.

Ledit ſieur Comte de Druy a cedé & tranſporté ledit Priuilege à Iean Beſſin Maiſtre Imprimeur & Libraire à Paris.

AVRTISSEMENT.

L'Auteur n'eſtant pas icy quand on a imprimé ſon Ouvrage, ce ſeroit vne grande merueille ſi l'on n'auoit point fait de fautes en l'imprimant: le Lecteur eſt ſupplié de les excuſer quand il en rencontrera; puiſque ceux meſmes qui ſont ſur les lieux, ne les ſçauroient toutes euiter, quelque diligence qu'ils y apportent.

En suitte de ce petit Auertissement qui est icy donné au Lecteur, on a obserué les fautes les plus notables qui se sont glissées dans l'impression de ce present Traitté, le Lecteur est suplié d'y ietter les yeux parce qu'il y en auroit quelques vnes qui pouroient nuire au sens de l'Autheur.

Fautes suruenuës en l'impression.

Dans la Preface pag. 3. lig. 6. Fils, *lisez* du Fils, *ibid.* pag. 5 lig. 1. de defendre, *lisez* pour defendre, *ibid.* pag. 7 lig. 26. & 27. discours si preslans, *lisez* secours si puissans, *ibid.* p. 8. l 22. pensées, *lisez* des pensées. *ibid.* pag. 10. lig. 10. les lieux, *lisez* de ces lieux, *ibid.* lig. 16. i'en eus, *lisez* i'en ay eu, dans la pag. 2. lig 29. loüé, *lisez* loüée, pag. 3 lig 18. repanduë, *lisez* repanduës, pag. 18. lig. 10. qu'il failloit, *lisez* qu'ils alloient, p. 20. lig. 18. vn peu, *lisez* ou vn peu, p. 20. l. 25. mis, *lises* mi'es, p. 23, l. 23 en froid, *lisez* en vn froid, p. 25. l. 29 qui ait, *lisez* qui ayent, p. 36. l. 16. consommer, *lisez* consumer, p 42 l. 10 ietta, *lisez* iette, p 47. l. 3. noirs, *lisez* noires, p. 52. l. 5 iamais, *lises* point, *ibid.* l 12. des, *lises* les, p. 56. l. 12. a, *lis.* la, p. 64. l. 22 reconnoissance, *lis.* connoissance, p. 69. l. 7 la funeste, *lis.* sa funeste pag 73. l 14. ces Gladiateurs, *lis.* ces adroits Gladiateurs, p. 80. l 3. rejette ordures, *lis.* rejette les ordures, p. 92. l. 4. & 5. embarasserent, *lis.* embraserent, p. 97. l. 14. des Cornelius, *lis.* de Cornelius. p. 106. l. 30. de splendeurs, *lis.* des splendeurs, p. 108. l. 24. auec les, *lis.* auec soin les, p. 113. lig. 5. ay oseroit, *lis.* n'oseroit, p. 116 qu'on, *lis.* que, p. 119. l. 10. par, *lis.* pour, p. 145. l. 11. verité, *lis.* sainteté, p 148. dans le titre de la 3. p. ch. 1. tirées, *lis.* tirez, p. 185. apres le commencement l. 2. qu'il a, *lis.* qu'il y a, p. 201. l. 26. ces Roy, *lis.* ce Roy, p. 211. l. 22. de la punition, *lis.* des punitions, *ibid.* l 26. & infames, *lis.* & plus infames, p 222. l. 9 n'est conceuable, *lis.* n'est point conceuable, *ibid.* l. 25. raisonner sur ce sujet iuste, *lis.* raisonner iuste sur ce sujet, p. 226. l. 4. & ce qui, *lis.* & que ce qui, p. 232 l. 30. lumieres, *lis* lumiere, p. 239. l. 16. affery, *lis.* affermy, p. 258. l. 18. esclattent, *lis.* étalent, *ibid.* l 22. petit à petit, *lis.* peu à peu, p. 291. l. 3. ciel Adam, *lis.* viel Adam, p. 294. lig. 4. colomnie, *lis.* colomne, pag. 301. lig. 10. entretenuë, *lis.* entretenuës, pag. 304. l. 24. erreurs, *lis.* horreurs, p. 305. l. 11. veu, *lis.* veuës, p. 306. l. 2. fait, *lises* faite.

LA BEAVTÉ
DE LA VALEVR
ET LA LASCHETÉ
DV DVEL.

PREMIERE PARTIE.
Où il est traitté de la Valeur, l'on en monstre les excellences, l'on connoit le Principe qui l'a produit, & l'on voit les merveilles qu'elle fait executer.

La Valeur a tousiours esté beaucoup estimée des Hommes, & Dieu mesme nous a fait paroistre l'amour qu'il a pour cette belle Perfection.

CHAPITRE I.

AV milieu des tenebres qui ont obscurci l'esprit de tous les hommes depuis la chûte de leur premier Pere, l'on a tousiours veu luire vn petit rayon de clarté, que l'Autheur de la vie & de la lumiere y a conservé, par le secours duquel

A

De la Beauté de la Valeur

la beauté de la Valeur a esclaté aux yeux de tout le monde, & les a ravis par l'estime que l'on a conceuë d'elle. Ses charmes puissans ont non seulement attiré les inclinatiõs de ceux en qui Dieu avoit ietté les semences d'vne si belle vertu, mais mesme on fait respecter leur pouvoir par ces miserables qui estant abandonnez à cause de leurs crimes à la tyrannie des vices, gemissoient pitoyablement sous le ioug honteus de la Timidité. Ils ont esté contraints d'admirer ce qu'ils ne pouvoient posseder: tant il est veritable que cette perfection, qui a esté donnée de Dieu à ceux qui portent les caracteres de sa ressemblance pour assujettir toutes choses à son Empire, sçait parfaitement faire regner ceux qu'elle enrichit, & regner elle mesme sur tout ce qui peut leuer les yeux pour la regarder.

L'éclat de cette vertu est si brillant que ie me persuade avecque iustice que toutes les personnes raisonnables demeureront d'accord, qu'entre celles qui ont rendu les hommes illustres, il n'y en a point qui tienne vn rang plus eminent. Tous ceux qui ont esté assez heureus pour meriter le nom de Grands dans la suite des siecles, doivent leur reconnoissance à cette qualité qui les a éleuez au dessus des autres; aussi n'ont-ils pas manqué de luy donner toutes les loüanges qui se pouvoient imaginer, & les Histoires des Nations nous paroistroient fort steriles, si elle ne fournissoit les principales richesses qui les embellissent. Dieu mesme dont le tesmoignage est plus pretieus que tous ceux des Creatures, l'a tousiours loüé hautement, & n'a point dedaigné de la mettre dans le nombre de ses plus hautes perfections: Et dans la description que son Esprit nous a voulu faire de ses adorables vertus, la Force qui est la source de la legitime Valeur de toutes les creatures, nous paroist si brillante & si pleine de ces agreables splendeurs qui eschauffent nos cœurs en esclairant nos esprits, que la Lascheté mesme se sentiroit attirée à desirer la communication de cette vertu, si vne certaine insensibilité qui naist de la froideur dont elle est esclaue, ne la tenoit comme ensevelie dans les tenebres de la mort.

 Les Liures Sacrés qui sont les veritables depositaires des faits puissans & heroïques de la Majesté diuine, qu'elle a voulu elle-mesme y grauer de sa main aussi forte que sçauante, nous expriment continuellement les genereus effects de cette haute Magnanimité, & de cette Force infinie, deuant laquelle tout plie auec crainte & soumission : Apres, ils s'estendent à descrire les actions de valeur que cette perfection adorable a répanduë comme vne source feconde sur ces grands & vaillans hommes qui ont esté l'ornement du Monde pendant leur vie & l'admiration de tous les siecles apres leur mort. Il semble que celuy qui a pris comme vne qualité estimable, celle de Dieu des armées & des batailles, pretende nous resmoigner par là qu'il veut non seulement donner toutes les recompenses qui sont deuës à la valeur de ces grands hommes, mais mesme par vn excez d'estime & d'approbation de cette vertu, en faire le panegyrique & consigner à la posterité par la fermeté de sa parole qui durera éternellement, les faits des nobles Heros qui ont esté dignes de meriter ses loüanges.

A ij

CE QV'EST LA FORCE EN DIEV, & la Valeur dans les Creatures.

CHAPITRE II.

Ette Force supréme, si nous la considerons en la Majesté de Dieu, est vne mesme chose avec son Essence; toutes les richesses & toutes les beautez de la diuinité luy sont deuës; sa puissance admirable sous laquelle tout fleschit, sa Magnanimité qui esloigne infiniment de son Estre parfait, tout ce qui est accompagné de bassesse ou de lascheté, & sa Magnificence incomprehensible qui seule peut faire les grands ouvrages qu'il n'appartient qu'à ses mains divines d'operer, sont les attributs qui semblent avoir plus de rapport à cette Force digne de la grandeur de celuy qui est éternel. C'est à cette vertu invincible à laquelle Dieu veut que l'on attribuë les œuures merveilleuses qu'il a faittes, en destruisant d'vn bras plein de puissance, tout ce qui a osé s'eslever contre son autorité souveraine. C'est par elle qu'il a lancé ses foudres bruslans sur les villes de Sodome & de Gomorre, qu'il a destruit & accablé des eaux de la Mer rouge, l'armée innombrable de Pharaon Roy d'Egypte. C'est elle enfin qui a domté la puissance de tous ces fameus Rois, qui pensant resister à cette Force à qui la victoire rend tousiours ses hommages, n'ont remporté pour fruict de leur orgueil, que la crainte, la fuite & la mort.

& la lascheté du Duel.

La main liberale de ce diuin Seigneur, qui n'a fait les creatures que pour les remplir de ses biens, a versé abondamment dans le sein de celles qui en estoient capables, les excellences de cette vertu; Les Anges les ont receuës auecque la proportion de la grandeur de leur nature, & Adam le premier de tous les hommes en fut enrichi d'vne maniere si admirable, que sa force & sa valeur n'auroient iamais esté ébranlées par la peur & par la froide timidité, ny en sa personne, ny en celle de ses descendans, si son peché n'eust point ruiné & en luy & en ceux qui en sont sortis, le ferme establissement de cette perfection. On la peut iustement appeller le fondement qui soustient toutes les vertus & les grandes actions de la vie; car elle rend le cœur de l'homme plus inébranlable contre les traverses & les difficultez presque infinies qui se rencontrent en ce monde, que le plus fort rocher de la Nature ne le paroist contre l'orgueil des impetueuses vagues de la Mer: Et quand il est necessaire que le courage si fortement estabi donne des marques de sa beauté au dehors, c'est par cette force que nous appellons valeur, qui sort de nous par vn mouuement genereus que la majesté de Dieu nous inspire, qu'il produit ces grands effects qui tiennent tous les hommes en admiration, soit lors qu'il s'oppose par elle à la puissance de l'iniustice armée, soit lors qu'il entreprend de domter les rebellions de ceux qui resistent à l'autorité de leurs Souuerains, ou lors que plein de generosité il assiste les foibles abandonnez contre les plus puissans qui les veulent opprimer. C'est de cette noble Valeur que i'entreprens de parler en ce discours. Ie souhaiterois avecque passion qu'il fust proportionné aux lumieres qui enuironnent cette belle qualité, & que par des paroles de feu ie pûsse produire dans l'ame de ceux qui le liront, vne chaleur qui les embrasast de l'amour de cette perfection, & qui leur fist avoir en horreur la Lascheté, laquelle tasche tous les iours, en cachant sa propre laideur, de se revestir en apparence des pompeus ornemens de cette vertu.

LES DEMONS ONT PERDV
leur magnanimité par le peché, & l'ont fait perdre aux hommes par la mesme raison.

CHAPITRE III.

LE superbe Prince des tenebres en qui Dieu avoit mis tant de rares perfections, & principalement la Magnanimité, au lieu de les considerer avec des reconnoissances eternelles enuers l'auteur de son Estre, se laissa malheureusement esbloüir à leur esclat, se persuada que sa force qui luy paroissoit si merueilleuse, se pouuoit asseurément esgaler à celle de Dieu, & crût que l'orgueil de cette pensée estoit vn effect de la hauteur de toutes ses grandes qualitez & vne marque de la fermeté de sa valeur. Dans ces sentimens pernicieus, source miserable & funeste de tous les crimes que l'iniquité produira dans la longue suitte des temps, il entreprit avec tous les Anges ausquels il inspira sa temerité, de s'avancer iusques au thrône de Dieu, & de se rendre semblable à celuy qui venoit de luy donner l'estre.

Cette faute fut incontinent suiuie de la punition qui luy estoit deuë, & ces parfaites creatures se virent en vn moment esclaues du monstre qu'elles avoient engendré. C'est le Peché dont ie parle, lequel estant vn veritable neant directement opposé à la grandeur de Dieu, au lieu d'en porter en soy-mesme les nobles caracteres, se void reduit à la priuation de tout ce que les creatures ont de plus avantageus; & ses priuileges sont d'estre le principe & la cause de tout ce qu'il y a d'horrible dans la Nature, & de soustenir avec infamie les vices & les crimes. Ils luy seruent de nourriture, & la noirceur de leur venin luy tient lieu de douceur & d'agrément. C'est par luy que des premieres richesses de ces scelerats furent conuerties en pauureté, leur honneur en honte, & leur valeur en timidité: leur Estre excellent qui seruoit à porter les vertus qui les embellissoient, leur fut conserué pour soustenir les rigoureus chastimens de leur faute. Il deuient le fondement de tous les vices, & la Lascheté avec ses bassesses & ses foiblesses luy tient lieu d'vn de ses principaus attributs. C'est pourquoy entre toutes les influences que le Prince des tenebres s'efforce continuellement de verser sur les hommes, celle qui les rend lasches est vne des premieres, & c'est avec vn tres-grand soing qu'il la répand sur eux.

Adam a le premier ressenti ces funestes effects, & toutes les perfections dans lesquelles il avoit esté creé se trouverent conuerties en crimes, la hauteur de son courage qui l'esloignoit de la peur de quelque peril que ce pûst-estre, se vit changée aussi bien que toutes ses autres vertus en vne crainte tres-honteuse par le malheur de son peché : Celuy qui commandoit souverainement à toutes les creatures, lesquelles n'avoient point de ferocité qui n'obeïst à ses ordres, se sentit obligé de craindre leur fureur indomtée ; tant il est veritable que le Peché qui est l'ouvrage du Demon porte continuellement en soy la Lascheté, comme vne proprieté qui ne l'abandonne iamais. Ce qui parut clairement en ce premier homme qui ne l'eut pas si-tost commis, que l'effroy se saisissant de son ame, il se cache, & n'ose paroistre devant la majesté de Dieu, qui faisoit auparauant toute sa ioye & soustenoit son courage. Non seulement il porta le joug de cette passion tyrannique pour la penitence de son peché; mais il la transmit par la generation en tous les hommes, qui naissant par le peché originel ennemis de Dieu, naissent aussi, pleins de cette peur qui les mal-traitte continuellement.

C'est ce present que ce mauuais Amy a fait à nostre Nature avecque tous les autres defauts qui l'accompagnent; & d'vne source si infame de tous nos maux, il n'est sorti que des effects si pernicieus. Voyla d'où prend sa naissance la Lascheté que le premier Criminel inspire à ceux qui suiuent ses mouvemens. C'est elle qui tient en luy le rang que la Force possede en Dieu, qui est le principe d'où elle deriue, & nous gemirions tousiours sous la tyrannie insupportable de ce vice, si la misericorde diuine n'auoit trouué vn remede à nos

maux

maux pour nous deliurer de l'ignominie où nous tient la seruitude de ce monstre.

IESVS CHRIST EST LA SOVRCE de toute la Force & de toute la Valeur que Dieu a communiquée aux creatures depuis le Peché des Demons, & celuy d'Adam.

CHAPITRE IV.

LE Createur de toutes choses de qui la misericorde n'a point de bornes, ayant pitié de nostre Nature accablée de tant de miseres, luy a voulu donner pour remede à ses maux, son Fils fait homme & revestu de toutes les grandes qualitez & perfections excellentes qui appartiennent legitimement à la dignité de celuy qui en prenant cette condition, ne perd point celle de Dieu. Il ne luy a pas fait present comme aux Anges, de biens limitez & proportionnez à leur nature, ou comme à nostre premier Pere, de ceux qui estoient propres seulement aux hommes devant que le peché les eust corrompus; mais il l'en a enrichi en luy communiquant avec vne liberalité infinie, tous les tresors & toutes les beautez de la divinité: sa grace, ses perfections, & ses vertus excedent autant tout ce que ces nobles Intelligences ont eu en leur creation, & tout ce qui a esté donné à Adam, en l'estat de son innocence, que la dignité d'homme-Dieu subsistant en la personne du Fils du Pere éternel, surpasse celle de toutes les creatures.

B

C'est donc Iesus-Christ Verbe incarné qui fait reluire devant la grandeur divine, des qualitez esclatantes qui n'avoient iamais paru qu'en sa personne. C'est en luy seul que cet auteur de tous les biens establit sa complaisance, toutes les choses creées ne luy sont plus agreables si elles ne portent les caracteres de son Fils bien aymé; il faut que la charité qui luy plaist, les adorations qui l'honorent, le sacrifice qui luy rend de iustes hommages soient fondez en ces hautes vertus de l'vnique objet de ses delices. C'est pourquoy pour se rendre digne d'attirer ses diuins regards, il est necessaire de chercher des agrémens dans le Fils de la Vierge qui les possede tous parfaitement. C'est en luy aussi que Dieu a mis comme vne beauté infinie & comme vn des plus brillans rayons de la richesse de ses trésors, la Force auguste & la Valeur que nous avons principalement à considerer. Elle est vne mesme chose que cette Essence supréme qui enferme necessairement sans aucune diuision, vn nombre infini de perfections incomprehensibles, & dans l'accomplissement de ce grand mystere de l'Incarnation du Verbe, qui surprend toute la Nature & estonneroit Dieu mesme s'il estoit susceptible d'aucune passion, elle est marquée par vn privilege si particulier entre tous les Attributs de Dieu, que c'est de cette Force divine que l'Ange annonce à la Vierge qu'elle sera environnée pour produire le miraculeus ouvrage de l'Homme-Dieu.

C'est donc avecque raison que nous reconnoistrons en Iesus Christ cette haute vertu comme en son trosne legitime; le Pere éternel l'y considere avecque plaisir, les Anges l'y adorent avecque respect & sont ravis de la contempler, les hommes esclairez de la lumiere du Ciel l'admirent & confessent qu'ils ne la peuvent trouver qu'en ce lieu de son origine, & en celuy qui est appellé par son excellence la Force de Dieu. En effect il n'y a point d'apparence de se persuader que cette admirable qualité se rencontre jamais plus ny dans les creatures qui habitent les cieux, ny dans celles qui sont sur la terre, que par le moyen & par la liberalité de ce Seigneur qui en est l'vnique principe.

IESVS-CHRIST EST LA FORCE & la Valeur des Anges.

CHAPITRE V.

ORS que les Intelligences rebelles commirent leur felonnie contre la Majesté de celuy qui les avoit faites, & qu'elles prirent pour pretexte de leur attentat selon la pensée d'vn grand homme que toute l'Eglise revere, la repugnance qu'elles avoient de s'assujettir à l'empire du Verbe incarné, que Dieu leur fit connoistre qui devoit estre vn iour le Prince de toutes les creatures ; le grand S. Michel avecque les Anges fideles à leur Souuerain connût la perfidie de cette Troupe superbe, & prit au mesme moment la resolution de combattre dans vne guerre si legitime pour soustenir la domination de son Createur, & l'autorité de celuy qui deuoit estre pour toute l'Eternité, le Roy des Roys & le Souuerain des Souuerains. La Valeur de ce Seigneur

B ij

luy parût si grande qu'il desira de s'eslever en elle & de s'y establir comme en la source de tous les combats, & de toutes les victoires. Ce fut donc en la force de cete vertu qu'il eut l'honneur de commander dans les premieres Armées de la Majesté divine & qu'il vainquit Lucifer avec ses Troupes, qu'il fit trebucher dans le fond des Enfers, & qu'il fit servir leurs despouilles d'ornemens à son triomphe & à sa victoire.

La soumission que ces vaillans Esprits de flamme rendirent à celuy en qui ils connurent des merueilles qui excedoient si fort celles qu'ils avoient receuës de leur Createur à l'instant qu'il leur donna l'estre, fut l'establissement en eux de cette nouvelle Valeur par laquelle ils remporterent de si grands avantages sur leurs ennemis. Le vaisseau des lumieres de Dieu l'Apostre S. Paul nous insinuë cette verité, lors qu'il nous apprend que tous les Ordres de ces celestes creatures releuent de la Souveraineté de Iesus-Christ & sont establis en sa dependance. Il est donc la source de la premiere Valeur qui leur a esté donnée apres le peché des Demons, & c'est en sa vertu que l'on a triomphé dans la premiere de toutes les guerres.

IESVS CHRIST EST LA FORCE
& la Valeur des hommes.
CHAPITRE VI.

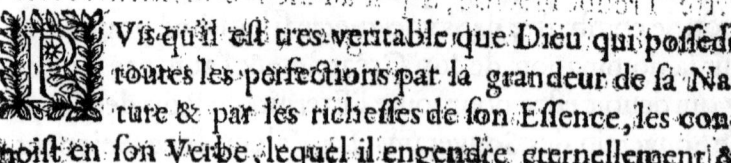Vis qu'il est tres veritable que Dieu qui possede toutes les perfections par la grandeur de sa Nature & par les richesses de son Essence, les connoist en son Verbe, lequel il engendre eternellement &

en produit par luy-mesme sa ressemblance dans ses creatures, nous ne devons pas trouver estrange qu'il ne voye rien de grand ny d'estimable dans toutes les choses créées que par ce mesme Verbe revestu de nostre humanité, & que ce soit aussi par luy qu'il communique ses dons aux hommes. Tout ce qui n'est pas digne d'estre enfermé dans ce divin Seigneur donné pour leur salut, n'est pas digne aussi de l'approbation de son Pere, & ne peut estre que l'objet de son mespris & de sa reprobation.

Toutes les excellences qui se répandent continuellement sur les Enfans d'Adam que Dieu a choisis pour recevoir ses misericordes, tirent leur origine de deux qualitéz principales de ce divin Seigneur, qui sont côme les trésors & les magasins de ses richesses infinies. La premiere est celle de grand Pontife, & la seconde celle de Roy. Elles ont esté mesme vnies en plusieurs Princes de la terre, tant elles ont de rapport, & qu'il est veritable que la grandeur de l'vne est vtile à maintenir l'autorité de l'autre. Melchisedec Roy de Ierusalem & grand Prestre du Dieu Souverain nous confirme cette verité. Les Empereurs Romains avoient ces deux dignitez ensemble, & s'en glorifioient plus que de tous leurs autres avantages : Et les Princes sortis de la race des Machabées faisoient reluire l'esclat de la Tiare parmy les pompeus ornemens de la Souveraineté, dans la fameuse Ierusalem Capitale de leur Royaume.

Le Fils de Dieu comme Pontife verse sur les membres dont il est le Chef, les dons de sa Grace & de sa lumiere, & les sanctifiant sans cesse leur donne vne pureté qui ne se trouve que dâs la Religion Chrestienne. Il les esleve à Dieu, il les nourrit de luy mesme, & les tient en vne disposition

B

de perpetuel sacrifice devant la Majesté de son Pere.

Comme Roy il est le distributeur des biens temporels, les dons de la Nature, les perfections du corps, les beautez de l'esprit & la fermeté de courage sont les presens de sa liberalité, puis qu'ils sont donnez par ses merites: les richesses, les conditions relevées & les Empires ont leur source en cette mesme vertu. Ce grand Monarque qui doit commander à tous les Princes de la terre destruira enfin par sa force divine & proportionnée à sa qualité, toutes les Puissances rebelles qui auront assez d'orgueil pour s'opposer à sa domination, & ceux qui auront tasché à fuir devant les douceurs de son autorité trembleront éternellement dans les chastimens dont sa Iustice punira leur felonnie. Si le Diadéme appartient à sa qualité de Souverain, l'Espée qu'il donne luy mesme aux Roys de la terre comme aux images de sa grandeur & comme aux Ministres de sa colere, luy conuient parfaittement. Il nous l'a voulu faire paroistre, lors qu'il ordonna à ses disciples de vendre leurs habits pour acheter vne espée; & son Favori nous enseigne que quand ce Seigneur viendra avec des Troupes glorieuses, toutes environnées d'esclairs, de foudre & de victoires pour donner la plus grande & la derniere de toutes les Batailles, il sera monté sur vn cheval blanc, & que la Majesté de ses yeux pleins de feu avecque le sang dont il paroistra couvert, rendront vn tesmoignagne asseuré de sa Force divine & de sa iuste indignation. Tous ceux qui n'ont point renoncé à la foy de leur Baptéme, n'ignorent pas qu'il a tousiours esté (s'il m'est permis d'vser de ce terme) comme le Generalissime de toutes les Armées de la Divinité; car c'est en sa conduite & par les effects de la Valeur qui fort de luy, que les Iosüez ont fait des Conqueftes fi merveilleufes & renverfé de leurs Thrônes ces Roys dont la puiffance redoutable paroiffoit abfolument invincible. Leurs Soldats fortis de la race des Geants, & les murailles de leurs Villes efleuées iufqu'aux Cieux n'ont pû refifter aux Troupes dont la Generofité de noftre grand Monarque avoit defia par avance efchauffé le courage; Nous fçauons que les Gedeons, les Samfons, les Dauids, & tous les genereus Princes qui ont commandé dans la Iudée n'ont avancé les bornes de leurs Eftats, battu leurs Ennemis & ietté l'effroy dans leurs cœurs que par le fecours de fon Bras puiffant. Nous ne doutons pas non plus que tous les Trophées honorables que les grands Capitaines de la Chreftienté ont remportez dans leur combats, ne foient vn effect de la Force qu'il leur a infpirée.

Mais toutes ces actions efclatantes, toutes ces guerres qui rempliffent les Hiftoires de beauté & les efprits de ceux qui les lifent, d'eftonnement, ne font que comme des peintures à comparaifon de cette derniere iournée que nous efcrit ce fameus Hiftorien de fon incomparable Maiftre. Il nous fait voir que l'Efpée de ce grand Roy qui combattra en perfonne, donnera la mort à plus d'Ennemis, que toutes les Armées des hommes n'en ont iamais fait mourir. Le furieus Ante-chrift fuivi de tous les Princes du monde & de toutes les Puiffances qui auront eu affez d'orgüeil pour refifter iufqu'alors à l'Empire de ce Seigneur, fe verra abbatu avec eux fous fes coups redoutables.

Cette derniere Victoire mettra fin à toutes fes Conqueftes, & l'Eternité donnera pour fpectacles aux braues Soldats qui auront combattu sous ce Diuin Chef, les triomphes magnifiques qui doiuent seruir de monumens perpetuels d'vne si celebre action. Que tous ceux qui ne serōt pas dignes de paroistre en cette guerre auec le Fils de Dieu, seront malheureux! & que la Lascheté sera honteuse qui les empeschera de se signaler en vne si belle occasion, à la veuë de leur Roy ! Mais il faut estre veritablement vaillant pour suiure ses Enseignes victorieuses, & nostre Historien qui rapporte tant de merueilles, nous fait sçauoir positiuement que les timides & les lasches seront bannis de la presence de ce Prince éternel, aussi bien que les Voleurs, les Adulteres & les Criminels qui n'oseront jamais paroistre deuant sa face. Il faut donc necessairement estre genereus pour auoir accez aupres de ce Principe de toute la Valeur, & si l'obligation d'auoir du courage est commune à tous les Chrestiens, nous deuons nous persuader, que c'est principalement le deuoir de ceux qui par la naissance ont receu de ce Roy vne condition réleuée, laquelle auec la noblesse du sang les oblige à porter vne Espée comme vne marque illustre & particuliere du choix que le Fils de Dieu a fait d'eux, pour leur distribuer la participation de son excellente Valeur.

L'Espée donc en est le caractere, c'est pour cela qu'il l'a donnée aux Rois establis par luy en ce monde pour regner comme ses Lieutenans : Les Princes & les Gentils-hommes la reçoiuent en suite & prennent part à ce noble auantage. C'est vn present plein d'honneur que leur fait ce Seigneur de tous les Souuerains.

CON-

& la Lascheté du Duel.

CONTINVATION DV MESME SVIET:
*JESVS CHRIST EST LA SOVRCE
de la Force qui fait souffrir les hommes auec constance, & qui les fait parler auec generosité aussi bien qu'il est le Principe des belles actions que la Valeur fait executer.*

CHAPITRE VII.

NOVS avons desia consideré les proprietez de la Force dans le commencement de ce discours, & nous verrons icy qu'elle a deux effects principaus.

Le premier est de fortifier le cœur de celuy qu'elle possede, contre toutes les difficultez de la vie, & d'establir en luy vne tranquillité hardie au milieu des perils & des assauts, mesme de la mort; C'est le partage que Iesus Christ a donné à ces grands hommes qu'il a fait admirer en la terre au milieu des tourmens de leurs Persecuteurs, comme des Spectacles qui ravissoient mesme les Anges en admiration. Tels ont esté ces Martyrs invincibles qui ont répandu leur sang & donné leur vie avecque ioye dans les plus cruelles persecutions que la malice humaine aidée de la diabolique ait iamais pû inventer. C'est par cette mesme Force que les Helies, les Ieans Baptistes, les Athanases, les Chrysostomes, les Ambroises, les Boëces & vne infinité d'autres ont parlé avecque hardiesse aux Puissances qui les vouloient exterminer, & n'ont point apprehendé de blasmer hautement leurs vices & leur erreurs

C

pour s'acquiter de la charge que leur avoit commise celuy, à qui ils devoient les premieres marques de leur obeissance. C'est encore cette eminente vertu qui a maintenu le calme dans l'esprit de ces Saints Solitaires qui n'ont point redouté la vaine terreur que les Demons leur vouloient faire, non plus que les rudes coups des afflictions, & les accidens à quoy la vie des hommes est assujettie. Les Antoines, les Hilarions, les Macaires ont laissé à la posterité des exemples de cette Magnanimité, lors qu'il falloit coucher exprez dans les cimetieres des Payens pour se mocquer du pouuoir de ces Esprits condamnez aux supplices eternels, que leur presence faisoit trembler. Quelle donc doit estre la Valeur qui s'appuye sur vn si ferme fondement, & qui adjouste les derniers traits à la plus haute Generosité que l'on voye entre les Creatures, lors que poussée par la noble chaleur du sang, elle sort & paroist au dehors pour produire ses efforts redoutables?

C'est en quoy consiste le second effect de la Force: cette grande vertu se doit donc admirer en nostre Souverain, comme en vne mer infinie qui se communique par mille canaus divers à ceux qu'il choisit pour estre l'estonnement du monde & le sujet de son estime Il en porte en son sein toute la plenitude, elle y est accompagneé des grandes perfections qui ne la quittent iamais: la Hardiesse, la Fermeté & la Patience vont ordinairement à sa suitte, la Magnanimité, la Generosité & la Magnificence font paroistre ses trophées, & establissent les pompeus ornemens de son Triomphe.

L'Auguste Fils de la Vierge qui fait trembler la terre dans sa colere, & qui ébranle les solides fondemens des laquelle le peché les aſſujettit. Il leur rend par vn effect de ſa miſericorde, la liberté de l'Eſprit, & la lumiere de la Raiſon, dégagée des tenebres qui l'auroient continuellement accablée; auſſi bien que les nobles mouvemens qui partent d'vn cœur dans lequel la Hardieſſe preſide. Car puiſque le premier homme dés l'inſtant de ſa chûte avoit eſté iugé de Dieu, digne de la mort du corps, de celle de l'ame & de la privation de tout ce qui eſtoit de bon en luy; par la ſuite de cet Arreſt tous ſes Enfans ne ſont pas pluſtoſt enveloppez dans ce meſme peché, qu'ils ſont ſujets aux meſmes punitions. Il n'y a que la miſericorde de celuy qui les a creez, laquelle il leur fait en conſideration de ſon Fils qui doit prendre noſtre nature & rendre à l'homme l'vſage de ſes biens naturels, qui ſuſpende la rigueur de cette condamnation.

C'eſt donc par les merites du Verbe fait homme, que tous les enfans d'Adam engendrez dans la corruption du peché, qui ne meurent pas dans le ventre de leur mere, vn peu apres leur naiſſance ſont laiſſez en ce monde vn temps aſſez conſiderable pour leur donner moyen de mener vne vie, laquelle aidée de la Grace, puiſſe eſtre agreable aux yeux de la Majeſté Divine.

Ainſi les principales qualitez de la Nature humaine ſont tirées des mains de noſtre premier Pere, à cauſe de ſon crime, & mis en la puiſſance du Demon; Et apres, par les bontez de celuy qui a eu pitié des hommes, cette meſme Nature perduë eſt commiſe à la protection de ce Seigneur qui nous eſt donné pour remede à tous nos maux: de ſorte que bien qu'elle ne porte pas encore le caractere d'vne veritable alliance avecque luy, devant le

Baptesme & la cômunication de sa Grace sanctifiante, les hommes en cet estat dans lequel ils ioüissent des douceurs de la vie naturelle, ne laissent pas d'estre obligez à ses merites, de tous les avantages qu'ils ressentent : Car ils meritoient de les perdre dés le moment qu'ils ont esté animez, mesme avant que de voir le iour. C'est vn effet de ce que nous avons receu du Fils de Dieu, que de ne pas souffrir toutes les peines qui sont deuës au peché originel. C'en est vn autre encore qui n'est pas moins considerable, d'avoir quelque part aux avantageuses qualitez qui ornent la vie & les personnes de ceux qui en sont enrichis. Tous les biens corporels & spirituels sont de ce rang; ceux de la Fortune ne sont pas dispensez de rendre leur reconnoissance à la mesme source qui les a produits : Et c'est entre toutes ces richesses que Iesus Christ merite pour les hommes, que ie mets la Valeur naturelle comme vne des plus considerables. Il la leur communique avec desir qu'elle leur serve d'vn degré magnifique pour monter iusqu'à celle qui est absolument de la dependance de sa Grace, & qu'il a reservée pour ses Favoris qu'il destine à paroistre sur le Theatre du monde avecque l'esclat de la plus belle Generosité. C'est ainsi qu'il depart la lumiere de l'Esprit à ceux qu'il a fait naistre en ce monde, afin que par les rayons de cette clarté fortifiée de sa Grace, ils puissent parvenir à la connoissance de la Verité de Dieu; & comme lors qu'ils abusent de ce don, & qu'ils se servent de ce moyen qui leur devoit faire connoistre la Divinité, pour satisfaire leur orgueil, il les abandonne aux aveuglemens & aux tenebres; ainsi pour l'ordinaire il punit les hommes ausquels il a donné la fermeté de courage, en les

C iij.

laissant tomber dans les foiblesses de la Lascheté, lors qu'ils ne sçavent pas faire profiter comme ils devroient pour sa gloire, vn talent si precieux que sa liberalité leur a donné.

On connoist par ces veritez que rien ne peut destruire, puisque c'est la Foy qui les rend inébranlables, que la Generosité qui se rencontre dans tous les Braves de l'vnivers est vn present du Fils de la Vierge, & qu'à tous momens ils doivent apprehender de la perdre s'ils ne sont continuellement dans le soin d'en bien vser, & de l'employer pour l'acquisition de la derniere Valeur, qui tire son origine du mesme principe, & qui porte avec elle les marques signalées de l'amour de celuy qui fait les Vaillans. C'est de cette perfection que ie pretens parler au Chapitre suivant.

DE QVELLE SORTE IESVS CHRIST donne la Valeur qui depend de sa Grace.

CHAPITRE IX.

LA seconde maniere dont ce Roy eternel distribuë sa Valeur aux hommes, est d'vn ordre qui surpasse toutes les forces de la Nature, & c'est par les impressions de sa Grace qu'il produit en eux cette belle qualité. Cette vertu suit en cette occasion toutes les autres qui sont propres à la grandeur & à la dignité de leur Principe. Celle qui n'est que naturelle & qui n'est pas encore esleuée aux splendeurs qui environnent cette seconde, n'en est presque que le portrait, comme Adam en qui le premier elle a esté mise, n'estoit que la figure de Iesus Christ qui est la source de l'excellente Generosité que nous admirons, & qui la tient en soy avecque les avantages qui doivent orner tout ce qui appartient à vn Homme-Dieu. La premiere Valeur comme vertu purement humaine, quelque grande qu'elle pût estre en Adam innocent, estoit tousiours inferieure à la Force qui convenoit aux Anges par leur creation: la seconde comme derivant du Verbe incarné qui est la Force de son Pere, & comme proportionnée à sa dignité, est plus haute & que la naturelle du premier homme, & que celle que possedoient les intelligences celestes au moment qu'ils receurent leur estre de la main de leur Createur: aussi avons nous veu que c'estoit par celle qu'ils avoient puisée en ce Seigneur, qu'ils s'esleverent au dessus d'eux-mesmes & renverserent dans les Enfers leurs perfides ennemis.

La premiere n'est qu'vn commencement encore imparfait, qui flotte entre la crainte & l'esperance, & n'a pour appuy que la foible chaleur du sang eschauffé par la Nature qui se peut aisément esteindre. En effect l'experience ordinaire nous fait voir tous les iours qu'elle se convertit en froid glaçon que l'espouvante y apporte, lors que le peril iette dans l'ame des images trop terribles du danger ou de la mort qui s'approche avecque promptitude.

La seconde qui tient les Anges tous grands qu'ils sont, dans vn respect & vne admiration continuelle, regarde d'vn œil asseuré & avecque vn courage invincible, tout ce qu'il y a d'affreus en ces rencontres. Elle se ioüe des perils, & les abysmes ouvertes, où sont les magasins de tout ce que l'effroy a de plus terrible, ne luy paroissent que des objets dignes de son mespris. Le feu aussi dont elle brusle, n'est pas celuy que nostre temperament naturel allume foiblement dans nostre cœur; mais c'est le feu dont le Sang de nostre Roy adorable est divinement embrazé. C'est ce feu qui consume tout ce qui s'oppose à luy, c'est ce feu que toutes les eaux & de la Terre & des Enfers ne sçauroient iamais affoiblir. C'est ce feu qui n'eschauffe pas seulement le sang d'vne seule personne, comme celuy qui est dans les veines d'vn chacun de nous, mais qui communique son ardeur aux bien-heureus dans le Ciel, & aux Vaillans qui sont sur la terre. C'est ce feu enfin qui bruslera eternellement comme vn objet agreable devant les yeux de la Majesté divine; c'est luy qui anime la Valeur qui vient de la Grace d'vn Dieu fait Homme & qui la rend victorieuse de tous les obstacles qui osent s'opposer aux belles actions qu'elle fait continuellement executer, à ceux qui la possedent, comme membres d'vn Chef si magnanime: car c'est par cette qualité qu'elle leur est deuë, & qu'ils ont part à la beauté d'vne si noble perfection. Il est aisé de iuger en suite de ces raisonnemens des avantages qu'elle remporte par dessus celle qui n'est que sous la protection de ce Seigneur comme vn bien purement naturel.

LES

LES CHOSES DEDVITES AVX DEVX Chapitres precedants sont confirmées par exemples, dans celuy-cy l'on fait voir la verité de la premiere proposition, qui enseigne que la Valeur Naturelle n'est donnée de Jesus Christ que pour servir comme de degré à monter jusqu'à l'excellence de celle qui depend immediatement de sa Grace.

CHAPITRE X.

QVoy que les veritez que contiennent les deux derniers Chapitres, soient assez fortes d'elles mesmes pour imprimer leur esclat dans l'esprit de ceux qui les liront avec vn peu d'attention, il ne sera pourtant pas inutile de les appuyer encore comme de suittes respectueuses, de quelques Exemples qui puissent servir à les faire mieux considerer.

Nous en auons de grands pour esclairer la premiere Proposition, qui nous apprend que la Hardiesse naturelle que l'on reçoit par les merites de Iesus Christ, n'est donnée que pour servir de degré à monter iusqu'à la haute Valeur qui dépend immediatement de sa Grace.

Le grand Empereur Constantin nous fera voir cette verité, cet homme qui a esté choisi de Dieu pour estre vn des plus magnanimes Princes qui ait iamais porté le diademe fut formé de ses mains avec vne hardiesse estima-

D

ble qu'il receut avecque la nature : il en a donné des preuves en plusieurs occasions celebres; mais lors qu'il plût à nostre souverain Roy des Rois de le rendre incomparablement plus illustre, qu'il n'avoit esté iusqu'alors, & de l'establir en l'excellente qualité de premier Empereur Chrestien, il prit le temps qu'il devoit donner la bataille au fier Maxence qui avoit occupé l'Empire, & le maintenoit avec vne armée bien plus puissante que celle de ce Monarque. Afin donc de le mettre dans cette haute generosité, & qu'elle pût servir de contre-poids à la foiblesse de ses Troupes, & de marque de la grandeur de la source d'où elle venoit, il luy fit voir vne Croix au milieu de l'air toute enuironnée de lumieres avec ces paroles, *surmontes en ce signe*. Cette vision fut en luy la marque visible de l'impression de feu que faisoit en son courage la Valeur du Verbe incarné. Et en effect estant réuestu de cette Force divine, & éleué dans vne magnanimité qu'il n'avoit point connuë auparavant, il combat, il renverse tout ce qui s'oppose à son Espée, & ayant fait perir le Tyran, & mis son armée en déroute, il entre triomphant dans la Capitale de l'Empire, où il establit pour iamais le culte qui estoit deu à la divine Majesté. Depuis ce moment la victoire & les triomphes suivirent tous ses combats & sa main ne porta les armes en aucun endroit de la terre que ses Ennemis ne se vissent espouvantez & abbatus.

Vn de nos plus vaillans Rois, l'illustre Clovis Fondateur de la Religion Chrestienne dans ce Royaume, receut aussi de Dieu le don de la fermeté de courage qui s'imprime dans la nature : mais lors qu'à la bataille de Tolbiac auprès de Cologne, où toute l'Allemagne s'estoit armée pour estouffer les principes naissants de la Monarchie Françoise, ce Prince se vit accablé de leur puissance, ses Troupes battuës, deffaites & pleines d'effroy, il connut que sa Valeur naturelle estoit trop foible pour le rendre victorieus en vne iournée si desavantageuse pour luy. C'est pourquoy conseillé par les sages avis de son Favori Aurelien, il en rechercha vne plus forte que la sienne, en celuy qui en est la mer & la plenitude infinie. Il fit donc vœu à Iesus Christ de suivre desormais ses Estandarts, s'il luy plaisoit en distribuant dans son cœur sa Force genereuse, de porter aussi la victoire à ses gens & l'espouvante à ses ennemis, Sa priere ne fut pas plutost faite, qu'elle fut exaucée, & ce grand Roy animé d'vne nouvelle Valeur fit des choses incroyables à la posterité. Il rallia ses troupes dissipées & rompuës, & porta la terreur & la mort dans le sein de ses ennemis. Afin qu'il ne manquast rien à sa victoire de toutes les choses qui la pouvoient rendre plus glorieuse, il combattit & tua luy-mesme le plus fameus de tant de Souverains qui s'estoient assemblez pour le faire perir. Le bruit de cette grande iournée ietta l'effroy iusqu'au delà du Rhin, & les Allemans estonnez envoyerent incontinent leurs Ambassadeurs à ce Prince, pour se soumettre à son Empire. Apres cela ses guerres furent de perpetuelles conquestes, & le superbe Alaric Roy des Gots esprouua encore en sa personne, en recevant la mort de la main de ce Monarque, & en ses troupes deffaites auprés de la ville de Poitiers, qu'il est dangereus de s'attaquer à celuy que le Fils de Dieu anime de sa Valeur incomparable.

S'il falloit produire dans ce discours comme sur vn theatre les actions de ceux qui ne sont pas montez, ainsi

D ij

que les Constantins & les Clovis, de la hardiesse naturelle, à celle que départ la Grace de Iesus Christ, nous verrions qu'ils sont tres-souvent tombez dans les bassesses de la Lascheté; mais cette entreprise demande trop de temps, & arresteroit le dessein que ie me suis proposé. Il faudroit examiner la vie de la plus grande partie des hommes, pour y remarquer ces foiblesses. Ceux qui en voudront faire la recherche, trouveront que ie n'avance rien de faux, & le iour qui luira eternellement, fera cognoistre à tout le monde, qu'il est indubitable que la Timidité prend enfin possession du courage, auquel la Generosité du Fils de la Vierge ne communique point sa chaleur.

Ie me contenteray seulement de mettre icy la fin honteuse d'vn des plus hardis Tyrans qui ait iamais vsurpé la qualité d'Empereur des Romains. C'est l'orgueilleus Maxime qui se piqua contre S. Ambroise de ce qu'il l'auoit comparé à Valentinien qui estoit son veritable Maistre & celuy à qui l'Empire appartenoit legitimement. Cet homme enflé de ses conquestes entre dans l'Italie, l'inonde de ses troupes, & ayant connu que le grand Theodose son ancien Compagnon, qui s'estoit armé pour defendre l'Occident de ses ravages, faisoit son possible pour terminer leurs differends à l'amiable sans les commettre au sort perilleus d'vne Bataille, il en augmenta son orgueil. Car lors qu'il vid que ce vaillant Capitaine tesmoignoit prendre la resolution de le combattre, il s'avança vers luy avec audace : la rencontre des deux Armées se fit à Sissia dans l'Esclavonie. Theodose dont le courage estoit rempli de la force d'enhaut, fit avecque les Siens tous les efforts que l'on devoit attendre d'vn si genereus Empereur Chre-

ſtien; il combattit & ietta l'effroy dans l'ame de ſon Ennemy. Ce laſche Tyran fut contraint pour ſauuer ſa vie, qu'il
prefera honteuſement au diademe qu'il auoit ſi temerairement mis ſur ſa teſte, de s'enfuir à Aquilée, où ſa trahi-
ſon ſuiuie d'vne auſſi grande Laſcheté que celle qu'il auoit
teſmoignée en cette occaſion, donna tant d'horreur &
de mepris à ſes Soldats, qu'ils le prirent auec ignominie,
le depoüillerent de toutes les marques des habits Imperiaus, & le liurerent ainſi couuert de confuſion à ſon redoutable Vainqueur. Theodoſe le voyant ſi foiblement
abbatu par ſa timidité & ne remarquant en luy dans cet
eſtat que de baſſes ſoumiſſions, par leſquelles il ſongeoit
à s'exempter de la mort, le meſpriſa tres-iuſtement, & apres
luy auoir parlé en termes qui témoignoient qu'vn homme accablé de la tyrannie de la peur eſtoit incapable d'en
donner iamais aux autres, reſolut de luy ſauuer la vie comme à vn miſerable qui ne pouuoit plus rien faire d'aſſés
grand pour luy cauſer de l'inquietude; mais les Soldats in-
dignez contre vne perſonne ſi infame le deſchirerent en
pieces au meſme inſtant. Ainſi finit par vne honteuſe
mort celuy qui n'auoit pas ſceu vſer des talens que Ieſus
Chriſt luy auoit meritez afin de s'en ſeruir comme de degrez pour monter iuſques au Troſne de ſon illuſtre Valeur.

LA VERITE DE LA SECONDE proposition est monstrée, qui nous apprend que la Valeur qui vient de la Grace du Verbe incarné, est incomparablement plus éleuée, que celle de la Hardiesse naturelle & qu'elle fait executer des choses beaucoup plus grandes.

CHAPITRE XI.

La seconde Proposition que ie me suis obligé de prouver par les actions mesme des hommes, lesquelles persuadent quelquefois avecque plus d'eloquence que tous les discours, est que la Valeur qui sort de nostre grand Roy comme de son veritable Principe pour se répandre sur les Vaillans, est incomparablement plus élevée que celle qui n'a son fondement que dans la foiblesse de la Nature. Nous avons veu les raisons qui appuyent les avantages de cette perfection, & pour les mieux imprimer dans nos esprits, ie rapporteray quelques histoires des faits heroïques qu'elle a fait executer à ceux qui ont esté assez heureus pour en estre animez.

Le grand Samson, Seigneur de haute qualité entre les Peuples qui s'estoient acquis tant de Provinces par le secours de leurs espées dans les plus belles regions de la terre, posseda par avance comme vn trésor precieus la Valeur qui tiroit son origine de celuy qui devoit naistre pour la communiquer aux hommes. Il commença ses faits admirables par la mort d'vn Lion qui venoit pour le deuorer ; mais ce Heros qui n'a iamais reſſenti de peur, le déchira avecque le ſeul ſecours de ſes mains, ſans ſe ſervir d'aucunes armes. Depuis il fit de ſi grands exploits contre les ennemis de ſa Patrie, que Dieu meſmes, pour nous marquer la crainte que ſes belles actions avoient iettée dans leurs ames, a bien voulu nous les deſcrire comme des hommes preſque transformez en ſtatuës par la force de l'eſtonnement. Lors que la douceur de l'eſprit de ce Brave, inſeparable de la vraye Generoſité eſtoit eſmeuë par les iuſtes reſſentimens de ſa colere, il ſembloit que ceux auſquels il faiſoit la guerre, & qui avoient touſiours paſſé pour Vaillans, ne paroiſſoient devant luy que comme des moucherons, tant il leur donnoit la mort avec grande facilité. S'ils s'engageoit quelquefois à payer comme vne debte, ce que ſa liberalité luy faiſoit donner, il rendoit cette vertu d'elle-meſme aſſés conſiderable, encore plus eſclatante, par le ſecours de ſa Valeur. C'eſt ainſi qu'il en vſa lors qu'il alla faire des conqueſtes ſur ſes Ennemis, dont il tua trente de ſa main, afin que leurs dépoüilles luy ſerviſſent à faire des preſents aux Gentilshomes qui eſtoient aupres de luy & qu'il avoit magnifiquement traittez. Ses divertiſſemens eſtoient d'aller dans leurs villes de guerre, & de ſe moquer de la foibleſſe des peuples qui les habitoient, lors qu'ils s'efforçoient de l'arreſter priſonnier par la multitude de leurs troupes, ou par la force de leurs murailles. Pour ajouſter leur honte à ſa victoire il détachoit luy-meſme, ſans craindre les efforts qu'ils faiſoient contre luy, les portes de leurs places qu'ils avoient fermées pour le prendre, & les emportoit malgré eux. Enfin ſa Valeur fut eſlevée à vn tel point qu'vn jour animé contre ces mesmes personnes qui auoient conjuré sa ruïne, il deffit luy seul vne de leurs armées qu'il remplit d'espouuante, & renuersa mille des plus hardis sur le champ de Bataille.

Sangar illustre encore entre les grands hommes de cette Nation, qui pouuoit domter tout le monde si elle eust tousiours obeï à son Dieu, se trouuant attaqué par des troupes nombreuses, & se voyant sans armes pour se defendre, ne donna à la peur aucun lieu dans son ame, qui auroit asseurément vaincu en cette occasion & les Cesars & les Alexandres. Il trouua des forces dans son cœur qui le rendirent si esclatant des plus brillants esclairs de la magnanimité du Fils de Dieu, que ramassant le soc d'vne charruë qui se rencontra aupres de luy, il en abbattit à ses pieds six cens de ses ennemis. Ces monceaus de morts entassez les vns sur les autres seruirent de monumens illustres, & de trophées celebres à la beauté de sa victoire.

Le genereus Prince Ionathas beau-frere du plus vaillant homme qui ait iamais porté l'espée, l'incomparable Dauid, par vne meryueille inoüie aux siecles qui l'auoient precedé, & que ceux qui l'ont suiui n'ont point connuë, porta luy seul auec vn de ses Gentilshommes la terreur & la mort dans l'armée des ennemis du Roy son Pere ; il les alla attaquer en ce foible équipage iusques dans leurs retranchemens où il monta auec bien de la peine. Il tua quantité de gens, força leurs corps de garde, & jetta vn tel effroy dans toutes leurs troupes, qu'elles se virent reduites à n'esperer aucun salut que dans leur fuite.

Enfin il est asseuré que c'est auec grande raison que
l'admirable

l'admirable S. Paul nous a enseigné, que c'est par la Force qui est fondée sur la Foy, que les grands hommes ont vaincu des Royaumes entiers. Ie ne pense pas qu'il se rencontre personne qui veuille soustenir, que la Generosité imparfaitte de ceux qui ont paru dans les histoires des Nations, se puisse comparer à celle de ces hommes merveilleus dont ie viens de parler. Pour moy ie ne doute point que tous les Braves dont la profane Antiquité se vante, n'eussent tremblé au milieu de leurs Legions & de leurs Escadrons si redoutables, à la seule veuë de ces Vaillans dont nous venons de considerer les actions. Ces merveilleuses personnes avoient vn caractére sur le front qui imprimoit le respect & la crainte, dans le plus caché de l'Ame de tous ceux qui les osoient regarder avec des yeux ennemis: Et les Conquerants de la terre n'avoient rien en eux d'extraordinaire qui les pûst exemter de l'hommage qu'ils devoient rendre à vne Valeur mille fois plus haute & plus auguste, que celle dont ils faisoient profession. Ils ont mesme ressenti tres-souvent dans le fonds de leur cœur, qu'elle diminuoit à mesure que les crimes les rendoient infideles à celuy de qui ils l'auoient receuë.

E

IL EST RESPONDV A CE QVI EST

obiecté de la crainte que noſtre Seigneur a voulu ſouffrir au iardin des Oliues, & il eſt monſtré qu'elle eſtoit volontaire, & n'empeſchoit point l'excellence de la Valeur infinie qui eſtoit en luy, comme en la ſource de toutes des Valeurs.

CHAPITRE XII.

PEut-eſtre ſe trouuera-t'il quelqu'vn de ceux qui ont peine à confeſſer que la Nature doit ceder à la Grace, qui alleguera contre ce que i'ay prouué, que la Valeur qui vient de Ieſus Chriſt n'eſt pas ſi intrepide que ie la fais voir, puiſque ce Seigneur meſme qui la donne, a reſſenti les mouuemens de la Crainte dans le iardin des Oliues. Quoy que cette objection parte d'vn eſprit peu eſclairé dans les merueilles de noſtre Religion, & dans les miracles continuels qui paroiſſoient en la perſonne du Fils de Dieu, ie ne laiſſeray pas de taſcher à y ſatisfaire.

Entre vne infinité de choſes qui ſe peuuent dire ſur cette matiere, il me ſuffit de reſpondre que la peur que le Fils de la Vierge a voulu reſſentir, n'eſtoit pas comme celle qui nous tyranniſe avecque violence, & qui s'éleve en nos cœurs malgré noſtre volonté; c'eſtoit luy-meſme qui l'avoit volontairement eſmeuë; elle avoit trop de reſpect pour la Hardieſſe eſſentielle, & iamais elle n'euſt entrepris de s'en approcher, ſi elle n'y euſt eſté obligée par ſon commandement.

Cette crainte est diuine; elle est sans bassesse & sans lascheté, c'est vn mystere adorable, operé pour nostre salut, afin que par le ressentiment de cette passion, celuy qui estoit la Valeur par nature, guerist nos timiditez & nos foiblesses. Et en effect il en souffre de telle sorte les impressions, qu'il demeure tousiours la source de toute la Valeur, & l'appuy de toute la force qui estoit répanduë & sur les Anges & sur les hommes. Il est en cet estat souffrant veritablement, mais donnant toutefois la Generosité à tous ceux qui la possedoient parmy les Creatures, ainsi que dans sa mort il estoit la vie eternelle, & celuy qui la communiquoit aux autres. C'est ainsi que nous croyons que le delaissement qu'il souffre de son Pere sur la Croix, ne l'empesche pas de subsister tousiours dans le sein de ce mesme Pere, & d'estre parfaitement vni à celuy avec lequel il n'est qu'vne mesme substance. Nous confessons de mesme sorte que dans les plus terribles tourmens de sa Passion, il est iouïssant de la souueraine beatitude: de façon qu'il est aisé de voir que cette apprehension merueilleuse que le Souuerain de tous les Rois a voulu supporter pour l'amour de nous, n'est point du tout contraire à sa Generosité; tant s'en faut, il estoit tres-conuenable qu'il en vsast de cette maniere, afin qu'en prenant sur soy les marques humiliantes de cette Passion, il nous communiquast les veritables effects de sa Force.

Cette verité qui nous apprend que la crainte que nostre grand Roy a voulu supporter, n'estoit point comme les nostres que la foiblesse produit, & que la Lascheté entretient, me semble assez fortement establie par les rai-

E ij

sons que la lumière de la Foy nous fournit. Peut-estre neantmoins qu'elle paroistra plus esclairée si par ce qui s'est passé dans la vie des courageus Enfans du Fils de Dieu, nous considerons les vestiges de la magnanimité du Pere qui les a engendrez; car on n'oseroit penser que ces personnes illustres eussent pû supporter les plus rudes coups de la cruauté avec constance, & envisager les plus espouuantables perils avecque fermeté de courage, s'ils n'eussent esté fortifiez de ce Seigneur, en qui ils mettoient toute leur esperance.

Saint André nous exprime vne chose si veritable, par l'ardeur avecque laquelle il souspire apres la Croix qui le deuoit faire souffrir. Iamais homme passionné pour les plaisirs de ce monde, n'a eu des desirs si pressants pour leur iouïssance, qu'estoient ceux qui enflammoient cet Apostre, de consommer sa vie dans les supplices qu'on luy presentoit.

Nous voyons vn S. Estienne qui méprise la fureur de ceux qui le lapidoient, aussi bien que les coups de pierres dont ils le faisoient mourir.

Les Agathes, les Agnés, les Catherines, les Ceciles grandes en leur naissance, & parées de toutes les beautez que les Graces peuuent donner aux ieunes filles, traitent la mort avecque mépris, quoy qu'elle leur parust armée de tout ce que la malice des Tyrans pouuoit inuenter de plus rude. Et ces belles Dames possedoient tant de repos au milieu de leurs tourmens, qu'elles en paroissoient presque insensibles.

Si nous iettons les yeux sur la hardiesse que le Fils de la Vierge donne à ces Vaillans à l'instant mesme de la mort, nous verrons vn Samson dont j'ay desia parlé, se moquer d'elle, & aller luy-mesme la chercher avec vn courage capable d'espouuanter cette cruelle qui triomphe de tous les hommes. Il l'affronta en faisant perir auecque luy, tout ce qu'il y auoit de cõsiderable dans l'Estat de ses Ennemis.

Si nous portons nos regards vn peu plus auant, le braue Eleazar nous paroistra, lequel en combattant sous les Enseignes de l'illustre Macabée, fit esclatter vne Valeur, qui surpasse la croyance des hommes, il s'enfonce dans le milieu des Escadrons ennemis, où luy semblant qu'il voyoit le superbe Antiochus monté sur le plus grand Elephant de son armée, il se lance sous le ventre de cette beste, resolu de mourir, pourueu qu'il accable avec soy, le fier Tyran qui faisoit la guerre à sa Patrie : Et en effet ce pesant animal qu'il auoit percé à coups d'espée, tomba enfin sur luy, & luy fit perdre avec satisfaction, la vie qu'il auoit hasardée avec generosité.

S'il falloit descrire les efforts que la Valeur du Roy des Rois a fait produire à vne infinité de Heros, dans les momens perilleus où la hardiesse naturelle abandonne tous les autres, il faudroit se resoudre à ne remplir de gros volumes que de leurs belles actions ; mais ie me persuade que j'en ay assez dit pour faire connoistre quelque chose de l'excellence de cette perfection, & pour faire voir clairement qu'elle est en ce Seigneur comme en son throsne, & comme en son veritable element, d'où il nous paroist assez qu'il est enrichi luy-mesme auecque les prerogatiues qui luy appartiennent, de cette belle Generosité qu'il donne aux autres, & par laquelle il les exempte de la bassesse de la Lascheté.

E iij

LA BEAVTÉ DE LA VALEVR ET LA LASCHETÉ DV DVEL.

SECONDE PARTIE.

L'on y void les laideurs de la Lascheté, lesquelles se reconnoissent particulierement dans le Duel, lors que l'on considere attentiuement les illusions & les tromperies dont il est rempli : La lumiere de la verité, l'autorité des grands hommes & le iugement des plus braues qui ayent iamais esté, découurent auec clarté, les bassesses & les timidités de ce crime.

LE DEMON ENVIEVX DE LA VERITABLE Valeur tasche à la changer en lascheté par ses illusions, ce qu'il fait principalement dans le Duel.

CHAPIRE I.

DE toutes les maximes que les hommes ont receuës de la science qui nous apprend à raisonner, il n'y en a point de plus veritable que celle qui nous enseigne que les estres contraires se portent vne haine mutuelle qui dure autant que leur contrarieté, qu'ils taschent continuellement à se détruire l'vn l'autre, & qu'ils se font vne guerre qui ne reçoit iamais aucune condition de paix. Leurs qualitez & leurs proprietez particulieres portent aussi toûjours les caracteres de leur antipathie, & il ne se trouue point de Creatures dans le monde si propres à faire des accommodemens, qu'elles puissent assembler en mesme lieu, deux ennemis si declarez. C'est pour cette raison que nostre grand Roy, Soleil des lumieres de Dieu, & le Prince des Tenebres auront toûsiours l'vn pour l'autre, vne haine qui se fera paroistre en toutes sortes d'occasions.

La beauté de cette Mer de perfections est insupportable à la laideur de ce monstre, aussi bien que son respect enuers Dieu, à l'auersion que ce miserable en a, & les richesses de ce Seigneur causent des tourmens inconceuables à la cruelle Enuie, qui ronge incessamment ce perfide. Sa Lascheté non plus ne peut supporter l'esclat de la Valeur de ce grand Monarque, de sorte qu'estant sans cesse agité de ses noires fureurs, il cherche dans sa foiblesse de nouueaus moyens de déplaire à celuy qui est si éleué au dessus de sa misere. Il tasche aussi par mille voyes differentes de se seruir de la liberté que Dieu a donnée aux hommes, pour offenser ce Seigneur auquel il veut tant de mal, afin de le priuer, s'il luy estoit possible, de l'honneur que luy doiuent ses Creatures, & de les rendre elles-mesmes participantes de ses propres malheurs, qui luy font souffrir tant de tourmens. C'est en cette rencontre où ce Monstre employe les ruses & les finesses pour abuser ceux qui ne receuroient point les mouuemens qui viennent de luy, s'il se monstroit à découvert. Car la laideur dont il est rempli, est si grande, aussi bien que celle de toutes les inspirations qui naissent d'vne si basse origine, que les plus sçauans dans la connoissance des mysterieus secrets de nostre Religion, croyent qu'il n'y a point d'homme qui en pûst supporter la veuë sans mourir d'horreur à l'instant mesme, si elle paroissoit comme elle est. De sorte que pour ietter ses impressions dans l'ame de ceux qu'il a enuie de perdre, il faut qu'il se desguise en ce qu'il n'est pas. C'est pourquoy lors qu'il les a voulu tromper par vn abus qui a tyrannisé le Monde pendant plusieurs siecles, l'orgueil qui le tourmente au milieu de ses miseres, luy a fait prendre la qualité de Dieu, en cachant sa déformité sous les pierres & les marbres dont les Idoles estoient construites, & ce superbe qui dés les premiers momens qui suivirent celuy de sa creation, voulut s'asseoir dans le Trône de Dieu mesme, continuë tousiours ce desir, & dans les tourmens extrémes qu'il souffre, il affecte encore cette haute qualité. C'est pourquoy il s'est efforcé de la faire paroistre aux hommes sous la couuerture de mille statuës qui seruoient de voile à ses laideurs, & de Trône à sa vanité.

C'est ainsi que la plus basse des Creatures se fit connoistre pour le principe & la cause de tous les estres, & qu'il se fit rendre le culte qui n'appartenoit qu'à la Diuinité. C'est ce Rebelle qui voyant ses Autels abbatus par la puissance de son redoutable Ennemy, cache souuent ses tenebres, afin de ne pas rebuter ceux qu'il entreprend de seduire sous les fausses & apparantes lumieres d'vne beauté Angelique. C'est luy enfin qui apres avoir ietté ses illusions

& la Lascheté du Duel.

sions par tous les endroits de la Terre, dans toutes les conditions des hommes, & principalement entre ceux qui ont receu par le Baptesme, le caractere d'Enfans de Dieu, c'est luy, dis-je, qui vient s'attacher particulierement aux personnes de condition, à qui la naissance illustre donne des obligations de la mesme nature de porter vne Espée, pour s'en servir sous la conduite de la Valeur, dont nous avons desia tant consideré la beauté. Il ne peut souffrir l'esclat de ces armes glorieuses qui brillent entre les mains des Gentilshommes de ce Royaume : il sçait que lors qu'ils les employent legitimement, ils peuvent assuiettir à leur Souverain toutes les parties de la Terre, où il entreprendroit de regner avecque iustice, ainsi qu'ont fait ses Predecesseurs, qui ont traversé les mers pour y planter la pureté de nostre Religion. Les yeux tenebreus de ce Lasche, esbloüis par les esclairs de la gloire de nostre vaillante Nation, craignét de voir l'heureus succez de leurs entreprises: sa rage & son enuie le rongent incessamment, & luy font inuenter des moyens pour empescher que la Noblesse Chrestienne, & plus qu'aucune autre, celle qui enrichit cette Monarchie, ne iouïsse d'vn bien aussi precieus qu'est celuy de la Magnanimité.

Depuis qu'il a perdu l'excellence que cette vertu luy avoit donnée au moment de sa creation, & qu'elle s'est changée en timidité, il ne la peut souffrir en ceux qui la possedent, & son orgueil luy fait desirer, qu'en la leur arrachant de l'ame, il puisse leur persuader qu'il est luy-mesme celuy qui inspire la Valeur, comme il a fait croire autrefois aux plus habiles peuples de la terre, qu'il estoit le vray Dieu, auquel ils devoient leurs hommages, & qu'il

F

insinuë encore auiourd'huy à vne infinité de personnes ses fausses maximes sous les apparences d'vne lumiere bien fondée : de mesme que l'estime qu'il a tousiours euë pour la qualité de Dieu, luy a fait desirer de se rendre semblable à celuy qui la possede ; aussi en cette rencontre celle que l'amour de luy-mesme luy fait conceuoir de la Generosité, luy donne de la douleur de l'auoir perduë, & luy fait desirer, en l'ostant aux hommes, d'en paroistre pourtant le veritable auteur.

Ainsi par ses déguisemens il jette la timidité au milieu du coeur de ceux que Dieu auoit fait naistre pour estre vaillans, & imprime si fortement ses faussetez dans leurs esprits, qu'ils ne sont pas moins attachez à estimer les lasches maximes qu'il leur inspire, comme si elles portoient les marques de la plus belle Valeur, que les Grecs & les Romains l'estoient autrefois à adorer sa laideur sous les apparences de mille diuinitez, dont il avoit malheureusement charmé leurs ames. Les Turcs ne sont pas maintenant plus trompez, lors qu'ils croyent les contes ridicules qu'il leur a enseignez par son Fauori Mahomet, que nos Gladiateurs sont abusez, quand ils s'imaginent que dans leurs combats il y a quelque chose de genereus. Leur opinion est si contraire à la verité, qu'ils ne sont pas moins dans l'erreur que les Heretiques de nostre temps, qui se persuadent que Luther qui a pris les leçons de ce mauvais maistre, Caluin & tous les autres Chefs de ces Sectes qui tiennent tant de Prouinces de la Chrestienté dans la tromperie, ont esté des Apostres bien plus esclairez que tous les grands hommes qui ont orné l'Eglise, de leur vie, & de leur doctrine depuis douze siecles.

Ce Pere du mensonge, qui a trompé tous ceux qui l'ont voulu croire depuis le commencement du monde, est celuy qui vient encore semer ses erreurs dans le courage des Seigneurs de condition, qui doivent leur naissance à ce Royaume. Il ne se contente pas, tant sa malice est cruelle, de les avoir répanduës dans les esprits qu'il a de tout temps obscurcis de ses tenebres, & de les avoir jettées dans les volontez qui se sont assujetties à son Empire, il faut encore, par vn iugement de Dieu qui nous doit faire trembler, qu'il mette le poison de la Timidité dans le cœur de ceux que Dieu vouloit rendre vaillans, & qui sembloient en succant le laict de leurs nourrices, estre esslevez aussi par leurs Peres au desir de la gloire qui s'acquiert par le moyen d'vn espée genereusement soustenuë. Mais enfin il a pû executer son pernicieus dessein, & ce subtil maistre des plus habiles Magiciens, a pris pour instrument de son entreprise, le lasche & infame Duel qu'il a tasché de reuestir par ses illusions, des pompeus ornemens de la Valeur. C'est ainsi qu'en beaucoup de rencontres il a paré des charongnes puantes, & des corps priuez de leurs ames depuis plusieurs iours, des apparences de la Beauté, & de la richesse des habits, pour en abuser quelques hômes, qui se sont laissez esbloüir aux plaisirs qu'ils s'imaginoient trouver au pres de ces carcasses à demy-pourries & toutes pleines de vers. C'est ainsi qu'il offre des Royaumes à ceux à qui il n'a pouvoir que de donner des precipices : c'est ainsi qu'il se moque de ces miserables Sorciers, ausquels il presente des feuilles de chesne, qu'il rend à leurs yeux charmez aussi brillantes que des pistoles.

C'est donc par cette illusion qu'il produit le Duel au

F ij

milieu de la Noblesse comme vn leurre trompeur, pour vne marque asseurée de Valeur & de Magnanimité.

LES MOTIFS QVI ONT ANIMÉ celuy qui fait ce discours, & qui l'ont obligé à découvrir les Laschetez du Duel.

CHAPITRE II.

Ans le cours du dessein que ie me suis proposé, apres avoir estalé quelques-vnes des Beautez de la Valeur qui prend sa source en l'homme-Dieu, ie me vois enfin arrivé au lieu, où il faut necessairement faire voir les laideurs & les deformitez des illusions de la fausse Generosité qui se trouve dans le Duel, & qui tire son origine des Demons. Comme ils sont des creatures tres-opposées au Fils de la Vierge, il s'ensuit par vne consequence infaillible, qu'ils ne peuvent donner que le contraire des biens que nous receuons de sa liberalité: s'il est appellé par vne excellence qui ne conuient qu'à sa grandeur, la Force de Dieu, quel nom assez infame pouvons-nous donner à son Ennemy? Ie ne dis cecy qu'en passant, nous examinerons plus particulierement les suites de ces veritez dans le cinquiéme Chapitre de cette seconde Partie.

Si ce grand Roy possede les richesses de cette vertu divine, comment connoistrons nous dans le Demon les pauvretez qui luy sont si contraires, & qui nous ouvrira les noirs cachots, où il tient enfermée parmy tous les monstres qu'il nourrit, la basse Lascheté avecque toutes ses suittes honteuses ? Il faut des yeux si esclairez, pour penetrer iusques dans les abysmes de ses magasins, que les noires vapeurs & les sombres aveuglemens qui regnent tousiours dans ces tristes lieux, ne les puissent esblouïr de l'espaisseur de leur fumée.

Si l'Antiquité nous a dépeint le fameus Enée avecque les plus brillantes couleurs de la plus haute Generosité que la Fable ait iamais pû inventer, pour avoir osé suivre la Sibylle iusques dans l'Empire des Morts, que doit penser la Verité, du courage intrepide de ceux qui avec des regards asseurez portent leurs esprits iusques dans ces cavernes, où habite la Lascheté avec ses hontes & ses bassesses ? C'est vn passage que personne ne peut rendre facile, que l'illustre Fils de la Vierge qui porte les clefs de ces cachots, qui en ouvre, & qui en ferme les portes quand il luy plaist. Il faut que ce soit son Espée redoutable à tout le Royaume des damnez, qui nous asseure dans cette entreprise, & qui par la vertu de son tranchant perce de tous costez, comme vne beste terrible, l'infame Lascheté, afin que sous sa protection nous en puissions faire l'anatomie, & considerer attentivement toutes les parties qui composent vn crime aussi plein de mespris qu'est celuy du Duel, qui comprend en soy, comme en racourci, tout ce qui se peut imaginer de plus bas.

L'aveu que nous devons à la Verité, l'interest d'vn Prince dont les grandeurs eternelles obligent au respect, les Demons mesme ses plus fiers ennemis, & la veritable affection que i'ay pour l'avantage des Gentilshommes de ce Royaume (à plusieurs desquels i'ay l'honneur d'estre lié d'amitié & de parenté, aussi-bien que de naissance &

F iij

de profession) m'ayant insensiblement porté à considerer les illusions dont le Prince des tenebres avoit couvert & comme masqué ce vice; i'ay creu que ie n'employerois pas mal vn peu de temps, à faire connoistre à ces illustres personnes que j'honore passionnément, quelque chose de ce que i'avois dās la pensée sur ce sujet. Ie sçay bien que la Valeur est l'objet de leur plus forte inclination, & c'est avec grande justice, puis qu'elle est le caractere par lequel leur condition est separée des autres, & éleuée par dessus toutes les qualitez que les hommes possedent naturellement. Cet amour est ce qui leur acquiert le titre honorable dont ils se glorifient si iustement; ie confesse qu'il emporte toute mon estime, & que ie ne vois point de charmes dās toutes les choses agreables, que les beautés de ce monde offrent à nos yeux, qui ne doivent ceder à ceux de la gloire que Dieu donne par la Valeur. C'est pourquoy i'ay desiré d'en faire voir les merveilles; & puis connoissant avec douleur, que la plus lasche de toutes les creatures tend des pieges à cette perfection, & s'efforce continuellement, en la faisant perdre aux hommes, de les precipiter dans la derniere lascheté, ie tasche, autant que ie puis, de monstrer les tromperies de ce perfide Ennemy de la noble Generosité, & d'empescher mes Amis de tomber dans ce funeste malheur. De sorte que ie me declare hautement pour la veritable Valeur, à laquelle ie donne tous mes respects, & proteste que si l'on ne pouvoit parler contre le Duel qu'en cachant les beautez de cette esclatante vertu aux yeux de ceux qui l'honorent, ie serois le plus muet de tous les hommes, & qu'vne sombre tristesse se seroit emparée de mon ame; mais aussi connoissant que l'esclat auguste de cette perfection est vn Soleil plein de feu & de lumiere, qui peut plus aisément dissiper les noirs ombres de la Lascheté, qui environnent le Duel, que celuy de la Nature ne resoud en sa force les gouttes de la rosée que l'Aurore a répandues sur les fleurs, ie poursuis mon dessein avecque ioye. Ie crois estre bien fondé à me persuader encore, que i'auray enfin les plus Braves de mon costé, puisque ie pretends de faire la guerre à leur plus cruelle ennemie. En effect rien ne me pourra estre contraire que ceux qui aimeront la Timidité dans sa laideur, ainsi que les Sorciers reverent le Diable, encore qu'ils le connoissent rempli de toutes les horreurs qui donnent de l'espouvante au reste des hommes. Ces gens-là estant du nombre de ceux que la peur possede si fort, selon le langage du Dieu des batailles, que mille ont coustume de prendre la fuitte devant vn seul vaillant qui les poursuit, ou bien souvent mesme, lors que n'ayant personne qui les suive, ils ne sont chassez que par la bassesse de leur propre crainte, ie n'ay pas sujet d'appréhender qu'ils me fassent beaucoup de mal. Leur cœur est abbatu, la cause qu'ils veulent defendre est foible, & la peur qui esteint en eux par son timide froid, le feu qui échauffe le courage, dérobe à leur Esprit la lumiere & le raisonnement.

Ie supplie donc la Noblesse, pour laquelle i'ay des sentimens si respectueus, de croire que ie pretens combattre ce monstre de Lascheté, sans que mon dessein soit de fascher personne, ny d'offenser pas vn de ceux qui donneront encore leur approbation à ce crime : les Medecins décrivent à ceux qu'ils traitent, les vilaines qualitez des ylceres & des abcez qui les tiennent languiſſans, & deſquels ils taſchent avec ſoin de les guerir. On parle tous les iours contre les vices & contre les actions noires, que les perſonnes de cœur & de condition blaſment avec beaucoup de chaleur, encore que par vne miſere que la fragilité des hommes entraiſne avec ſoy, il s'en trouve quelques-vnes de leur rang qui les ayent commiſes. Nous avons l'exemple du Chevalier Bayard, vn des plus magnanimes Gentils-hommes que la France ait iamais produits, qui oſa bien reprendre les ſentimens d'vn puiſſant Prince d'Italie, qui croyoit qu'il n'y avoit point de danger d'écouter les deſſeins qu'avoit vn traiſtre, de faire perir par le poiſon, celuy auquel ils faiſoient tous deux la guerre. Pourquoy donc ne me ſeroit-il pas permis de dire la verité, en mettant à découvert les baſſeſſes & les ignominies du laſche vice, que tous les Vaillans doivent deteſter?

LE DEMON ABVSE LES HOMMES par ſes tromperies, en leur faiſant paroiſtre le Duel, qui eſt plein de Laſcheté, comme s'il eſtoit vne action de Valeur.

CHAPITRE III.

PViſque c'eſt la ſeule verité qui nous peut eſclairer, pour nous empeſcher d'eſtre ſeduits par le menſonge, rien ne nous eſt plus vtile que ſa recherche; afin que l'ayant avecque nous, ſa force nous garantiſſe contre toutes les malices de
celuy

& la Lascheté du Duel. 49

celuy qui nous veut perdre. Il est certain qu'en quelque lieu que nous la puissions trouver, elle ne nous paroistra jamais si belle, ny avecque tant de lumiere, que dans son Trône, & dans le sein mesmes de celuy qui l'a engendrée. C'est le Dieu vivant, & c'est aussi dans la vertu de sa Parole, qu'il nous la donne, & qu'il veut que nous la rencontrions.

Vn de ses Predicateurs, le grand Fauori du Souverain de toutes les Creatures, qui nous a décrit l'aversion que la majesté Divine a pour la timidité, en nous découvrant dans sa prophetie des derniers iours, l'estat miserable où la tromperie des Demons devoit reduire tous les hommes, qui ne combattront pas sous les enseignes de son Maistre, introduit sur le theatre de l'Vnivers, vne femme qui s'abandonne à tous ceux qui mettent leurs delices à iouïr des beautez apparantes, dont elle charme faussement la veuë par ses illusions diaboliques. Les plus riches étoffes, aussi bien que les pierreries & les diamans composent le superbe éclat de ses habits : son char de triomphe est vne beste à sept testes & à dix cornes, plus épouvantable que l'hydre, que la Fable a fait tuër au fameus Hercule. Ce monstre a pour venin contagieus vne infinité de blasphemes, & celle qu'il porte avec vn orgueil si pompeus, tient en sa main vn vase d'or plein de toutes les abominations imaginables. Ce noble Escrivain des grandeurs de son Roy nous apprend, que c'est de ce vin detestable que porte cette femme, qu'elle enivre tous les Princes de la terre qui aiment la douceur de ses tromperies. Sa puissance est celle des Demons, & c'est par elle qu'ils charment les esprits de tous les hommes, qui ne me-

G

ritent pas de voir la lumiere au milieu du iour, qui éclaire ceux qui ont la veuë aussi forte que le courage. C'est par les impressions de cette Sorciere que ces misérables tombent dans le funeste aveuglement qui leur fait croire toutes les choses d'vne autre maniere qu'elles ne sont. C'est ce que cet illustre Favori du Fils de Dieu, eslevé & nourri parmy les tonnerres & les magnificences de la parole Divine, nous enseigne positiuement sous la figure de cette prostituée, qui n'est autre chose que le charme trompeur & les illusions apparantes, par le moyen desquels, celuy qui preside pour vn temps sur la vaste estenduë de l'air, frappe nos esprits tous les iours d'vne apparence mensongere, & y establit ses noires tenebres.

Ce sont les finesses de cette meschante Magicienne, & son breuvage mysterieus & empoisonné qui ont toûjours fait paroistre aux hommes le crime vtile, honorable, ou plein d'agréement, & les ont portez à le commettre avecque tant de facilité. Cette malheureuse a persuadé à ces fameus Geans qui regnoient sur la terre vn peu apres qu'elle fut tirée du neant, que la grandeur de leurs corps, & la force dont ils se sentoient enrichis, leur devoit faire mépriser de se soûmettre à la Souveraineté de celuy qui les pouvoit reduire en poudre par cette mesme puissance qui les avoit formez de rien. Aussi connurent-ils enfin par vne funeste experience que celuy qui peut, quand il luy plaist, donner pour lict aux mers & aux rivieres les plus hautes montagnes de l'Vnivers, a le pouvoir de faire de son centre vn lieu de chastiment pour y punir l'insolence de ceux qui osent se rebeller contre sa Grandeur. Elle a corrompu tout d'vn coup ces hommes fameus que la Renommée faisoit connoistre dés la premiere ieunesse du Monde, & comme il n'en portoit presque aucun, dont l'ame ne fust ensorcelée de son poison, aussi le Deluge vengeur de l'outrage qu'ils avoient fait à la verité de la Majesté divine, effaça par les eaux toute cette race pleine de crimes, aussi bien que les histoires de leurs méchancetez. Les ruines que cette inondation avoit causées dans toute l'estenduë de la terre, ne furent pas plustost reparées, qu'elle ébloüit le superbe Nembrot du vain éclat de ses finesses, & l'exemple de tant de chastimens ne luy pût servir de barricade assez forte pour empescher cette Magicienne de l'aborder, & de luy faire boire de ce vin plein d'abomination. Ce fut aussi cette liqueur qui sous l'apparence d'vne noble entreprise, luy inspira le pernicieus dessein d'élever cette Tour, qui a rempli toute la Nature de sa confusion. Dés que les premiers Princes qui commanderent sur la terre depuis ces marques funestes de la colere de Dieu, commencerent à ietter les fondemens de leurs Empires, & d'y acquerir quelque grandeur par dessus le commun des peuples, elle commença aussi à leur persuader qu'ils estoient les maistres de la Divinité, qu'ils la pouvoient prendre pour eux si la splendeur qui l'environne, donnoit de l'amour à leurs ames, ou la distribuer aux autres, comme vn bien qui dépendoit de leur caprice. C'est d'vne liberalité si ridicule que les Saturnes, les Iupiters, les Mars, & les Apollons, aussi bien que les Iunons, les Dianes, les Minerues, & toutes les Divinitez imaginaires, ont pris cette qualité excellente, qui les a fait adorer pour Dieux par toute l'Antiquité, quoy qu'ils ne fussent que des damnez sujets

G ij

aux tourmens qui les puniſſoient d'autant plus rigoureuſement ; que les hommes abuſez des illuſions de cette Magicienne, leur rendoient leurs hommages avecque plus de reſpect & d'adoration.

Enfin la Nature n'a iamais connu de crimes, & n'en commettra iamais dans la ſuitte des temps, que ce ne ſoit par le moyen de cette ſource de toutes les perfidies. Les meurtres, les inceſtes, les trahiſons, les rebellions, les parricides, & tout ce que la plus noire cruauté a iamais inventé, & exercera iuſqu'à la fin des ſiecles, ſont les ouvrages de cette femme qui ſert ſi agreablement aux inclinations des Demons. C'eſt elle auſſi, qui verſe des liqueurs de ſon vaſe envenimé de tant de tromperies, dans l'eſprit de ceux à qui elle perſuade fauſſement que le Duel, qui enferme toutes les baſſeſſes de la Laſcheté, eſt pourtant rempli d'vne Valeur illuſtre & digne d'eſtre eſtimée.

COMBIEN LES TENEBRES QVI enuironnent le Duel ſont grandes, & combien il eſt difficile de les découvrir.

CHAPITRE IV.

CE ſont les enchantemens de cette Coupable de tous les crimes des hommes, qui cauſent la honte de tant de perſonnes conſiderables. C'eſt en quoy conſiſte le mal contagieus & plein d'aveuglement, qui perſecute ceux que la Naiſſance oblige de porter vne eſpée. Il ſemble ſans parler des choſes avec exaggeration, que cette pompeuse Sorciere, dont i'ay dit quelque chose dans le Chapitre precedant, & qui a noirci de ses tromperies toutes les Nations de la terre, ait reservé ce qu'elle avoit de plus sinistre, pour le donner à la Noblesse de ce Royaume. Sa beauté apparante les a si fort ébloüis, que la pluspart d'vn corps si auguste a bû son poison avec des charmes si subtils, qu'il a penetré iusques au plus profond des ames de tant de braves gens: & veritablement nous connoissons avec vne certitude trop visible, que iamais les autres qu'elle a enchantez depuis la naissance du monde, n'ont eu tant d'attachement à la maladie qui les tourmentoit, & n'ont aimé les illusions qui les aveugloient avecque tant d'ardeur, que les Gentils-hommes ont embrassé les funestes piperies dont le Duel est accompagné. S'il faut remonter iusqu'aux temps qui ont veu naistre les premiers Peres de ceux dont les Genealogies sont les plus anciennes, nous trouverons que quelques impressions que l'idolatrie eust faites sur l'esprit des hommes, la force de nostre Religion les a pû vaincre. Toutes les apparences du respect que l'on devoit aux Dieux qui protegoient les Nations, & qui avoient donné l'estre dans la fausse creance des peuples, à tous ceux qui les reveroient, n'ont pû empescher qu'elle n'ait triomphé de tous ces obstacles. La pensée qu'on avoit que ces Divinitez impuissantes estoient celles qui preservoient de tous les maux, & qui prodiguoient tous les biens dont ils avoient la iouïssance, n'a pû servir de barricade à la lumiere du Ciel. En effect, quelque infamie qui parust à quitter cette superbe Religion, qui se croyoit aussi vielle que le Monde, & qui regardoit la nostre comme le mépris de toute la Terre,

G iij

toutesfois la verité a pû vaincre cette difficulté, & a fait ouvrir les yeux à la plufpart des hommes. L'Empire Romain qui n'attribuoit fa grandeur qu'à l'affiftance des Dieux qu'il adoroit, a enfin quitté avec vne partie des Provinces de l'Vnivers, les vaines ceremonies d'vn culte fi pernicieus, pour fe foûmettre à celuy qui donne le mouvement à toutes chofes ; Et noftre puiffante Monarchie s'eft veuë eftablir par le magnanime Clovis, fur le debris des Idoles abbatuës & des Temples ruinez, que leurs Predeceffeurs avoient autrefois fait conftruire. Enfin les vols, les affaffinats, les trahifons & tous les autres vices, aufquels les hommes avoient de tout temps rendu des hommages, ont efté reconnus, & les perfonnes de condition ne les regardent qu'avec horreur, & comme des obiects de honte. Les forcelleries de cette malheureufe femme ont fouvent perdu leur force en ces occafions, & les menfonges pourtant qui déguifent la Lafcheté du Duel, auront encore du credit fur les hommes ? Ce qui me paroift plus eftrange en cette rencontre, c'eft que cette tyrannie du Prince des tenebres, ne s'exerce pas feulement fur ceux qui font priuez des clartez de la veritable Religion, mais fur des Gentils-hommes baptifez, qui croyent que le Fils de Dieu & de la Vierge eft le Maiftre des hommes & des Anges, qu'il eft veritablement la premiere fource de toute la Valeur, & que fa main puiffante a deffait plus d'armées que les Heros de la terre n'ont eu d'ennemis à combattre, qu'il eft le foudre éclatant de la Majefté eternelle qui eftime fi fort les combats faits avecque iuftice, qu'elle a voulu qu'il y euft vn Livre qui portaft pour titre *Les guerres de Dieu*; qui confeffent qu'il eft le mortel Ennemy de la Peur, qu'il

& la Lascheté du Duel. 95

recommande soigneusement aux siens de la bannir de leurs ames, & qu'il est celuy qui l'envoye tous les iours aux meschans comme vn chastiment de leurs fautes, & comme vne honte qu'il imprime sur leur front à cause du peu de cas qu'ils ont fait de sa Valeur; qui ne doutent point encore, que le Demon ne soit reuestu presque d'autant de bassesse & de crainte, que celuy qui le punit, possede de gloire & de generosité; qui n'ignorent pas enfin, qu'ils ne peuvent sans crime & sans commettre vne trahison, qui merite d'estre punie, suivre les mouvemens de cet Infame. N'est-ce pas vne chose terrible & surprenante, que ces personnes éclairées de tant de lumieres, & nourries parmy tant de gens qui font profession d'aimer la haute Magnanimité, se laissent si fort seduire aux charmes de cette Coureuse, qui porte ses illusions par toute la terre, qu'en témoignant de l'aversion pour la Lascheté, ils l'embrassent dans ce qu'elle a de plus bas? Ie vous auoüe que cela me surprend au dernier point, & que ces gens-là me paroissent plus aveugles que tous les autres hommes que les crimes remplissent de tenebres: mon Esprit frappé d'vn si estrange prodige, ne trouve rien dans la Nature qui luy donne vne semblable admiration.

Ce procedé me surprend incomparablement dauantage, que l'endurcissement de Pharaon Roy d'Egypte, qui ne peut ceder aux miracles que Moyse produit devant luy, qui se voit environné des plus sombres tenebres qui ayent iamais travaillé le Monde, qui ressent des punitions qui causent en vn moment des desordres terribles dans toutes les Provinces de son Empire, qui eut l'audace enfin de se jetter avec ses troupes innombrables dans les chemins que la main de Dieu avoit faits, au milieu de la Mer Rouge, & qu'elle avoit reuestus de vagues eslevées, comme de murailles liquides. Cette audace fut punie de la perte de celuy qui l'avoit commise, & de celle de son armée que les eaux enseuelirent. Ce desastre me semble assez nous figurer la fin malheureuse de ceux qui estiment le Duel: car tout de mesme que les Egyptiens perirent en voulant suivre avecque temerité, les peuples que la Majesté de Dieu conduisoit au travers des flots qui s'estoient ouverts pour leur donner passage; ainsi nos Gladiateurs sont tous les iours accablez dans les abysmes de la honte & de la Lascheté, lors qu'ils pretendent par ce crime marcher sur les pas de ces hommes genereus, à qui la Valeur inspirée du Fils de Dieu, fait executer des actions toutes heroïques.

Les mesmes Iuifs nourris & élevez dans les merveilles que le Createur de toutes choses operoit continuellement à leurs yeux, & accoustumez à cette manne miraculeuse qui leur servoit de nourriture, aussi bien qu'à voir briller leurs habits apres plusieurs années de services continuels, de la mesme beauté qu'ils avoient le premier iour qu'ils s'en parerent; ces personnes qui ne connoissoient point d'Ennemis, que pour les voir succomber sous la main puissante qui les assistoit, & qui se monstroit tous les iours à eux sous les signes d'vne Nuë, ou d'vne brillante colomne de feu: ces hommes enfin qui campez au pied de la montagne de Sinaï consideroient la gloire de Dieu qui parloit à Moyse au milieu des foudres & des tonnerres, qui jettoient le respect & la crainte dans leurs ames, se laisserent neantmoins aller dans le mesme moment, iusqu'à la

fureur

fureur qui les porta à tourner le dos à la Divinité qui les avoit tousiours assistez, & qui leur paroissoit si pleine de grandeur, pour adorer l'ouvrage que leurs mains se firent à l'instant, sous la forme detestable d'vn Veau. Mais quelque estrange que me paroisse cette perfidie, elle n'approche point de celle que nos faux Braves commettent tous les iours, en quittant la suprême Valeur pour se soûmettre au joug tyrannique de la basse manie du Duel. Ces peuples estoient grossiers, & la lumiere qui accompagnoit leurs esprits estoit toute pleine d'ombres & de figures; mais celle que la Religion Chrestienne nous donne, est remplie des splendeurs de la Verité, & la Foy qui la soustient, nous apprend plus certainement que ce vice est vn monstre de lascheté, que l'experience de ces coupables ne leur faisoit connoistre, que le Veau auquel ils offroient leurs sacrifices, estoit indigne de cet honneur, qui n'appartenoit qu'à la Majesté de celuy qui s'exposoit à leurs yeux avecque tant de pompes & de marques visibles de sa puissance infinie.

Enfin ses torrens impetueux qui sortent des plus hautes montagnes de la terre, n'entraisnent point avecque tant de rapidité les choses qu'ils rencontrent en leur passage que les ruisseaus qui coulent des vases de cette Sorciere, qui a paru dans ce discours, arrachent puissamment du cœur de nostre Noblesse, les semences de la Verité & de la Valeur. C'est avec sujet qu'on est surpris de voir que ces personnes qui meritoient de posseder la lumiere & la Generosité, se laissent ainsi tyranniser aux tenebres & à la foiblesse inseparable du crime que nous detestons.

Cet aveuglement passe iusqu'à vn tel excez que le dou-

H

te qu'il se pûst guerir par les paroles mesme d'vn de ces fameus Heros qui ont autrefois paru sur la terre, quand il ressusciteroit exprés pour le combattre. Ie suis confirmé dans cette pensée, par le discours que fit Abraham au mauvais Riche, lors qu'il luy témoigna qu'il ne croyoit pas qu'vn homme de l'autre monde, quand il reviendroit en celuy-cy, pûst servir à corriger des crimes qui estoient asseurément moins grands que celuy du Duel. Apres cela i'ay bien sujet de me persuader, que mes soins seront inutiles, & que ie ne pourray servir à dissiper les tenebres qui environnent tant de gens. Mais ie me sens rasseuré dans mon premier dessein, par la puissance de celuy dont ie soustiens la cause. Lors qu'il a choisi des temps pour faire voir ses merueilles, rien ne se peut opposer à ses volontez; il tire quand il luy plaist, les plus grandes choses du neant, la lumiere des tenebres, la force de la foiblesse, & la sainteté du Peché; il rend ses plus fiers ennemis, ses plus fideles seruiteurs, & tout ce qui paroist impossible aux hommes, se fait avecque facilité, lors que ses divines Mains s'en meslent. C'est pourquoy ie ne m'estonneray point des obstacles, que les tenebres opposent à mon entreprise, puis que ie connois si clairement par les choses qui se sont faites depuis quelques années à la veuë de toute la Cour, que le puissant Fils de la Vierge veut destruire le Duel, qu'il a resolu d'en descouvrir la Lascheté, & qu'il anime le courage de nostre grand Roy, pour l'execution d'vn dessein si avantageus à leur gloire commune.

I'avoüe encore sans dissimulation, que ie ne puis souffrir avecque patience que ceux qui aiment ce vice, le veulent faire passer pour vn effect de leur hardiesse. C'est vn attentat contre la Verité, c'en est vn contre la Valeur. La passion que i'ay de defendre l'vne & l'autre, m'arracheroit les paroles de la bouche, quand mesme ie les sçaurois impuissantes, à persuader ce que ie pretens: elles sont assez considerables, pour nous obliger à soustenir leur party, & c'est vn assez grand avantage que d'employer son temps au service de ces deux aimables perfections. Si leurs Ennemis confessoient qu'ils n'ont pas le cœur assez ferme pour suivre les nobles sentimens qu'elles inspirent, & que par cette raison ils sont contraints de porter le joug de la Timidité, & de s'abandonner au lasche crime que ie blasme, i'aurois pitié de leur foiblesse, & n'insulterois point à leur malheur; mais de vouloir abuser du nom de Generosité pour couvrir leur honte, c'est ce qui me paroist si insuportable, que ie ne puis demeurer dans le silence. Ie veux donc continuer mon discours dans l'esperance que i'ay qu'il sera eclairé des lumieres de la veritable Valeur, & qu'il découvrira les bassesses du vice, auquel nous faisons la guerre.

DV PREMIER MOYEN PAR LEQVEL nous venons à la connoissance de la Lascheté du Duel, qui paroist clairement aux yeux de ceux qui le regardent avec attention.

CHAPITRE V.

Nous avons deux moyens receus de toutes les personnes raisonnables, pour iuger du merite des choses qui sont enfermées dans la grande machine de l'Vnivers: le premier, par la claire connoissance que nous imprime l'objet que nous considerons, comme il arrive ordinairement que la beauté du jour emporte nostre estime par les clartez agreables que sa lumiere jette dans nos yeux, ou que la laideur de la nuit nous donne de l'aversion, quand le voile noir qui l'environne, ne leur laisse rien à regarder que les tenebres qui menent toûjours l'effroy avec elles. Nous pouvons dire la mesme chose de la santé & de la maladie, qui portent avec vne certitude qui ne se peut contredire, le caractere de ce qu'elles sont, lors que la premiere se fait aimer avecque toutes les douceurs qui l'accompagnent, & son Ennemie se fait haïr, à cause de tous les maux qu'elle entraisne necessairement à sa suitte.

 Le second moyen consiste à suivre en nos pensées & en nos raisonnemens, si nous les voulons rendre solides, les sentimens communs & approuvez des plus grands Personnages qui ayent enrichi le monde, de leurs merites jusqu'à nostre temps. Les iugemens de ces hommes illustres ont toûsiours esté en si grande estime, qu'ils ont passé en loix, presque dans tous les Estats de la terre. Et il s'est trouvé des Republiques bien policées, qui dans la crainte qu'on introduisist quelque chose contre ces sentimens publics, ne permettoient iamais à personne de rien proposer de nouveau tant soit peu considerable, qu'avecque la corde au col, afin que, si ce qu'on representoit, n'estoit trouvé iuste, l'on en estranglast l'auteur à l'instant. Les opinions mesme des peuples qui ont choqué la commune approbation de ces hommes choisis, ont toûsiours passé pour ridicules. Il n'y a personne qui ne demeure d'accord de cela, & qui ne condamne avecque moy les extravagances des femmes de Moscovie, qui font passer par leur sotte coustume, la ialousie de leurs maris, qui va iusqu'à les faire battre, pour vne marque d'amour, de laquelle ces pauvres abusées ne se peuvent passer sans tristesse. Les Mossins n'estoient pas autrefois moins dignes de risée; ces gens aveuglez traittoient les affaires de la Republique en leurs maisons particulieres, & pour ce qui est des actions que la honte & le droit naturel nous obligent de cacher, ils les faisoient en public. Les Tibarennes avoient la folie de se mettre au lit, à la place de leurs femmes accouchées, où ils se faisoient traitter, & servir par elles-mesmes, comme s'ils eussent changé de sexe ; & il falloit que ces pauvres languissantes, de pire condition que leurs esclaves, se persuadassent qu'elles se portoient fort bien, & que le iour qui avoit veu naistre leurs enfans, avoit gueri leurs incommoditez pour les donner à leurs maris. Toutes ces choses nous esclairent pour nous faire connoistre les folles impressions que l'aveuglement fait sur nos esprits, & combien ceux qui se laissent emporter à la foiblesse de ces opinions esloignées des maximes des plus habiles gens, sont dignes d'vne perpetuelle mocquerie, & doivent passer pour le joüet & le mespris des Nations.

Ayant donc posé ce fondement, il est iuste de considerer avec vn peu d'attention, quels sentimens nous doivent fournir du Duel ces deux moyens qui découvrent ce qu'il y a de plus caché dans tous les Estres, afin que nous formions nos jugemens sur la lumiere que nous en retirerons.

Nous ne connoissons iamais mieux les choses que nous

H iij

voulons examiner, que lorsque nous les opposons à ce qui leur est le plus contraire: C'est pourquoy les Peintres employent les ombres pour nous faire mieux voir l'éclat de leurs plus vives couleurs, aussi pour nous servir du premier moyen qui nous peut éclairer en la connoissance de la lascheté du Duel, & nous la faire paroistre avecque toute sa laideur, il la faut opposer à la beauté de l'illustre Valeur, qui est en Iesus Christ, comme en son principe; la lumiere qui en sort, fera voir la déformité dont ce vice trompeur est tout rempli, ainsi que le miroir de Smyrne representoit les personnes, qui avoient la curiosité de s'y mirer tout autrement qu'elles n'estoient.

Pas vn deceux qui sont instruits dans les veritez de nostre Foy, ne doute que le Demon ne soit le plus mortel ennemy de nostre Monarque tout-puissant, & que l'opposition qui est entr'eux, ne soit la source qui répand presque autant de miseres & de laideurs dans ce Pere du mensonge, que le Fils de Dieu possede de richesses & de beautez; de sorte que pour examiner plus particulierement quelque vice de ce miserable, il le faut comparer à la perfection de ce Seigneur à laquelle il paroist plus opposé; & nous verrons clairement que l'ignominie de l'vn paroistra, par la clarté qui demeure en l'autre. C'est ainsi qu'il faut envisager la timidité du Duel, & il nous doit suffire, pour en iuger la bassesse avec certitude, de connoistre qu'elle est tout à fait contraire à la Valeur qui est dans le Prince eternel. Car comme cette perfection possede toute sa fermeté & tout son esclat, parce qu'elle est produitte par l'Auteur & par la source de toute la magnanimité; aussi le Duel contracte sa lascheté essentielle, à cause qu'il est l'ouvrage du premier

& la Lascheté du Duel.

Principe de cette mesme lascheté, & son ouvrage par lequel il s'oppose directement, quoy qu'avec vne estrange subtilité, à cette admirable Valeur qui procede du Souverain de toutes les Creatures. D'où il s'ensuit necessairement que ce crime doit porter les caracteres de son infame origine.

Nous avons desia consideré les merueilles de cette grande qualité que nous estimons, nous la reconnoissons digne de nos desirs, nous avons veu quelques-vns des magnifiques effects qu'elle a fait produire à ceux qui l'ont possedée, & nous ne pouvons nier, puisque nous confessons qu'elle vient du Fils de Dieu, qu'il ne soit celuy qui a le pouvoir de la distribuer aux hommes. Par cette mesme confession qui est fondée sur nostre Foy, & par des consequences qui ne se peuvent destruire, non plus que la verité de nostre Religion, nous sommes contraints d'avoüer que le Prince des tenebres est revestu des vices honteus, qui sont contraires aux perfections de son grand Ennemy, & que nous voyons d'vn œil qui ne se peut tromper, la Lascheté en luy comme en sa cause & en son element. C'est de là que nous sommes obligez de croire qu'il en est auteur dans les hommes, ainsi que le Roy des Rois l'est de la Valeur, & qu'il ne luy est pas plus possible de donner cette illustre vertu, que la Sainteté & la Grace dont il est pour iamais separé. Mais comme cet infame estant la derniere & la plus basse de toutes les Creatures, a pû s'opposer à la Majesté divine, en persuadant aux hommes qu'il estoit le Dieu Souverain duquel dependoient tous les Estres, & se faire adorer d'eux en cette qualité; de mesme en cette occasion par la suitte de sa tromperie, il s'oppose à la Valeur par le Duel en leur faisant croire fortement que ce mesme Duel qui est son ouvrage & la plus mesprisable Lascheté, est toutefois la plus belle & la plus illustre Valeur. Son illusion dans sa premiere tromperie a esté de cacher l'Infamie de sa bassesse sous la grandeur du nom de Dieu qu'il prenoit iniustement, & dans sa derniere tromperie elle consiste à cacher la lascheté de son Duel sous le brillant esclat de la beauté de la Valeur qu'il luy attribuë faussement. Car comme il n'osoit s'opposer à la Majesté divine sous l'apparence visible de sa déformité monstrueuse, parce qu'elle auroit rebuté les hommes; aussi n'ose-t'il s'opposer à la noble Valeur qui vient du Roy des Rois, avecque la honte découverte de la Lascheté, dautant qu'elle auroit plustost produit du mespris & de l'horreur que de l'estime dans le cœur de ceux qu'il veut abuser. C'est pourquoy dans l'vne & dans l'autre de ces rencontres il n'agit que par vne finesse pleine de mensonge, & couvre vne veritable laideur d'agrémens feints & imaginaires. Sa haine contre son Createur & son avuersion contre la Generosité qui vient du Fils de la Vierge, luy fournissent ces fourbes & ces deguisements; mais quelque fausseté qu'il puisse persuader aux hommes par ses enchantemens si subtils, la reconnoissance de son procedé demeurera tousiours découverte aux yeux de Dieu & à ceux qui voudront penetrer la profondeur de ses artifices. Et l'opinion erronée de plusieurs n'empeschera pas qu'il ne soit certain, qu'ainsi que cet Esprit miserable est digne du dernier supplice, lors qu'il pretend à l'adoration & à la qualité de Dieu; de mesme sorte aussi son Duel est esloigné de la Valeur & plongé dans la derniere Lascheté, lors qu'il entreprend de le faire

passer

& la Lascheté du Duel.

passer deuant le monde pour vn effect de courage & de magnanimité.

Nous ne pouuons donc douter que ce crime ne vienne de ses lasches mouuemens: c'est ce qu'il oppose à la Valeur de son Souuerain. C'est ce qu'il pare du vain effort de ses illusions, & qu'il enuironne des pompeuses apparences de ce que ses charmes ont de plus malin; mais auecque tout cela il faut qu'il subisse le joug que la Verité luy impose, & que sa honte soit cônuë. Car puis qu'il ne peut estre le principe d'aucune chose estimable, & que son Duel est opposé à la Valeur du Fils de la Vierge, il s'ensuit necessairement que c'est la plus insigne de toutes les laschetez.

Lors que cet Ennemy des Gentilshommes, comme estant le premier Roturier, leur imprime le caractere de ce vice, il est aussi veritable de dire qu'il leur met sur le front celuy de la plus basse timidité, qu'il est solide de croire qu'il establit en nous la haine & l'auersion de Dieu, quand il nous persuade de contreuenir à quelqu'vn de ses commandemens. Auec qu'elle raison ceux qui n'ont point encore renoncé à l'Eglise, où l'on reconnoist l'Empire de Iesus Christ, pourront-ils nier qu'ils donnent entrée en eux, à la plus infame de toutes les laschetez, quand ils reçoiuent la volonté du Duel, de la main de celuy qui leur veut oster le courage, puis que la mesme verité des lumieres de la Foy, en nous faisant voir le Fils de Dieu comme la source de toute la Valeur d'où seulement elle peut deriuer, nous fait voir aussi le Demon comme le premier de tous les lasches, & la source qui répand la plus honteuse timidité, dans le cœur de tous les hommes qui suiuent ses inclinations dans la manie du Duel. C'est par ces con-

I

sequences infaillibles que nous connoissons clairement, que tout de mesme qu'vne Dame ne peut meriter le nom de belle, si elle ne possede la beauté qui est la forme (s'il est permis d'vser de ce mot) qui imprime cette qualité, ainsi il est impossible d'estre vaillant, si l'on n'a en soy mesme la Valeur qui vient du Souverain de tous les Rois, puis qu'elle est la seule qui inspire & qui anime les hommes genereus, & la forme necessaire qui donne ce titre honorable. Si nous suivons la mesme clarté, nous verrons par le mesme raisonnement, que comme il est impossible qu'vne Dame iouïsse de la beauté sans estre belle, on ne peut aussi receuoir la Lascheté que le Prince des tenebres iette necessairement dans l'ame avecque la volonté du Duel, qu'on ne soit lasche à l'instant. Les causes produisent tousjours leurs effects quand elles agissent, & personne ne peut donner ce qu'il n'a pas. C'est pourquoy il faut necessairement conclure que Iesus Christ produit & donne la Valeur, & que son Ennemy ne peut faire que le contraire, & seruir d'origine à la Lascheté. La terreur & l'effroy sont du ressort de sa dependance, ce sont les proprietez inseparables des crimes dans lesquels il est enseueli pour l'eternité. C'est aussi de ces funestes presens qu'il regale ses Amis. C'est ce qu'il iette dans le fonds de leur cœur avecque le Duel, il souffre aussi peu les vaillans auprès de soy, que les chastes & les iustes, avecque lesquels il est dans vn continuel diuorce.

C'est vne grande erreur de s'imaginer, que pour suivre les mouvemens que ce perfide inspire avec ce crime, il ne faille pas aussi necessairement renonçer à la Generosité & se rendre timide, qu'il faut renonçer à la Grace pour embrasser le peché, car il est autant veritable qu'il n'endure point de Valeur en ceux qui reçoivent ses inspirations pour le Duel, qu'il est indubitable qu'il les priue de l'amitié & de la societé avec Dieu. Les pilleries & les blasphemes ne rendent pas vn homme plus veritablement odieus à la Majesté divine, que cette manie le constituë lasche au moment qu'elle prend possession de son courage, & il n'est pas plus iniuste de dire que celuy qui commet toutes sortes de crimes, est agreable à l'auteur de la Nature, que de penser que celuy qui se bat en Duel est vaillant. Enfin comme les tenebres ne peuvent donner la lumiere, ny le peché la sainteté, aussi la Lascheté ne peut produire la Valeur. C'est pourquoy il faut conclure par la force de la verité, que de quelque artifice que l'on veüille desguiser ce combat, il sera tousiours l'ame, le throsne & l'appuy de cette honteuse bassesse, veu qu'il est le principal ouvrage de la plus lasche de toute les Creatures.

Puis qu'on ne peut trop solidement establir vne proposition, aussi importante qu'est celle qui nous monstre que le Duel est asseurément vne action pleine de lascheté, ie crois necessaire de faire voir cette verité avec son esclat, & d'en penetrer le fond, quoy que ce ne puisse estre qu'en vsant des termes dont se sert la Philosophie. C'est vne necessité que ie n'ay pû eviter, i'espere que ceux qui liront ce Liure m'excuseront en cette rencontre. Pour esclaircir donc ce que i'ay avancé, il faut considerer que Dieu est l'auteur de la nature, qu'il a creé les Estres, & que cette Nature avec le concours de son Createur produit tous les iours les substances que nous voyons. Tous les hommes & tous les Demons mesme avec leurs artifices ne peuvent faire de

I ij

ces substances: leur pouvoir ne s'estend qu'à les reuestir de quelques formes accidentelles, qui les changent seulement accidentellement. S'il se fait des conuersions d'vne substance en vne autre, c'est par le secret instinct de la Nature. Suivant ces fondemens certains nous voyons par exemple, que cette mesme Nature soustenuë de la main de Dieu, produit les arbres avec les qualitez qui leur sont propres. On en prend la matiere pour faire des statuës; les Sculpteurs & les Peintres ornent leurs ouvrages avec des formes accidentelles, & y adioustent les couleurs qui leur plaisent; mais pour la substance du bois, ils ne la peuvent changer: de mesme donc le cœur de l'homme est l'œuvre de Dieu & de la Nature. C'est vne substance qu'il n'appartient point aux Demons de faire; mais pour y ietter quelques formes accidentelles, de la mesme maniere que les Peintres appliquent leurs couleurs sur le bois, c'est ce qu'ils font tous les jours, lors que ce cœur se laisse persuader par ces esprits malheureus; de sorte qu'encore qu'vn homme soit né avec du courage, il est toutefois constant que le Prince des tenebres trouvant le cœur de cet homme-là, susceptible de l'impression du Duel, il efface par luy la valeur que Dieu avoit repanduë dans l'ame de cette personne, & met à sa place la lascheté dont il est auteur, comme vne forme accidentelle, de la mesme façon que le Peintre, en posant ses couleurs sur la statuë de bois, en oste la couleur naturelle qui y estoit auparavant, pour y faire regner la sienne artificielle. Et comme quelquefois ce mesme Peintre applique vne couleur, qui paroist toute semblable à celle qu'avoit cette piece de bois devant que d'estre peinte, ce qui persuade souvent à ceux qui la regardent ainsi ajustée, que c'est sa propre couleur naturelle que l'on voit: de mesme le Demon pour mieux tromper les hommes, en iettant la lascheté du Duel dans leurs Ames, la fait paroistre comme si elle estoit la mesme valeur, que le cœur de l'homme avoit receuë de la Majesté divine avec la vie, & qu'il possedoit avant qu'vn ouvrier si detestable y eust mis la funeste main. L'on connoist de là qu'il est non seulement veritable qu'vn homme naturellement vaillant devient lasche, en recevant dans son cœur le timide caractere du Duel que le Demon y imprime; mais encore il paroist clairement (ce qui est bien davantage) que la valeur qui vient de la Grace du Fils de la Vierge, laquelle est incomparablement plus excellente & plus heroïque que la naturelle, se peut perdre aussi, si le Brave qui en est enrichi, se rend infidele à celuy qui luy a fait ce present, & s'il suit les basses maximes du Duel, que l'ennemy irreconciliable de la noble Generosité luy veut inspirer. Pourquoy donc trouver si estrange qu'vn homme qui a receu vn courage assez ferme par la nature, vienne à le perdre par ce combat singulier; puis que celuy qui a esté rempli de l'avantage d'vn grand cœur bien plus excellemment, par le secours de la valeur Chrétienne que le Fils de Dieu respand dans les Heros, n'est pas exemt de ce malheur s'il s'abaisse iusques à escouter les infames conseils du Prince des tenebres & des laschetez. Il est donc tres-certain, pour finir avec nostre premiere comparaison, que comme la couleur peinte de cette statuë de bois que nous avons consideréee, n'est plus la couleur qu'elle avoit devant que le Peintre y eust touché; mais la couleur artificielle de cet Ouvrier,

I iiij

quelque reſſemblance qu'elle paroiſſe avoir avec la natu-relle, & premiere de cette piece de bois : auſſi de meſme le cœur de l'homme qui reçoit le Duel, n'eſt plus animé du courage dont il joüiſſoit, quand le Demon ne l'avoit point encore infecté de la baſſeſſe de ſon venin, quelque reſſemblance qu'il ſe trouue, ſelon l'opinion des hommes, entre les mouvemens de ce cœur animé de la paſſion du Duel, & ceux qu'il reſſentoit avant que de s'eſtre ſoumis à vne tyrannie ſi funeſte. C'eſt la ſubtilité & l'illuſion du maiſtre des Magiciens qui fait paroiſtre ce rapport, & il faut des yeux bien fins & bien penetrans pour voir la diffe-rence qu'il y a, entre ce premier courage que Dieu avoit gravé dans le cœur de cet homme-là, & le contrefait & imaginaire que le Demon y met par le Duel. Car le cœur du Brave dans le premier eſtat, eſt grand & ferme verita-blement, & dans le ſecond eſtat, il eſt bas, timide, & rem-pli de la forme infame de la laſcheté : de ſorte qu'vn phan-toſme qui nous repreſente vne homme viuant, n'eſt pas moins effectivement cet homme qu'il nous repreſente, que le Duel eſt privé de la veritable valeur qu'il taſche à nous faire voir en ſoy. Cependant on eſt ſi abuſé de cette ma-gie du combat particulier, qu'on ne peut ſe perſuader qu'il ſoit poſitiuement laſche, quoy qu'il n'y ait rien au monde plus aſſeuré que cette verité.

Ie ne doute point qu'vn Gentilhomme abbatu ſous la tyrannie de ce crime, ne fût dans vn eſtrange eſtonnement, s'il pouvoit ouvrir les yeux, & reconnoiſtre qu'au lieu de trouver par ſon ſecours, la Valeur qu'il a pretendu chercher, il n'a rencontré que la baſſeſſe de la Timidité, & qu'au lieu de meriter le nom de Brave, il ne peut legitimement pretendre que celuy de Laſche.

LA LASCHETÉ DV DVEL SE VOIT
par les effects de timidité qu'il fait ordinairement paroistre.

CHAPITRE VI.

SI nous portons nos regards plus avant, & que nous les iettions iusqués dans le sein mesme du Duel, ie suis asseuré que nous y verrons la bassesse & la timidité en leur source; parce qu'il est certain que ces honteuses qualitez y sont si necessairement attachées, que le Demon quoy que tres-subtil & tres-interessé à les empescher de paroistre, ne les peut toutefois si bien cacher par ses ruses, qu'elles ne se laissent enfin descouvrir. Qui est la persone de condition qui puisse ignorer, que pour vn combat où l'on avoüe des deux costez qu'il y a eu de la franchise & de la valeur, il s'en est fait mille si foibles, qu'ils seruent de sujets de raillerie à ceux qui n'ont pas esté battus, & de matieres de plaintes aux miserables, lesquels couvrent leur malheur de la surprise qu'on leur a faite, & de l'estat avantageus de leurs ennemis. On n'entend parler que d'espées qui se sont trouuées trop courtes, que de pistolets mal chargez; on allegue que celuy côtre qui on s'est battu avoit vn cheval vigoureus, & adroit quoy qu'on ne fust monté que sur vn covreur, propre seulement à la chasse. On se vante tous les jours d'avoir si bien poussé son homme, qu'il n'osoit pas mesme faire semblant de tenir ferme, & s'il y a quelque rencontre où l'on veuille partager l'honneur avecque luy, on a pourtant bien de la peine à ne point dire aux amis les plus familiers, que ce Brave a changé de couleur, & que ce feu qui paroissoit autrefois en ses paroles, avoit beaucoup perdu de sa premiere chaleur.

Toute la France ne sçait-elle pas qu'il se fait tous les jours mille querelles dans lesquelles & les offencez & ceux qui leur ont fait l'outrage, n'ont pas grande envie de tirer l'espée ? pourveu qu'on entende vn peu de bruit, que ce mot d'*appel* sonne dans toute vne Province, que les *brettes* paroissent & les souliers plats, c'est assez pour acquerir de sa reputation. Le procedé en ces rencontres est vne science fort estimable aux faux Braves ; les sçavans en cette matiere tirent les querelles en longueur, comme les Procureurs experimentez font les procés, la conclusion en est peu souvent sanglante : aussi y en a-t-il de ce nombre qui croyent que deux demeslez bien poussez en cette maniere, valent vn combat raisonnable.

Combien souvent envoye-t'on appeller des hommes qui sont enuironnez de leurs amis, obseruez de toute leur famille, gardez par leurs femmes, & enfin dans la derniere impossibilité de se pouvoir battre ; neantmoins celuy qui a pû dire vn mot dans cette occasion, à celuy dont l'espée ne peut sortir du fourreau, croit estre vn des plus vaillans hommes du monde, & avoir acquis & pour luy & pour son amy, au milieu de toute la seureté imaginable, des trophées & des triomphes dont les lauriers ne flestriront iamais. Sans mentir ie crois qu'il est malaisé de ne pas confesser que ces actions sont fort ridicules, aussi bien que celles de ces pauvres malheureus, qui ayans l'Ame peu hardie, mais pourtant tres-embarassée du point d'honneur & de la gloire du Duel, demeurent fort inquietez quand ils ont receu vne

offense

& la Lascheté du Duel.

offense, & courent chez tous leurs amis chercher vn conseil assez favorable, pour leur persuader que ce n'est pas à eux à courre. Le cœur de ces gens-là devient le theatre de la Lascheté, la peur, le trouble, les artifices & les mauvais raisonnemens y font leurs personnages avec beaucoup de foiblesse.

Si l'art de tirer en longueur les affaires de cette nature est épuisé, & qu'il n'y ait plus de moyen de refuser ces paroles qu'on appelle d'*honneur*, on se trouve souvent dépourveu d'amis, il faut du temps pour en chercher, quelquesfois l'on a donné sa parole, à vn qui sera éloigné, de ne se point battre qu'il ne soit de la partie, & quelquesfois aussi l'on a pris hautement la resolution de n'en point venir là, que l'on ne soit secondé de deux ou de trois de ces Gladiateurs, que l'on a choisis à dessein d'en tirer du secours en ces occasions, où certainement l'espouvante iouë vn mauvais ieu dans le courage de celuy qui veut paroistre ce qu'il n'est pas. Il me semble que c'est vn peu témoigner la terreur qui domine, & qu'vn veritable Vaillant ne met point son esperance en ces bassesses, mais en sa Valeur qui ne luy manque iamais, pourveu qu'elle soit assistée de la Force de celuy qui la distribuë.

Ie sçay que la timidité a poussé la chose si avant dans ces esprits possedez du crime dont ie tasche à faire l'anatomie, qu'il s'en est trouvé qui prioient ceux qui s'alloient offrir pour les servir, dans le temps qu'ils avoient des querelles sur les bras, de convertir cette bonne volonté au soin charitable de les faire accommoder. Nous voyons tous les iours les adresses dont l'on se sert pour donner connoissance de ces sortes d'affaires, & pour obliger ceux

K

qui les apprennent à prendre les paroles de part & d'autre, ou à arrester ceux qui se sont engagez à se battre, contre l'inclination secrette qui maistrise le fonds de leur ame.

Enfin s'il faut venir au rendez-vous, combien de paleur paroist-il sur le visage ? combien de tristesse, de frissons & dépouvante ? En ces rencontres l'on esprouve la dure domination de la crainte, & l'on a sujet d'avoüer que ce n'est pas sans raison qu'on choisit des lieux écartez, pour commettre ces lasches actions, puis qu'ils sont vtiles à cacher à la veüe des hommes, la terreur qui tyrannise de si foibles combattans. Ce n'est pas vne chose fort rare, que de rencontrer des gens apostez, pour separer ceux qui n'ont pas le loisir de faire voir le iour à leur Espée. Souvent vn mal-entendu formé exprés fait trouver vn Second de plus ou de moins, au lieu destiné à produire tant de bassesse, & lors que tous ces artifices assez communs, ne suffisent pas à rompre vne partie, & que la fascheuse necessité contraint les Bretteurs à tirer l'espée, le plus timide demande quelquefois la vie, devant qu'on ait pû allonger le fer, qui le pourroit mettre en danger de la perdre. On tombe d'autresfois volontairement, ou au moins on abandonne son espée, comme si le hazard l'avoit arrachée de la main, dans la croyance que celuy contre lequel on se bat, espargnera le sang de l'infortuné, qui avoüe son desavantage. Il naist mille nouvelles querelles de ces combats ridicules, dautant que la honte qu'on ressent apres le peril des laschetez qu'il a fait commettre, oblige à les desavoüer & à dire qu'on se veut rebattre, quoy qu'effectivement on n'en ait nulle envie.

S'il faut pousser la chose plus loin, & qu'on veuille

joindre la malice noire à la timidité, nous aurons entendu parler d'vne infinité d'exemples qui nous apprennent, que les trahisons ont fait mourir quantité de gens en ces occasions funestes. On a veu paroistre des pistolets & des fusils, où il ne se devoit trouver que des espées, & des hommes cachez ont donné la mort à ceux qui ne se doutoient point de leur perfidie. On n'ignore pas mesmes que pour acquerir le nom de Braves, il s'est rencontré des gens qui ont assassiné par derriere, iusqu'à leurs propres Seconds, afin que la gloire d'estre restez d'vn combat si sanglant en fust estimée plus brillante.

Ie n'aurois iamais fait, si i'entreprenois d'examiner toutes les manieres lasches sous lesquelles le Duel a éclaté dans ce dernier Siecle. Chacun peut estre instruit de ses bassesses ou par les évenemens publics, que la Renommée porte dans tous les endroits de ce Royaume, ou par les particuliers, dont le bruit ne passe point les Provinces dans lesquelles ils sont arriuez. Ie suis certain que iamais Protée ne se changea en tant de formes differentes, que ce vice à fait voir de sortes de timiditez. Ce n'est pas vne chose estrange, puis que c'est agir selon les principes de sa nature, & produire des effets proportionnez à leur cause. Pourroit-on legitimement attendre autre chose, d'vn crime que nostre Nation a pris des malfaicteurs des Romains condamnez aux derniers supplices, ou comme a écrit vn sçavant personnage de ce temps, des Goujats mesme des Mores. Il seroit bien difficile de puiser quelque chose de grand & d'illustre, d'vne origine si méprisable. Et en effet nous connoissons à cette heure, qu'on veut détromper les honnestes gens que ce crime avoit seduits, qu'il se refu-

K ij

gie auprès de ceux dont la naissance est pareille à ces viles personnes qui l'ont mis au jour. Il trouve sa satisfaction avecque les laquais & les garçons de boutique qui le reçoivent à bras ouverts. Il s'appellent, ils se battent, ils establissent des maximes d'honneur, ce semble, afin que leur bravoure jette plus de confusion dans l'ame des hommes genereux & de qualité, quand ils s'apperceveront de leur faute.

Le Createur de l'Vnivers n'a pas voulu permettre aux Demons, qui ont inventé le Duel, d'en pouvoir cacher toutes les bassesses par leurs artifices, afin que les hontes de ce crime estant en quelque façon découvertes, cette connoissance pût jetter vn rayon de lumiere dans l'esprit de ceux qui en sont coupables. C'est vn effet de la bonté de celuy qui donne la veritable Valeur, comme il ne veut pas que les Criminels enfermez dans les cachots soient si fort environnez des tenebres, qu'il ne leur paroisse toûjours quelque petite lueur du Soleil qui éclaire le monde; aussi ne permet-il pas que ceux qui sont ensevelis dans les foiblesses de ce vice, soient depourveus de toute la clarté qui leur peut faire voir sa laideur.

Ie souhaiterois avecque passion que ceux qui liront cet endroit, où ils verront quelques vns des mouuemens craintifs qui suivent ces combats funestes, les voulussent comparer à la hardiesse d'vn S. Louis, lors qu'il se jetta en la mer iusqu'aux épaules l'espée à la main, pour aller à la teste de ses Troupes charger les Sarrasins qui gardoient les costes d'Egypte, & vouloient l'empescher d'y debarquer; où lors qu'il renversa six hommes qui l'avoient environné pour le prendre, & qu'il dégagea dans vne batail-

& la Lascheté du Duel. 77

le, avec vne magnanimité que la Posterité ne sçauroit iamais assez loüer, son frere le Duc d'Anjou, qui estoit au milieu d'vn nombre espais d'Ennemis. Ie voudrois qu'ils remissent en leur memoire les faits merueilleus des Dauids, & des Constantins, des Charlemagnes & de mille autres Heros. Ils les verroient hardis comme des Lions, porter l'effroy & la mort par tout où ils entreprenoient de faire briller leurs armes. Ie suis asseuré qu'ils demeureroiét d'accord, que les Duellistes ont autant la peur grauée sur le visage, auecque les pasles caracteres des tremblemens, que ces illustres Braues ont de feu dans les yeux, de chaleur dans le sang, & de generosité dans le Courage. En effet de la mesme maniere que l'ardeur de la Magnanimité eschauffe les Vaillans, le froid de la Lascheté épouuante les timides. S'il semble quelquesfois aux personnes abusées par les illusions du Prince des tenebres, qu'il y ait du cœur dans les actions que font ceux qui se battent en Duel, c'est comme il paroist de la vigueur pleine de vie en ces malades abandonnez qui sont à l'article de la mort, & dans les dernieres convulsions qui la precedent. Ceux-cy font voir vne violence si grande dans leur mal, que trois ou quatre personnes ont bien de la peine à les tenir: cependant ces efforts sont les presages asseurez de l'estat funeste où ils sont reduits, ils marquent leur foiblesse, qui est telle qu'vn seul homme en santé, peut oster la vie à vn grand nombre de ces languissans. Aussi en nos Gladiateurs tout ce qui exprime en apparence le caractere d'vn bon cœur, n'est que le témoignage certain de la Lascheté qui les tourmente. C'est vne convulsion Diabolique qui signifie asseurement la privation de toute sorte de Gene-

K iij

rosité, c'est le tombeau de la Valeur ; c'est pourquoy il ne seroit pas difficile à vn seul veritable Brave, de vaincre quantité de ces pauvres enchantez qui n'ont rien de ferme qu'en peinture, & qui dans la verité sont esclaves de la foiblesse. Enfin c'est le sentiment public de tous les vaillans hommes de ce Royaume, qui s'exposent tous les iours dans les dangers de la guerre, que les Bretteurs sont peu empressez d'aller au feu, & qu'ils ne peuvent cacher l'apprehension qu'il leur cause, quand ils entendent le bruit des mousquetades. En enffet nous les voyons pour l'ordinaire se retirer dans leurs maisons, & prendre l'opinion qu'ils ont donné assez de preuves de leur courage, quand ils ont fait quelqu'vn de ces miserables combats. Leur aveuglement leur fait croire, que quoy qu'ils s'abandonnent à la paresse, & qu'ils renoncent à tous les nobles travaux qui acquierent de l'honneur, ils sont pourtant des Heros, & que pourveu qu'ils ayent vne fort longue espée, ils seront tousiours dignes de loüange, encore qu'elle demeure renfermée, aussi bien que leurs personnes, dans le détroit de leur petit voisinage. Voila quelques traits grossierement ébauchez du portrait de cet infame monstre. Ie suis certain que si nous envisagions la laideur de l'original, nous ne la pourrions supporter. Le venin qui en sort, est si pernicieus, qu'il rend ceux qu'il attaque sans connoissance, ainsi que la teste de Meduse ostoit le mouvement à ceux qui la regardoient. Apres avoir consideré avec vn peu d'attention, le premier moyen qui nous fait paroistre les choses ce qu'elles sont veritablement, nous devons examiner le second, c'est ce que nous apprendra le Chapitre qui suit.

DV SECOND MOYEN PAR LEQVEL on connoist la laschete du Duel, qui consiste en l'autorité du iugement qu'en ont fait les plus grands hommes, & particulierement ceux qui ont parlé auecque la lumiere de l'Eglise.

CHAPITRE VII.

SI la bassesse du vice que nous venons de considerer, se peut encore mieux connoistre par les sentimens des hommes, qui ont esté des plus grands dans le monde; il est indubitable que ceux qui n'attendent que cela pour quitter leurs erreurs, seront facilement conuaincus, puis qu'il ne faut que sonder les pensées des premieres personnes de l'vniuers, pour voir auec certitude que le Duel a tousiours esté regardé de ces yeux esclairez auec beaucoup de mespris.

Afin d'examiner cette verité auec ordre, ie pense qu'il faut commencer par ce que toute l'Eglise assemblée a tres-souuent iugé de cette action. Ie ne pretends parler qu'à ceux qui la connoissent, & qui croyent certainement qu'elle est la Fille aisnée de la lumiere de Dieu, & l'Epouse de ce Roy dont l'Empire ne finira iamais, qui luy a inspiré l'amour de la Valeur qu'il possede, aussi bien que la haine de la Laschete, pour laquelle il a tant d'auersion.

Pas vn des Chrestiens vn peu instruits de leur Religion, ne peut ignorer que cette grande Reyne est tousiours pleine de generosité, qu'elle a porté dans son sein, & éleué dans ses maximes les plus grands Heros qui ont paru avec esclat depuis seize siecles: on sçait que cette qualité luy est tellement propre, qu'elle n'en peut souffrir les ennemis, elle mesprise les timides, comme la mer rejette ordures.

Si l'on considere avec attention les sentimens de ceux, qui ont fidelement obeï aux ordres de cette Mere commune des Chrestiens, l'on n'en trouvera aucun qui n'ait signalé son courage, aussi bien que sa sainteté. La Force magnanime est vn caractere essentiel à cette illustre Princesse, & pas vn de ses enfans ne se peut dispenser de le porter imprimé sur le front. C'est pourquoy le plus grand de tous ceux qui tirent leur origine des femmes, parlant de la renaissance que nous communique l'Eglise par le baptesme, a prononcé qu'elle estoit toute de feu, pour nous apprendre que l'ardeur de la Generosité estoit inseparable du cœur de celuy qui la recognoissoit pour sa Mere. Elle est comparée aussi, pour nous exprimer cette perfection, à la tour de Dauid si bien fortifiée, & qui soustenoit mille boucliers admirables, qui sont autant de figures des proprietez hardies qui ornent cette belle Vierge. On nous la represente encore dans son lict de repos, enuironnée de soixante Braues l'espée à la main, qui estoient appliquez à esloigner d'elle tout ce que les terreurs de la nuit pouvoient avoir de fascheux: ce qui nous marque assez precisément ses fortes vertus, par le moyen desquelles l'effroy & tout ce que la Lascheté a de bas, sont perpetuellement bannis de sa presence.

C'est elle aussi qui a tant d'estime pour la Valeur, qu'elle a condamné à la derniere honte, vn de ses plus celebres Docteurs, pour avoir osé soustenir que la Guerre ne devoit

voit pas estre permise aux Chrestiens. Ce sçavant homme avoit cette opinion dans vn temps si rempli d'idolatrie, qu'il estoit presque impossible de combattre que sous les Enseignes des Princes Payens; toutefois cette raison ne le peut exempter du mespris de celle, qui nous apprend que sa vie est vne guerre continuelle, & qu'elle ne trouve du repos que dans la fermeté de sa hardiesse. Elle est souvent environnée de perils, attaquée de tempestes, agitée des orages qui se levent à tous momens pour la faire perir; mais rien n'est capable d'esbranler son grand courage.

Les nobles mouvemens qu'elle nous produit tous les jours, nous apprennent qu'il faut que ses Sujets combattent perpetuellement. En effet elle leur donne des armes, qui semblent animer ceux qui les portent: tant il est veritable qu'elles sont comme remplies d'vne certaine impression de generosité, qui sort de cette illustre Espouse du Fils de Dieu qui en fait le present. Dauid le plus vaillant des hommes experimenta quelque chose de cette verité, lors qu'il receut son Espée du Prestre Achimelec. Cette Vierge fit ressentir la mesme faveur à l'Empereur Charles V. lors qu'elle luy en donna vne fort riche, par les mains du Pape Paul III. quand il alla conquerir le Royaume de Tunis, & qu'il en chassa le fameus Corsaire Barberousse, qui en avoit vsurpé la possession avecque la qualité de Roy. C'est elle aussi qui obligea ce mesme souverain Pontife, à benir l'Armée navale destinée à vne conqueste si honorable. C'est elle qui louë tous les iours les guerres de ses Heros, & qui a souvent appellé les Princes qui respectoient ses paroles, pour domter l'orgueil de ses Ennemis. Toutes les histoires nous apprennent ces veri-

L

tez, & la nostre nous fait voir vne partie de nos Monarques employez par ses prieres, à chasser ceux qui osoient entreprendre de la persecuter. Les Pepins, & les Charlemagnes volent à son secours, malgré les fortes barricades qui sembloient rendre les Alpes inaccessibles, & luy assujettissent les Astolphes & les Didiers, avec autant de facilité que ces Rois de Lombardie avoient eu d'audace. Les Saints Louis, les Philippes Augustes, les Godefrois de Boüillon & quantité d'autres, ont esté exhortez de cette Mere sainte, d'aller porter leurs armes contre ceux qui vouloient abaisser la puissance de son Espous.

Apres toutes ces marques de sa Generosité, l'on auroit grand tort de se persuader qu'elle pust en ses iugemens, calomnier ce qui auroit la moindre teinture de cette belle qualité, puis qu'elle fait vne profession si ouverte de l'aimer: c'est pourquoy il faut escouter ses paroles, comme des oracles que la Valeur mesme rend par sa bouche sacrée. Nous verrons que quand elle nous parle par les personnes, qui portent sa voix dans les lieux où son autorité est reconnuë, elle condamne le Duel comme vn monstre de lascheté. Ces hommes excellens que l'on peut iustement appeller la lumiere du monde, & qui ne prononcent point d'Arrests, lors qu'ils sont assemblez, qui n'ayent l'infaillibilité pour partage; ces grands Personnages si esclairez qui composent les Synodes, n'ont iamais traitté de cette matiere, que pour declarer que ce crime estoit rempli d'infamie. Nous en avons des tesmoignages asseurez dans les iugemens qu'ils en ont donnez aux Conciles de Tours, de Valence & de Latran: Tout ce qui osera iamais entreprendre de les contredire, paroistra foible & digne de mocquerie.

& la Lascheté du Duel. 83

Les Papes Nicolas I. Iules II. Leon X. & vn tres-grand nombre d'autres souverains Pontifes, ont appuyé ces mesmes sentimens, & ont commandé que ceux qui suiuent les foiblesses du Duel, fussent retranchez, ainsi que des membres lasches & corrompus, du corps des Chrestiens, qui doit estre animé de l'illustre Generosité de son Chef.

Nous avons l'ombre & la figure de cette honteuse degradation de la dignité de Soldats du grand Fils de la Vierge, en ce que Dieu commande à Moyse de dire à son Peuple, de n'auoir iamais aucune crainte de la puissance de leurs Ennemis, quelque grande qu'elle leur parust, au temps qu'ils seront prests de combattre. Il luy commande sur toutes choses, de leur apprendre qu'il aime la fermeté & la grandeur de courage, & puis il luy ordonne, si apres cela il y en auoit d'assez timides pour estre encore saisis de la peur, de les renuoyer comme incapables de porter vne Espée, de crainte que leur lascheté ne iettast la contagion de sa bassesse, dans l'ame de leurs Compagnons.

La mesme chose nous est encore marquée dans le soin que prend ce mesme Dieu, de dire à Gedeon, sur le point qu'il deuoit donner bataille, de chasser honteusement les craintifs, comme estant indignes de se monstrer en vn iour si esclattant des trophées de la Victoire, que ce grand Capitaine remporta sur ses Ennemis. Afin de nous imprimer dauantage l'auersion que sa Majesté infinie auoit de la timidité, il voulut que ce Heros fist iusqu'à deux espreuues en cette occasion, pour choisir les plus vaillans de son armée, qui se trouua reduite à trois cents de ces

L iij

braves hommes qui triompherent par leur valeur, de la multitude innombrable de ceux qui trouverent la mort dans leurs espouvantes.

Clement V. I I I. dans sa Bulle d'Excommunication contre les Duellistes, nous apprend que c'est par ces sentimens genereux que les Oracles Sacrez ont retranché avecque l'Espée victorieuse, que Iesus Christ a donnée à son Eglise, tous les coupables de ce crime, qui porte le plus infame caractere de la Lascheté. C'est la connoissance de cette verité, qui obligea le grand Pape Martin avecque tous les Cardinaus, de blasmer la pensée qu'avoit Charles d'Anjou, de se battre en duel contre Pierre d'Arragon, pour la possession du Royaume de Sicile.

La timidité de ce vice iette tant d'horreur dans l'ame de ces hommes excellens qui assistent aux Conciles, que dans celuy qui fut tenu à Trente du temps de nos Peres, ils iugerent conformément à ce qui avoit esté reglé plusieurs fois par les Papes, que le corps d'vn homme mort par la lascheté de cette manie, ne devoit point reposer avecque les cendres des autres Chrestiens, qui n'avoient pas tourné le dos à la Valeur de leur Maistre, par vne bassesse si honteuse. Ils monstroient bien en cela qu'ils ne croyoient pas raisonnable, que cette masse de chair qui avoit porté toutes les impressions de l'effroy, se trouvast dans vn lieu où le repos habite, sous la protection de la generosité du Fils de la Vierge, qui en bannit les Demons avec toutes les craintes & les espouvantes qui les accompagnent necessairement. Ils penserent qu'il n'estoit pas iuste que leurs os abandonnez dans leur pourriture, à vne terreur qui ne finit point, fussent receus dans les endroits que la crainte n'oseroit aborder.

Vne marque asseurée que le sentiment de l'Eglise a esté, de punir la derniere de toutes les laschetez qu'elle reconnoist dans le Duel, par cette derniere honte qui dure mesme apres la mort, c'est qu'elle n'a point voulu qu'on traittast les autres mal-faicteurs avecque tant de mespris, lors qu'ils sont priuez de vie, elle permet qu'ils soient mis dans vne terre beniste. Il se trouve vn Synode d'Orleans, qui veut qu'on donne la sepulture Ecclesiastique aux hommes, qui seront surpris de la mort en commettant vn peché, pourveu qu'il ne soit point positiuement de desespoir, ce qui s'accorde avecque l'vsage ordinaire; mais pour ceux qui meurent par le crime que nous combatrons, on les priue de cet avantage, lors mesme qu'ils reconnoissent leur faute devant que de rendre l'ame. C'est ce qu'ordonnerent expressément les Papes Alexandre III. Innocent II. & Eugene III. Cela nous fait voir combien il est difficile d'effacer l'infame caractere de lascheté, que ce vice a mis dans les personnes qui ont eu de l'estime pour luy.

Quoy que l'autorité de tous ces grands hommes, soit assez capable de faire connoistre la verité que ie soustiens, ie l'appuyeray encore pour la mieux establir, de celle des Nations considerables, & des personnes que la Renommée fait viure malgré les rigueurs de la mort.

LE DUEL N'A IAMAIS ESTÉ CONNU
par les plus vaillans peuples de l'Orient, ny par tous les genereus hommes que la Grece a autrefois produits.

CHAPITRE VIII.

Es premiers Peuples qui commencerent à disputer de l'antiquité de leur origine, furent les Scythes & les Egyptiens, qui se pretendoient sortis du Chaos dont tous les Estres furent tirez. Ceux qui rapportent leurs differends, & les témoignages de leurs faits genereus, ne nous marquent point que le Duel fust estimé dans ces temps que la Valeur estoit si connuë, que c'estoit elle seule qui donnoit, ou ostoit les plus grands Empires aux hommes. Si dés la naissance du Monde, & dans les siecles qui portoient ces insolens Geans qui regnoient avecque tant d'orgueil, on remarque l'inique dessein qu'eut Caïn de tuer son frere, par ce crime qu'il eneuloppa de toutes les trahisons, dont la lascheté estoit capable, ce n'est que pour nous faire voir qu'il ietta de l'horreur dés ce moment, dans l'esprit de tous les hommes qui le connurent, & que ce perfide meurtrier mena depuis ce temps-là, vne vie pleine de honte & d'infamie.

Les Assyriens & les Medes qui ont succedé à ces peuples en la plus belle Monarchie de l'Vniuers, ont rempli toutes les histoires des insignes actions, par lesquelles ils ont establi vne domination si estenduë; mais ce vice que

& la Lascheté du Duel. 87

nous detestons, n'a point eu de part à leur hardiesse. Le grand Cyrus choisi de Dieu pour estre élevé à vne Valeur tres-esclattante, & pour transferer l'Empire que les Medes avoient possedé, aux Perses desquels il tiroit sa naissance, a passé pour le plus illustre de tous les Princes, que la terre ait portez pendant plusieurs siecles. Ses conquestes continuelles furent accompagnées d'vne infinité d'actions heroïques, que luy & les Braves qui le suivoient, executoient à tous momens ; mais leur magnanimité ne fut iamais esbranlée par la bassesse de ce crime. Tous les Rois ses successeurs ont marché sur les pas de ce fameus Conquerant, & leur Noblesse accoustumée à aimer tout ce qui paroissoit estimable, & parmy laquelle il estoit impossible qu'il n'y eust quantité de querelles & de divisions, n'a pourtant iamais terni son honneur d'vne honte si méprisable.

La fameuse Grece, qui semble n'avoir esté faite que pour seruir de theatre à la Valeur, & pour faire connoistre aux hommes, que cette vertu magnifique est celle qui les rend plus semblables à la divinité, de laquelle ils la reçoivent, nous fournit beaucoup de Heros qui ont porté leur nom iusqu'aux dernieres extremitez de la terre, & dont la renommée durera autant que le monde; mais on ne voit point paroistre parmy eux, les bassesses de cette manie: elle n'a pû infecter les Hercules, les Thesées, les Iasons & les Achilles. Enfin l'on voit dans ce pays, des villes toutes entieres si fertiles en Braves, qu'ils s'y produisoient à la foule de telle sorte, qu'à force d'estimer la Valeur, ils en avoient si bien banni toute sorte de lascheté, qu'on disoit qu'à Lacedemone, où la crainte n'entra iamais, ce n'estoit plus vne loüange extraordinaire d'estre appellé Vaillant, parce que cette terre magnanime ne pouvoit produire de lasches. En effet cette verité nous est confirmée par l'exemple d'vn enfant, qui se laissa deschirer les entrailles, à vn renard qu'il tenoit caché sous sa robe, plustost que de découvrir d'vne maniere qui luy paroissoit basse, ce que les coustumes de sa Republique luy ordonnoient de cacher; Et ainsi dans la foiblesse de son enfance, il eut la force de preferer la mort à la honte. Nous lisons aussi d'vn autre citoyen de cette source abondante en vaillans hommes, lequel estant reduit par le sort de la guerre, à se voir esclave de ses vainqueurs, aima mieux perdre la vie, que de se resoudre à s'abaisser à des œuures serviles, & qui luy paroissoient indignes de sa qualité. Cependant cette mesme ville si renommée, & où l'on a veu briller tout ce que la Generosité avoit de plus beau, n'a point fait parade de ce Monstre de lascheté qui n'a iamais osé attaquer ces illustres personnes, qui le traittoient avecque trop de mepris, pour se laisser surprendre à ses trompeuses illusions.

Athenes, qui se glorifioit d'estre la lumiere de cette belle partie du monde, a produit dans son enceinte, des hommes genereux dont l'antiquité a tousiours reveré la Valeur, aussi bien que nous en respectons la memoire. Elle nous fait connoistre Alcibiade, qui sembloit n'estre né que pour donner de l'admiration à toutes les Cours de l'Asie par les merveilles de sa Generosité, & de l'amour aux Dames par les charmantes perfections dont sa personne estoit enrichie. Ce ieune Seigneur trouve vn Nicias dans son mesme pays, qui luy estant égal en condition, ne se pretendoit pas son inferieur en courage, ils ont mille démeslez

& la Lascheté du Duel. 89

meslez ensemble, & vne ambitieuse émulation les empesche de se pouvoir souffrir l'vn l'autre, on ne connoit point pourtant que la pensée de s'abaisser aux foiblesses du Duel, ait iamais tenté leurs esprits. Pericles dans le mesme lieu, n'a pas paru avecque moins d'éclat par les beaux faits de son espée, il a eu pour Ennemis de sa mesme qualité, vn Cimon & vn Cleon, tous braves s'il en fut iamais dans le monde, mais ces grandes ames ne furent point abattuës par toutes leurs animositez, sous le joug de cet infame Tyran.

Il semble que si la jalousie, accompagnée de tout ce que l'antipathie naturelle, & l'extreme ambition ont de plus pressant, pour porter ceux qu'elles possedent aux dernieres extremitez de la haine, estoit obligée de faire vn effort pour produire le Duel, ce devoit estre entre Themistocle & Aristide. Ces deux grands hommes nourris ensemble dans vne émulation continuelle, fomentée par l'amour en mesme lieu, & par les perpetuels déplaisirs qu'ils se faisoient à tous momens, ne se pouvoient souffrir l'vn l'autre : ils se choquoient continuellement dans les affaires les plus importantes du gouvernement & de la guerre, & dans toutes les choses qui regardoient leur reputation, avecque tout cela, ils ne se sont iamais portez à chercher la reparation de leurs offenses par cette sorte de timidité. Ils sçavoient qu'elle auroit imprimé plus de honte sur leur visage, que leur grand cœur ne leur avoit acquis d'estime, & ces deux foudres dans la guerre, au lieu d'en venir dans ces bassesses, combatirent l'vn auprés de l'autre avec des prodiges de hardiesse, chacun à la teste de ses Troupes, à la bataille de Marathon, dans laquelle la Gre-

M

ce triompha avec si peu de gens de l'armée innombrable du puissant Monarque des Perses.

Alexandre, dont le nom meine continuellement à sa suitte toutes les splendeurs de la plus belle Generosité, & qui n'avoit auprés de soy que des personnes illustres en cette vertu, & qui ont laissé des marques de leur courage intrepide par tous les endroits de l'Orient, n'a iamais estimé cette foiblesse, qui n'a osé paroistre devant luy, ny fait semblant de s'insinuer dans le cœur des Seigneurs de sa Cour. Ces Princes qui diviserent apres sa mort ses conquestes en tant de Royaumes, l'ont tousiours mesprisée, & dans les grandes divisions qui se formoient entr'eux, dés qu'ils vivoient tous ensemble, & qu'ils ne paroissoient que des gens d'vne méme condition en la presence de leur Souverain, ils n'ont iamais pensé qu'vn si lasche moyen fust digne d'appaiser les nobles mouvemens de leurs ames irritées.

LE DVEL A TOVSIOVRS ESTÉ méprisé des Romains.

CHAPITRE IX.

Pres avoir parcouru tous les Estats qui ont dominé avecque plus d'esclat dans les premiers Siecles, & consideré que le Duel y estoit enseveli dans sa propre ignominie, il est iuste de voir quels sentimens en ont eu les Romains, qui ont cómencé leur Empire dans l'Italie, & ont rendu leurs Aigles si fameus par tout le monde.

Cette Nation belliqueuse qui semble n'avoir esté donnée à l'Vnivers, de la main de celuy qui l'a formé, que

& la Laschèté du Duel.

pour luy faire voir les prodiges que la Valeur naturelle peut executer, & pour luy faire en suitte connoistre, que ce sont les degrez par lesquels il faut monter sur les Trônes, n'a iamais regardé ce combat qu'avec des yeux de mépris. C'estoit le mestier de ses Esclaves, & de ces miserables personnes que leurs crimes avoient fait condamner à la mort : ils servoient de spectacle au menu peuple, comme ceux que la Iustice fait encore foüetter auiourd'huy par les carrefours des villes, ou pendre dans les places publiques. Leur sort eust esté heureus, si l'infamie dont ils estoient couuerts, n'eust point surpassé celle de nos danseurs de corde, & de nos faiseurs de sauts perilleus. Le funeste Duel estoit le chastiment des mauvaises actions, que ces scelerats avoient commises. C'est ce que nous apprend le grand Constantin, quand il commande à Maxime, qui avoit l'intendance de la Iustice pendant son regne, de changer cette peine ordinaire des malfaicteurs, en vne qui fust moins infame & moins sanglante : tant ce vaillant Monarque trouvoit la bassesse de cette punition, insupportable parmy vn peuple qui avoit tousiours reveré la Valeur.

L'histoire Romaine qui nous découvre tant d'actions esclattantes de ces braves hommes, qui meritent que la Renommée fasse durer leur reputation aussi long-temps que le monde, qui nous fait voir vne ieunesse noble & remplie de hardiesse dans cette maistresse des villes, qui nous apprend les amours de ces Braves, leurs jalousies & leurs ambitions, suivies de mille animositez mortelles, ne nous les fait pourtant iamais considerer, quoy qu'environnez de plusieurs vices, abbatus sous la bassesse de celuy du Duel. Quelque estincelle de Generosité, que

M ij

Dieu laissoit briller au milieu de leurs passions, & de leurs brusques coleres, conservoit leur cœur contre les attaques de la Timidité, qui gouverne ce Monstre detestable. Entre vne infinité de querelles & de divisions qui embarasserent souvent la superbe Rome, l'on voit des milliers d'hommes de haute & égale condition, animez les vns contre les autres, entre lesquels parurent avec vn grand esclat, les démeslez des Gracques avecque plusieurs de leur qualité. L'on voit avec quelle vigueur vn Scipion Nasica, & vn Opimius s'opposerent à leurs desseins; mais le Duel ne s'osa produire parmy eux. Marius & Sylla poussez de leurs haines mutuelles, font des choses tout à fait estranges dans leurs inimitiez, qui ne les pûrent iamais porter à cette foiblesse. Cesar & Pompée, ces deux foudres dans les combats, ne pûrent se supporter l'vn l'autre. Le vaillant Lucullus brusle de jalousie contre ce dernier, de qu'il avoit receu plusieurs sujets de mescontentement, avecque lequel enfin il eut de grosses paroles; mais cette sorte de satisfaction à leurs ames offensées, estoit trop lasche pour ces grands hommes. Ce mesme Lucullus est calomnié avec honte par Caius Memmius, qui veut faire passer par tous les lieux de la terre, ce grand Personnage pour vn insigne voleur : cependant tous ces braves Seigneurs, qui vivoient ensemble dans les pompes de la Cour Romaine, connoissoient trop la lascheté de ce vice pour s'y laisser surprendre.

S'il eust pû paroistre raisonnable, ce devoit estre entre l'illustre Cesar, devant que la Fortune l'eust si hautement tiré du pair, & le hardy Caton d'Vtique, lors que celuy-cy connoissant que ce genereus Conquerant, tout plein des charmes de la plus haute galanterie, avoit vn amour pour sa sœur, qui tendoit à porter la honte dans sa maison, l'appella publiquement yvrongne, & offença de cette iniure, celuy que tous les hommes redouterent depuis comme vne Divinité; cet infame combat n'osa pas neantmoins faire mine de se produire entre ces deux personnages, qui connoissoient trop bien le mépris dont il estoit couvert. Ce fut aussi sa propre timidité qui l'empescha plusieurs années auparauant, de s'approcher du renommé Scipion & du fier Hannibal, Ennemis declarez de longuemain, quand ils se rencôtrerent sans troupes & sans armées chez vn des Rois de l'Asie. On sçait assez quelle vive impression faisoit l'amour de la Gloire en ces deux grands Capitaines, & combien le Carthaginois ressentoit de déplaisirs dans l'ame, d'avoir esté vaincu par le Romain; leur conversation parut pointilleuse, mais toutesfois l'ardeur qui les animoit, ne pût estre esteinte par la lascheté de cette manie.

Nous lisons que Pompée, dont ie viens de parler, voulant consigner à la posterité les merveilles de sa Valeur, fit graver sur le frontispice d'vn Temple qu'il avoit basti à vn de ses Dieux, le nombre des Ennemis qu'il avoit fait mourir, qui approchoit de trois millions, celuy des batailles qu'il avoit gagnées, des centaines de villes qu'il avoit forcées, & des milliers de vaisseaus qu'il avoit enfoncez; mais on ne voit point paroistre l'infame Duel dans ce lieu, où les trophées, les victoires & les triomphes estallerent ce qu'ils avoient de plus estimable; aussi sa bassesse ne meritoit pas de luy donner place entre les marques veritables d'vne Generosité heroïque.

M iij

Pour mettre la derniere confirmation du mespris dans lequel il estoit parmy ces hommes magnanimes, ie veux rapporter les sentimens qu'Auguste auoit de luy, & afin que la connoissance de ce Monarque nous donne celle de l'estime que nous devons avoir de ses pensées, ie le produiray par les mesmes paroles, avecque lesquelles le celebre Coëffeteau a commencé son histoire; voicy comme il parle. *Encore que la Republique des Romains ait produit les plus grands courages, & porté les plus ambitieus esprits de la terre, si faut-il confesser que iamais elle n'a esleué ny Prince ny Capitaine qui se soit proposé un dessein si hardi, si genereus, & si plein de gloire, que celuy qu'embrassa Auguste, lors qu'en l'âge de dix-neuf ans, recueillant le debris de la fortune de Cesar, qui auoit esté cruellement massacré dans le Senat, il entreprit de venger sa mort, & de reduire sous sa puissance ce superbe Empire, qui auoit donné la loy à tout le reste de l'Vniuers. La foiblesse de son âge, la reputation de ceux qui auoient fait le massacre de son Oncle, l'apprehension d'un grand Senat, & d'un Peuple si puissant & si passionné pour sa liberté, les conseils craintifs & timides de ses parens & de ses amis, avec mille autres obstacles qui se presentoient à ses yeux & à sa pensée, sembloient deuoir faire mourir en luy le desir de poursuiure une si hardie entreprise: mais ce genereus Esprit se fortifiant en sa resolution par la iustice de la vengeance qu'il vouloit rechercher, ferma les yeux à toutes ces considerations, & preferant une glorieuse mort à une honteuse vie, aima mieux s'exposer au danger de se perdre, en satisfaisant à son devoir, qu'asseurer sa fortune en manquant à son honneur.*

Cet homme donc admirable & brave entre tous les Braves, estant vn iour appellé par Marc-Antoine, qui le vouloit voir l'Espée à la main, respondit avec vn mespris digne de son grand courage, & de la bassesse de la chose qu'on luy proposoit, que quand il auroit enuie de mourir, il ne se voudroit pas seruir d'vn moyen si bas & si infame, pour sortir de ce monde. Cette declaration nous fait clairement connoistre, que cét illustre personnage confirmoit le iugement, que tous ses devanciers avoient porté de la laschete de ce vice. Ie trouve remarquable que le seul de tous ceux de cette nation, qui a eu quelque pensée pour luy, soit presque le moins estimé entre tous les vaillans qu'elle a produits, quoy que tres-esleué par la Fortune. Et en effect nous voyons ce Marc-Antoine vaincu par les peuples de Candie, qui le mespriserent si fort, qu'ils firent pendre les prisonniers de guerre qu'ils luy avoient pris, aux voiles, & aux cordages de leurs vaisseaus, parce que ce Prince en les attaquant, se tenoit si asseuré de la victoire, par vne fausse bravoure, qu'il avoit fait porter vne infinité de chaisnes pour les attacher comme des Esclaves. Metellus vengea cet affront, que la Republique avoit receu par l'orgueilleuse stupidité de cet homme ; son avarice & sa cruauté, compagnes inseparables de la bassesse d'vne ame, le font abandonner de ses Legions, qui le iugerent indigne de les commander : elles se vont ietter entre les bras d'Auguste son genereus Ennemy : il est deffait deux fois de suite par le Consul Hirtius, & au lieu d'imiter son vaillant Vainqueur qui dans la derniere bataille paya de sa personne, & se fit tuer en perçant les escadrons de l'armée ennemie, il sauva sa vie par vne fuite pleine de honte. Lors qu'il voulut porter ses armes contre les Parthes, il n'y acquist que du deshonneurs, & imprima ce caractére sur sa Nation, qui l'a tousiours trouvé insupportable. Nous le voyons fuir à la bataille d'Actium, avec vne lascheté qui ne s'est gueres rencontrée en ceux qui ont commandé des armées Romaines, & quitter la partie en vn temps, où rien de considerable ne l'obligeoit à vne action si pleine de honte. Les Ambassadeurs qu'il enuoya bassement à l'heritier de Cesar, pour tascher à rentrer dans ses bonnes graces, mesme aux despens de la vie d'vn de ses meilleurs Amis, nous découvrent assez qu'il n'avoit aucune des belles qualitez, qui le pourroient legitimement faire passer pour Genereus. C'est pourquoy il ne faut pas s'estonner s'il a pû recevoir dans son Ame, apres toutes ces marques asseurées de son peu de courage, les lasches pensées de se battre en Duel.

Enfin si l'on veut repasser en sa memoire, la vie de tous les Braves qui ont serui d'ornement à l'Empire depuis le regne d'Auguste, l'on ne verra point qu'elle ait esté soüillée par cette tache. Rome & Constantinople ont veu paroistre quantité d'hommes illustres, les Corbulons, les Stilicons, les Bellissaires, les Narsés, & vne infinité d'autres, mais leur Valeur n'a point plié sous la seruitude de ce Monstre.

Si quelqu'vn vouloit m'obiecter qu'on a veu dans le commencement de la naissance de Rome, les trois Horaces se battre contre les trois Freres Curiaces, & qu'Alexandre sur le bord du Granique, a donné la mort en vn combat particulier, à Spitrobates gendre de Darius, ie répondrois que pour le premier combat des trois freres Romains, contre ceux que la ville d'Albe fournissoit en pareil nombre, il fut entrepris du consentement de tous

ces

ces peuples, qui se faisoient vne cruelle guerre, pour la terminer par cette inuention avecque moins de cruauté, & pour espargner le sang de ces deux Estats ennemis; ce qui estoit non seulement iuste en vne occasion si pressante, mais encore digne d'estre beaucoup loüé. Pour ce qui regarde le vainqueur de l'Orient, il est certain qu'il tua le Satrape d'Ionie, par vne rencontre inopinée, & que la Fortune luy presenta au milieu des tumultes d'vne bataille. C'est pourquoy ces deux exemples ne font rien à l'avantage de la bassesse, qui se trouve dans le Duel. On doit penser la mesme chose de la belle action de Romulus, qui osta la vie de sa main à Acron Roy des Ceniniens, & erigea de ses despoüilles, de tres-illustres trophées. Celle des Cornelius Cossus qui en fit autant au Roy des Fidenates, n'est pas moins estimable. Marcellus qu'on appelloit l'Espée des Romains, nous oblige d'estimer sa valeur, qui luy fit vaincre glorieusement le vaillant Roy Viridomarus. Ces faits honorables qui ont tant acquis de reputation à ces grands hommes, tirent toute leur beauté de ce qu'ils les executoient à la teste de leurs Troupes, & en combattant avec elles dans le hazard d'vne sanglante meslée.

Nous avons plusieurs de nos Monarques qui se sont signalez en de semblables rencontres; ce discours nous a desia fait voir, de quelle sorte le genereux Clovis tua de sa main, deux Souverains armez contre luy. L'histoire nous apprend que Childebert perça de son espée, Amaury Roy des Gots: que Clotaire II. triompha de la mesme maniere, de la vie de Bertier Roy des Saxons, & que Charles le Simple vengea l'outrage qu'il recevoit de ceux qui s'e-

N

ſtoient rebellez contre luy, en donnant vn coup de lance dans la bouche du Chef qui les commandoit, auquel il oſta la parole avecque la langue: de ſorte qu'il eſt aſſez clair que ce ſeroit à tort que les Partiſans du Duel pretendroient inſinuer, que ces magnanimes exploits tiennent quelque choſe de ſa timide manie. Ils feroient en cela vne faute pareille à celle des Heretiques, qui veulent faire valoir leurs erreurs, par les exemples des choſes ſaintes qu'ils tirent de l'Eſcriture, & par les paroles meſme du Fils de Dieu, & de ſes Apoſtres, dont ils ſe ſeruent fauſſement à leur avantage.

Mais enfin pour connoiſtre parfaitement l'eſtrange meſpris que ces illuſtres Romains avoient pour le Duel, il ne faut que conſiderer que ces braves hommes, qui ont eu aſſeurément toute la grandeur de courage qu'on peut humainemét ſouhaitter, & dans leſquels auſſi toutes les Nations l'ont reverée, regardoient cette action comme vne choſe ſi indigne de leur eſtime, & ſi contraire à la Valeur, qu'on ne voit point qu'ils ayent iamais loüé vn ſeul de ces combats de leurs Gladiateurs; quoy qu'il ſoit tres-aſſeuré, que pendant pluſieurs ſiecles il s'en faiſoit tous les ans vne infinité dans Rome, par ces ſortes de perſonnes deſtinées à mourir par le funeſte Duel. Et l'on ne peut douter qu'il n'ait paru en ces occaſions, autant d'adreſſe, de bon-heur, & d'apparence de courage, qu'il s'en eſt veu en ce Royaume, parmy les plus fameus Duelliſtes, depuis que ce crime s'y eſt eſtabli avec tant de tyrannie. D'où vient donc que ces vaillans Romains accouſtumez à loüer iuſques aux moindres circonſtances qui pouvoient marquer de la Valeur, ont pourtant ſi fort mesprisé cette manie? si ce n'est à cause qu'il y remarquoient de la bassesse & de la lascheté. Ils ont esté regardez sans contredict par toute la terre, comme les plus capables de iuger en quoy consistoit la Valeur, & comme ceux qui en avoient fait paroistre les plus noble effects: pourquoy donc nostre Nation a-t'elle voulu depuis ce temps là, faire passer iniustement ce Monstre d'infamie pour quelque chose de fort beau? comment peut-on abandonner des sentimens si bien establis par les plus genereus peuples de l'Vniuers, & receus avec respect de tous les Braves du monde, pour suivre ceux que nos fanfarons ont introduits par caprice, contre l'approbation generale des plus illustres Vaillans, contre les loix de leurs Souverains & contre les maximes de la Valeur mesme? Qui a donné le droit à ces Messieurs d'en peruertir l'vsage, & de mettre à sa place avec indignité, ce qui ne peut estre que lasche? Le raisonnement sur quoy ils fondent ce desordre, peut il naistre d'vn cœur esleué? Certes il est impossible que la mesme grandeur de courage, qui suit les mouvemens approuvez de la Generosité & de l'honneur, puisse sans se changer, mettre la Lascheté dans leur trosne. S'ils disent que le peril qu'ils rencontrent dans ce crime leur fait avoir de l'estime pour luy, il faudroit par cette mauvaise raison, donner le mesme rang d'honneur aux tours dangereus que font ces gens qui gaignét leur vie à la hazarder par mille inuentiós egalement viles & perilleuses; & ces miserables de la lie du peuple qui se sont quelquefois pendus par desespoir, meriteroient selon ces sentimens pleins d'erreur, vne admiration tres avntageuse pour eux, à cause qu'ils se sont abandonnez à vn danger tout manifeste.

Si le droit d'eriger en action illustre, ce qui n'en peut porter les caractéres, est ainsi entre les mains de ceux qui le veulent vsurper, contre la solide raison & la veritable Valeur; il pourra arriuer vn iour, que la fantaisie de quelques ieunes emportez érigera en vne chose glorieuse, la subtilité de bien empoisonner, & de donner adroitement vn coup de poignard par derriere. Car qui suit bien la terrible illusion du Duel, & qui se laisse assez tromper pour le croire quelque chose d'esclattant, peut aussi facilement se laisser surprendre à vne autre semblable, qui imprimera dans l'Esprit de ceux qu'elle abusera, ce qu'ils ne croyent pas possible maintenant qu'ils n'en sont pas encore possedez. Enfin puis qu'on ne peut changer la nature des choses, pourquoy entreprendre de troubler cet ordre general, pour choquer l'illustre Valeur, & donner ses grandes qualitez à son ennemy declaré? C'est vn attentat intolerable, ceux qui l'ont commis, s'en doiuent repentir s'ils veulent passer pour braues, & en renonçant à la lascheté, se venir remettre sous la conduitte de cette belle perfection qu'ils ont offensée.

DES AVANTAGES DE NOS ROIS
& de leurs peuples par dessus tous les autres Princes, & toutes les autres Nations de la terre: ces illustres Monarques ont tousiours condamné le Duel.

CHAPITRE VII.

Peut-estre que i'aurois quelque sujet de me persuader, qu'vne partie de ceux qui prendront la peine de lire ce Traité, trouueront que la Valeur a fourni d'assez bonnes raisons contre le Duel qui la vont destruire, & qu'elles ne sont pas mal soustenuës par l'autorité des grands hommes, que l'Antiquité nous a fait cohnoistre; mais ie ne croirois pas avoir pleinement satisfait au dessein que i'ay entrepris, si ie n'ajoustois à l'avantage de cette perfection, & à la ruine de son ennemy, le iugement de nos Rois sur ce sujet, & le sentiment des plus illustres Seigneurs de ce Royaume. Si le Demon s'est fortifié dans ce crime, & si par ses illusions il a revestu la boue, dont son Fort est basti, des vaines apparences du marbre & du porphyre, c'est icy la puissante machine qui le doit destruire, c'est le foudre qui doit accabler ce Monstre qui s'y tient caché.

Nous ne pouvons douter que la pensée de nos Souverains en cette rencontre, & celle de ces vaillantes personnes, ne soit la plus genereuse & la plus esclairée. Les preuves en sont trop visibles par les avantages merueilleus que nos Monarques & les peuples qui leur obeïssent, ont tousiours remportez par dessus les autres Princes & les autres Estats de la terre. Il nous seroit bien honteus de ne pas sçavoir cette verité, que toutes les Nations sont obligées de confesser. Pour luy donner quelque lustre, & quelque force aussi à la cause de la Valeur qu'elle soustient, ie crois qu'il faut considerer de quelle sorte nos Rois ont establi cette Monarchie, & l'ont conseruée dans sa grandeur pendant vn si grand nombre d'années. On les verra passer le Rhin pour la venir fonder, & entreprendre de faire des conquestes sur ces vaillans Gaulois, qui avoient porté leur nom & leurs armes aux dernieres extremitez du Monde, qui seuls avoient pû saccager la superbe Rome, & tirer des loüanges de la bouche de César, qui a plus employé de temps à les assujettir à son Empire, qu'à domter le reste de la terre; sur ces Gaulois (dis-je) soustenus, afin que rien ne manquast à la magnificence des victoires de nos premiers Princes, par les Armées Romaines qui sembloiét estre capables d'imprimer la crainte aux Auteurs d'vne si noble entreprise. Elle a cependāt esté executée avecque tant de succez, & maintenuë avecque tant de courage, qu'il n'y a point presentement de Monarchie, ny les siecles passez ne nous en ont point fait connoistre qui se puisse comparer à la nostre, soit pour la longueur de sa durée, soit pour l'esclat de son Empire. Lors que S. Ierosme parle de la France, il l'appelle *le pays des plus genereus hommes de la terre*, & Sidoine Apollinaire, qui l'a illustrée par sa naissance, asseure que le courage des François, s'estendoit mesme au delà de la mort, & qu'il vivoit encore, lors que leurs corps estoient privez de leurs ames.

La grandeur des Souverains qui ont regné sur ces peuples, a tousiours donné tant d'admiration & d'estime, qu'vn Empereur de Constantinople defendit autrefois à son Fils, de s'allier par mariage avec aucune Nation estrangere, si ce n'estoit avecque les Seigneurs de ce Royaume. Le grand Pape S. Gregoire fait connoistre qu'ils sont aussi eslevez par dessus les autres Rois, que la dignité de ces mesmes Rois le paroissoit au dessus du commun des hommes.

Nos Souverains dans les premiers commencemens de leur domination naissante, voyans qu'vn Empereur Romain, selon l'orgueilleuse coustume de ses devanciers, met-

& la Lascheté du Duel.

toit parmy ses titres pompeus, de vainqueur presque de toutes les Nations, celuy qui témoignoit qu'il avoit eu quelque avantage sur la France, passerent les Alpes avec vne hardiesse qui porta l'espouvante dans l'Italie, & apprirent à ce Prince trop superbe, qu'il falloit respecter vn nom qui devoit vn iour prendre l'empire sur les autres, & ne souffrir celuy de personne. C'est pourquoy dans ces mesmes siecles, ils ordonnoient de mettre leurs portraits sur la monnoye qu'ils faisoient battre, ce que nul de tous les Monarques n'avoit osé entreprendre, non pas mesmes le Roy de Perse perpetuel ennemy des Romains, & sembloit estre seulement deu par vne tacite reconnoissance de tous les peuples, à celuy qui commandoit à ce grand Empire, dont l'estenduë alloit presque aussi loin que les bornes de l'Vnivers.

Le Pape Estienne III. qui passa en cet Estat, où il sacra le genereus Pepin, benit sa Noblesse en l'obligeant de luy estre fidelle, & obtint de ce Prince la reparation de toutes les iniustices qu'il avoit souffertes des mauuais traitemens d'Astolphe Roy de Lombardie: ce Pape, dis-je, escrivant au mesme Roy Pepin, à Charlemagne & à Carloman ses enfans, & à tous les Seigneurs de France, leur dit que ce n'est point l'espée des hommes, mais celle de Dieu qui combat avec eux; aussi que l'Eglise Romaine & son premier Fondatur S. Pierre leur ont remis tous leurs interests, comme à ceux qui les peuvent fortement proteger en ce monde. Il leur dit qu'aprés Dieu & le Prince de ses Apostres, tous les Romains jettent les yeux sur eux, comme sur les seuls Protecteurs dont ils esperent du secours, & marque clairement qu'ils ont coustume d'en donner à toutes les personnes qui se vont refugier sous la main puissante d'vn asyle si asseuré. Il leur promet enfin pour recompense de tant de grandes actions (ce que l'experience nous fait connoistre vne veritable Prophetie) qu'ils emporteront de glorieuses victoires sur leurs Ennemis, avecque la reputation d'estre les plus vaillans de tous les peuples, & vne tres-longue durée à leur Monarchie.

En effet nous voyons que nos Princes & la Nation qui leur obeït, ont tousiours esté le sujet de l'estime de tous les hommes.

Du temps de S. Louis le bruit de ses faits donna de l'effroy aux Provinces voisines de la Palestine, l'Egypte trembla en le voyant approcher, & le Septentrion, quoy que tres-esloigné, admira ses belles actions. Son Conseil connoissoit si parfaitement les avantages de nos Souverains & ceux de l'Estat auquel ils commandent, qu'il iugea que la qualité de *Frere* de ce grand Monarque, devoit estre plus considerable au Prince Robert, que celle d'*Empereur* qu'on luy vouloit donner par election.

Nos Rois effectivement paroissent par toutes ces raisons, les plus illustres qui ayent iamais porté la Couronne. Il semble que le Ciel prenne plaisir à nous confirmer dans cette opinion, par les faveurs signalées qu'il leur a departies, l'Auriflamme, la sainte Ampoule, & le don de guerir les escroüelles, en sont des tesmoignages asseurez. Si le feu de leur courage brille au milieu des combats, la lumiere de leur Esprit n'a pas vn moindre avantage dans leurs raisonnemens, lors qu'ils establissent des Loix, & qu'ils esclairent leurs Sujets sur les diverses matieres qui se presentent, où il s'agit de leur repos & de leur honneur. C'est pourquoy

pourquoy S. Gregoire le Grand les appelle *la lampe du monde vniversel*.

Nous ne pouvons douter, puisque la solidité de leur iugement se fait voir dans tout ce qu'ils ordonnent, qu'elle n'esclate encore avecque plus de lustre, quand il s'agit des choses qui regardent les armes, la Generosité & le point d'honneur; car quoy que leur autorité & leur connoissance s'estendent generalement sur tout ce qui se fait dans leurs Estats, il faut toutefois auoüer qu'il n'y a rien à quoy ils s'appliquent tant eux mesmes, qu'aux fonctions de la guerre & aux actions qui ont rapport à la Valeur, qui leur a si bien serui à soustenir leur Sceptre, & à rendre leur Trosne inébranlable. Leur clarté sur ce sujet ne peut estre offusquée par aucuns nuages; leur cœur est le Siege de cette perfection, leur bras en est l'appuy, & leur bouche en prononce les oracles. Tout le monde connoit l'amour qu'ils ont pour elle, ils ont paru en sa compagnie dans vne infinité d'occasions, & il y a peu de Provinces dans la terre, qui n'ayent senti les marques de leur Generosité.

Enfin comme ils sont des images viuantes de la divinité, ils imitent cette sagesse infinie en leurs iugemens, autant que la foiblesse humaine le peut faire: Et comme Dieu qui a creé la Valeur, qui l'a tousiours aimée & cherie, ne peut iamais blasmer ce qui porte les nobles caractéres de cette vertu, à laquelle il a donné son approbation; aussi nos Monarques qui ont tousiours embrassé avecque tant d'ardeur cette hardie qualité, ne pourroient iamais en ce qu'ils ordonnent, rien determiner qui luy fust contraire. C'est pourquoy ces grands Princes, en suivant les genereus mouvemens des maximes mesme de Dieu, ayant authentiquement condamné le Duel, comme le plus infame de tous les crimes, il faut necessairement conclure qu'il ne peut rien posseder qui tienne tant soit peu de la Valeur. Nous voyons la confirmation de cette verité dans les Edits de S. Louis, de Philippes le Bel, de Charles V. de Charles VI. de Henry II. de Charles IX. de Henry III. de Henry le Grand, & de Louis XIII. d'heureuse memoire, qui tous ont detesté ce monstre, comme l'escueil de la Generosité, & comme l'artifice trompeur dont le Demon se sert pour la destruire, & la changer malheureusement en vne lascheté ignominieuse. Ils ont esté imitez en nos iours, par le puissant Monarque qui nous commande; s'il a succedé à leur Empire, on peut dire de luy sans flatterie, qu'il a succedé à leurs vertus & à l'estime qu'ils ont tousiours eüe pour la Valeur. Aussi voyons nous qu'en marchant sur les vestiges de ses grands Predecesseurs, il a desia dissipé dans sa premiere ieunesse, les tumultes dangereus qui s'eslevoient en son Estat, & domté la fierté du Rhin, pour le rendre sans contredit tributaire de son Empire, comme ses plus anciens devanciers, & les premiers Conquerans de la Nation sur laquelle il regne, l'avoient fait seruir de canal à leurs triomphes, & ses superbes riues, de theatre à leurs victoires. Les années de son regne portent les marques des belles choses qui se sont executées par ses ordres, aussi bien que ses Ennemis ressentent avec douleur, celles qui leur font connoistre que plus ce Soleil levant approchera de son midy, plus aussi la noble chaleur qui l'anime, sera bruslante pour eux, terrible à leur resistance, & fatale à leur ruine. Ce Prince donc tout rempli de splen-

deurs de la Magnanimité, a fait tonner ses foudres en nos
iours, contre la lascheté du Duel: il l'a reduit au mespris
qui luy estoit legitimement deu, & a fait paroistre les noires couleurs dont il obscurcissoit ceux, desquels il abba-
toit le courage. Comme il a iugé leur vie trop honteuse,
pour meriter la qualité de Gentilshommes, il a aussi condamné leur mort à porter les plus honteus caracteres de la
roture, & à prendre possession de ces hommes abandonnez de la Valeur, par la main d'vn bourreau avecque la
corde & la potence.

Apres cela l'on ne peut douter, que celuy qui se bat de
cette sorte, ne doive plus asseurément estre tenu pour lasche, qu'vn Traistre ou vn Empoisonneur ne passera pour
infame, parce que la lumiere qui esclaire le Roy, est encore
plus grande en cette rencontre, où il iuge d'vn criminel
qui attaque la Valeur, qu'il protege comme vne perfection qui le regarde; que lors qu'il condamne par ceux
qui rendent la iustice sous son autorité, les autres scelerats, lesquels quoy que tres-coupables, le sont en vn sujet
qui ne touche pas si precisémét la personne du Souverain,
ny n'est point si formellement l'objet de sa connoissance.

*TOVS LES GRANDS HOMMES
de ce Royaume ont méprisé le Duel: le iugement que
Messieurs les Mareschaus de France en ont fait.*

CHAPITRE XI.

Eux qui ont la satisfaction de considerer dans
l'histoire, les faits des hommes illustres de
cet Estat, qui ont porté la Valeur iusqu'au
plus haut degré de son Trosne, connoistront clai-

O ij

rement que ces Braves ont tousiours traité le Duel de mespris. Ce n'est point par ses artifices & par ses illusions qu'ils sont entrez dans le Temple d'honneur, on ne les a point veu s'en seruir pour meriter les premieres dignitez du Royaume, les grandes charges de la maison de nos Rois, ny les commandemens de leurs armées. Ceux qui les ont conduites au delà du Rhin aveeque tant de succez, qui ont forcé avec elles les barricades des Alpes, & passé les détroits des Pyrenées, pour porter la terreur dans les terres de nos Ennemis, n'ont iamais eu recours aux enchantemens, qui desguisent ce lasche trompeur de la Noblesse. Lors qu'ils ont poussé leurs triomphes au delà des mers pour abbatre l'orgueil des Sectateurs de Mahomet, qui occupoient l'Asie & l'Afrique, & qu'ils ont donné l'espouvante aux plus hardis des Turcs dans la Hongrie & dans l'Allemagne, ils ne se sont point seruis du secours de ce vice mesprisable: quand animez de cet esprit de feu, que la peur ne peut esteindre, ils ont domté les Tyrans d'Italie qui persecutoient l'Eglise, chastié les Mores d'Espagne, & chassé les Anglois de France, ils n'ont point donné de prise à cet ennemy de leur generosité,

 Considerons la suitte de tous les grands Connestables qui ont illustré cette Monarchie par le bel éclat de leur nom, & remarquons avec les vaillans Mareschaus de France, qui ont porté ce fameus baston qui a si legitimement recompensé leurs actions heroïques, & nous serons asseurez qu'ils estoient trop braves, & leurs dignitez trop releuées, pour y entrer par la honte & par la bassesse de ce crime. Enfin les Aureliens, les Charles Martels, les Bertrans du Guesclin, les Charles de Blois, les Oliviers de

Mauny, les Cliſſons, les Begues de Vilaines, les Lahires, les Potons, les Tanneguis du Chaſtel, les Boucicauts, les Comtes d'Eu, les Comtes de la Marche, les Comtes de Chaſteau-dvn, les Gaſtons de Foix, les Bayars, les Montmorencis, & vne infinité d'autres que la Renommée nous produit à la foule, qui ont enrichi leurs ſiecles, auſſi bien que la noble poſterité qui ſe glorifie legitimement de les auoir pour predeceſſeurs; tous ces genereus hommes, dis-je, qui ont fait des choſes ſi conſiderables, n'ont point ſouffert que la timidité du Duel ait cauſé de la honte à leur valeur. Si leurs intereſts, leurs amours, leurs ialouſies, & l'emulation qui regne ſouvent entre les Braves, ont apporté quelques querelles & quelques démeſlez parmy eux, ils les ont bien ſceu terminer, ſans ſe ſeruir d'vn moyen ſi indigne de la profeſſion qu'ils faiſoient d'eſtre vaillans.

Nous pouvons eſtendre cette meſme verité iuſqu'aux Eſtats des autres peuples de la terre, qui nous ſont plus connus dans l'hiſtoire, entre leſquels nous ne voyós point que cette manie ait paſſé pour generoſité, ny qu'elle ait ſerui à donner de l'eſtime aux grands hommes, qui ont paru auecque reputation dans toutes ces Nations differentes. La lecture de ce qui s'eſt fait de grand par les Seigneurs d'Eſpagne & d'Italie, & par ceux qui ont rempli le Septentrion du bruit de leurs faits glorieus, nous fait connoiſtre que cette foibleſſe n'avoit point de part à leurs belles actions. Les Turcs, les Tartares & tout ce que l'Orient & le Midy ont porté de Braves, avoient les meſmes ſentimens; lors qu'ils ont eſtimé la generoſité de ceux qui s'eſtoient fait renommer dans leur pays, ils n'ont point mis le Duel en parade.

Afin de faire rentrer ce monstre que nous combatons, dans les cachots de la Lascheté, d'où il est sorti pour tyranniser la Noblesse, il faut encore se represéter les pensées de plusieurs grands Seigneurs, & de quantité de personnes de condition de ce Royaume, sur le sujet que i'ay entrepris de traiter.

Il est inutile de rapporter avec exaggeration, ce qui s'est fait depuis peu d'années à la veüe de toute la France, qui a regardé avec estonnement quelques Gentilshommes considerables par leurs naissances & par leurs belles actions, qui ont osé se produire hautement contre le Duel, rompre ses chaines, secoüer genereusement le ioug de sa seruitude. Ce qui & paroist plus remarquable en cette hardie entreprise, c'est qu'elle a esté faite en vn temps, dans lequel tous les hommes estoient tellement aveuglez par les artifices & par les illusions de cette bassesse, qu'il ne s'en trouvoit presque point qui eussent assez de fermeté, pour blasmer vne chose si generalemét approuvée. Ils ont pourtant parlé, & le feu qui animoit leur courage, a porté sa chaleur iusques dans l'ame de plusieurs de leurs semblables, qui ont enfin connu qu'en pensant devenir vaillans, ils s'abandonnoient avecque honte à vne lascheté inconcevable. Ce nouveau dessein de ne se plus laisser seduire par la crainte, & de ne plus faire de sacrifice à la timidité de ce vice, fit d'abord vn grand bruit dans toute la Cour: mille tumultes impetueus se leverent contre les iustes pensées qu'avoient ces vaillans hommes, de se deliurer de l'infamie du Duel. Ceux qui estoient nourris dans sa seruitude, se choquoient de ce qu'on pretendoit les mettre en liberté; & les ieunes gens qui ajoustoient à l'aveuglement

que le Prince des tenebres iette dans leurs ames, celuy
que leur cause le peu de connoissance qu'ils ont aux matieres d'honneur, se persuadoient qu'on n'en peut avoir,
non plus que de generosité, si l'on ne suit les maximes des
faux Braves.

Dans ces difficultez qui naissent de ces sentimens si esloignez sur le sujet de la Valeur, dans ces démeslez de la lumiere & des tenebres, dans cette guerre intestine, où la
Hardiesse & la Lascheté partagent les affections de tout
le monde ; l'on ne voit point de milieu pour accorder vne
querelle si insigne, que d'avoir recours au Roy & à Messieurs les Mareschaus de France ; afin qu'ils iugent ce
grand different, & qu'ils accordent des persones si illustres.

Nous avons veu le iugement de nostre Souverain,
lors que i'ay rapporté les Edits qu'il a faicts en faveur de
la Magnanimité contre son Ennemy, lesquels l'ont rempli de honte & de mespris. Celuy de nos grands Mareschaus de France le suit exactement, & le confirme avec
que respect. Ces vaillans Seigneurs qui n'ont iamais rien
tant cheri que la belle Generosité, à laquelle ils ont donné leur cœur dés les premiers momens qu'il a commencé de respirer, qui l'ont cherchée au milieu des perils & de
la mort, qui n'ont iamais eu d'autres occupations que
celle de la guerre, qui ont ajousté à l'esclat de leur naissance, tous les pompeus ornemens qui environnent les
victoires & des triomphes, qui ont terrassé les Ennemis de
nostre Monarque, forcé leurs villes qui paroissent im-
prenables, gagné des batailles dans vn danger continuel
de perdre la vie, estendu les bornes de la France, avec
vn bonheur fatal à ceux qui osoient s'opposer aux fou-

dres brillás de leurs Espées: Enfin qui ont graué la memoire de leurs faits dans les Estats de nos Voisins, par leur propre sang, & par celuy de nos Ennemis. Ces grands hommes dis-je, qui doivent tousiours plus à leurs merites qu'à la Fortune, comme les plus illustres Iuges de la terre sur les matieres de la Valeur, dont on ne peut appeller sans extravagance, ont prononcé hautement que le Duel estoit infame & mesprisable, & nous ont fait voir en donnant leurs avis sur ce sujet à nostre Souverain, que ce vice ne portoit aucun des caracteres de la veritable Generosité. S'il se rencontre apres cela des personnes qui entreprennent de blasmer vn si solide iugement, porté par de si grands Capitaines & par des Maistres si sçavans en la connoissance de la hardiesse & du point d'honneur, que doit-on legitimement penser d'vne telle timerité? Si vn ignorant en la science du droit passe pour ridicule, lors qu'il entreprend de reformer les consultations des plus habiles Aduocats, & les Arrests prononcez par les plus doctes & les plus equitables Iuges, ne sera-t'il pas iuste de dire, que ceux qui manquent au respect qu'ils doivent à ce que ces braves Seigneurs ont ordonné sur le sujet du Duel, se declarent eux-mesmes fort abandonnez du sens commun, & tres-dignes d'estre mesprisez de tout le monde? C'est neantmoins la folie que commettent tous les iours, ceux qui n'ont point iusqu'à cette heure donné les mains à la verité & à la Valeur, pour abandonner les tenebres & la lascheté. Ie m'imagine pourtant que dans le plus caché de leurs Ames, quand ils veulent prendre la peine de sonder leurs pensées sur ce sujet, ils sentent bien malgré la force de l'aveuglement qui les tyrannise, qu'ils

ne

ne sont pas ce qu'ils desirent aveeque tant de passion qu'on les croye, & que la craintiue émotion qui agite leur courage dans les occasions où il faut tirer l'Espée, leur apprend en secret, qu'ils ne meritent pas d'estre contez entre ces vaillans, que la peur n'y oseroit aborder.

Ie sçais bien que ie ne pourrois sans temerité, me mesler d'approfondir les conseils de cette Providence eternelle qui gouverne le monde, ny entreprendre de deviner les choses que sa Sagesse a resolu de nous faire voir; mais ie connois bien aussi qu'il m'est permis de raisonner, selon les ouvertures & les lumieres qu'il luy plaist de nous donner, sur les matieres de la Valeur, & d'en tirer les consequences qui nous paroistront tousiours infaillibles, quand elles seront appuyées sur les paroles Diuines. Elles m'apprennent dans les pages sacrées, que cette Majesté infinie oste le cœur à ses ennemis, & les réplit d'vn tel effroy qu'ils fuyent avec crainte, encore que personne ne les poursuive, qu'ils tremblent au seul bruit d'vne feuille, & que s'ils veulent obliger leur épouvante à se mettre en estat de resister, ils se voyent battus avecque tant de honte, que cent sont terrassez par cinq de ceux que la veritable Generosité assiste, & dix mille sont vaincus par vn cent de ces Braves.

Ie me persuade donc, apres ces genereus enseignemens que Dieu nous a donnez par sa bouche, & qu'il veut que nous imprimions dans nos cœurs, que ie suis bien fondé à croire que nostre siecle ne passera point que nous ne connoissions à la face de la Cour, & à la veüe des plus genereus hommes de ce Royaume, des choses à peu pres semblables à celles que ie descris. Quoy que ie fasse profession de garder beaucoup de retenuë en mes discours, & de

P

ne vouloir point fafcher ceux qui ne font pas encore delivrez de la baffe feruitude du Duel, ie m'imagine que ie ne feray rien contre ce fentiment, fi ie dis avecque liberté, que i'efpere ou qu'il fera entierement deftruit, ou que nous verrons la grande difference qu'il y a de nos Heros, qui méprifent ce Monftre de timidité, à ceux qui portent fes chaifnes. C'eft ce qui me perfuade, que lors qu'il fe prefentera quelque occafion legitime, dans laquelle ces veritables Vaillans feront obligez de faire briller leurs efpées contre ces foibles Gladiateurs, ils leur feront fentir qu'il n'y a point de proportion entre les forces de ceux, dont les courages font tout à fait inégaus. Peut-eftre vivray-ie encore affez pour voir trois ou quatre de ces duelliftes, plier fous la main hardie d'vn feul de nos Braves. Vn Seigneur de la Cour de Dauid arrefta bien vne armée, fans autre fecours que celuy qu'il recevoit de fa Generofité. Iudas Machabée avecque trés-peu de gens, obtint de grandes victoires contre des puiffances, dont le nombre exceffif luy devoit donner de la terreur. La main de Dieu eft toufiours forte, la Valeur fait toufiours produire de belles actions, & la baffeffe eft toufiours foible & abbatuë. Enfin il n'eft pas plus vray de dire, qu'il faut eftre dans les tenebres, où le Soleil ne monftre point de lumiere, qu'il eft folide de croire qu'il n'y a que de la lafcheté, où le Roy des Rois ne communique point de Valeur.

ON RESPOND AVX PRINCIPALES obiections, qu'on fait ordinairement à l'avantage du Duel: on descouvre la foiblesse de la premiere (qui est) qu'il y a long-temps qu'il a esté en vogue parmy quelques Nations voisines de la nostre, & on resoud celle de la seconde qui allegue, que quelques personnes de grande consideration ont donné des loüanges à cette action.

CHAPITRE XII.

IE me persuade qu'il seroit bien iuste, que la la lascheté du Duel cedast enfin à la beauté de la valeur, & que la verité triomphast du mensonge, & des aveuglemens qui ont si long-temps preoccupé nos esprits par leurs illusions prodigieuses. En effet on connoit desia que ces personnes esclairées, à qui la haute naissance & le grand air d'vne nourriture eslevée, donnent vne lumiere particuliere sur les bonnes choses, reçoivent sans peine les sentimens qui tiennent le party de la Generosité; mais il se rencontre encore beaucoup de ces gens, qui n'ayans pas l'esprit bien tourné, s'imaginent (s'il m'est permis de le dire) par vne stupidité estrange, qu'il n'y a rien de si charmant que la bravoure du Duel. Cette pensée les oblige à faire mille obiections contre ce que ie crois avoir assez raisonnablement prouvé; & tout cela (disent-ils) à cause que le point d'honneur est si delicat, qu'il ne faut pas negliger les moindres choses qui peuvent contribuër à le tenir en son lustre. Si ce sont les der-

P ij

niers devoirs qu'ils veulent rendre au Tyran, qui les a si faussement abusez, ie veux bien aussi contribuer quelque chose avec eux, pour l'ensevelir dans la demeure des damnez, où les Anciens ont crû qu'on passoit le fleuve de l'Oubly. Et pour achever le lugubre appareil de cette sepulture, ie me formeray les principales objections, que ces Messieurs ont accoustumé de faire, & qui renferment toutes les autres; Et i'y respondray avecque le plus de netteté qu'il me sera possible. I'espere que l'esclat qui sort de la Valeur, me donnera des lumieres pour les resoudre, aussi facilement que le Soleil dissipe les exhalaisons qui s'opposent à sa chaleur.

La premiere raison que les duellistes avancent pour defendre leur mauvaise cause, est que le Duel a esté en vogue pendant plusieurs siecles, parmy des Nations qui ne sont pas trop esloignées de la nostre; que les Saxons l'ont connu, aussi bien que les Lombards, & les Mores qui demeuroient dans les Espagnes.

Ie responds que tout ce qu'ils pretendent en cette occasion, ne iustifie point ce Monstre de Lascheté; s'il a seduit pendant vn temps quelques Estats de la terre, l'idolatrie en avoit bien trompé autrefois de plus considerables, & en plus grand nombre. L'erreur qui aveugle les Sectateurs de Mahomet, & tous ceux qui suivent les opinions des Heresiarques qui ont paru depuis deux siecles, occupent vne partie du monde, & toutefois la consequence seroit fort ridicule, si l'on pretendoit à cause de cela, que toutes ces fausses religions doivent passer pour veritables. De mesme le crime dont nous parlons, n'en est pas moins lasche pour avoir obtenu quelque estime par ses illusions, sur l'esprit des Sujets de tous ces Estats differens.

Si nous les examinons chacun en particulier, nous verrons qu'ils n'ont rien de fort relevé, & que ces peuples ne nous sont presque connus, qu'à cause que nous les avons domtez. Sans rapporter toutes les particularitez, qui nous prouvent ce que ie dis, il ne faut que remettre dans sa memoire le seul regne de Charlemagne, il esclairera cette verité, & fera connoistre que ce Prince domta les Saxons, chastia plusieurs fois leurs revoltes, extermina l'Empire des Lombards d'Italie, & donna vn tel effroy aux Mores d'Espagne, qu'aprés les avoir battus, il les obligea de luy faire hommage.

S'il faut examiner la chose plus particulieremet, nous trouverons que ce n'est pas vne grande merveille, ny vn grand avantage pour ce vice, qu'il ait esté nommé dans quelques Histoires, puisque nous voyons tous les iours, que leurs pages sont chargées des crimes les plus noirs que les hommes ayent iamais commis.

Les meurtres, les laschetez, les trahisons, les incestes, les pilleries, & mille autres méchancetez que tout le monde deteste, servent de matiere à l'Histoire, quoy que son dessein ne soit pas de nous les proposer, comme des choses qui meritent nostre approbation ; mais plustost comme des obiects qui doivent donner de l'horreur à tous ceux qui les lisent. C'est dans ce sentiment qu'elle nous rapporte quelques exemples de la manie du Duel, que nous considerons à cette heure ; qu'elle traitte pourtant avecque plus de mespris que toutes les autres mauvaises actions, puis qu'elle en parle bien plus rarement.

Il semble qu'elle ait pris plaisir de nous faire connoistre, qu'il devoit estre oublié des hommes, aussi bien que mesprisé par leur courage, & si elle nous fait voir quelques personnes considerables, qui soient tombées dans ses pieges, c'est comme elle nous produit les defauts des plus illustres personages, qui ayant tousiours part à la foiblesse, qu'on reçoit avecque la naissance de la Nature corrompuë, se laissent quelquefois emporter aux choses qui sont contre leur honneur & contre leur devoir. Ainsi Alexandre, que tous les Auteurs loüent avecque tant d'empressement, nous est monstré par eux-mesmes infecté de l'ivrongnerie, & de la cruauté qui luy fait tuer laschement ses meilleurs amis, au milieu des reioüissances & des festins: ils nous en produisent vne infinité d'autres qui ont plié avecque honte, quoy que d'ailleurs estimables, sous le ioug honteus de plusieurs vices.

Il est tres-asseuré que ce crime estoit reputé si bas & si mesprisable par les grands hommes, que bien qu'ils tombassent tres souvent en d'estranges fautes, & qu'ils ternissent l'esclat de leur vie par la corruption de plusieurs vices, ils ne se laissoient pourtant iamais aller à celuy-cy: tant il imprimoit d'horreur à leurs Ames passionnées pour la solide generosité. Ie suis mesme certain, que quelque soin que les plus curieus partisans de cet ennemy de la Valeur, puissent avoir de chercher dequoy autoriser ses illusions, ils ne sçauroient rencontrer dans les monumens publics des actions des peuples, que tres-peu de personnes qui ayent sacrifié à cette fausse Idole, & l'on verroit encore, que la plus grande partie estoit entrée en ce combat particulier, pour des raisons bien esloignées de celles qui y ménent aujourd'huy avec tant de bassesse; car c'estoit pour l'ordinaire entre des nations ennemies, afin de decider par vn petit nombre, les querelles qui en faisoient perir vn tres-grand de vaillans hommes, ou pour l'honneur de ces mesmes Nations, ou pour l'appuy des personnes affligées: ce qui paroissoit, en ces siecles que la lumiere veritable n'avoit pas encore si fort esclairés que le nostre, aucunement supportable, & en la plus part des rencontres, mesmes digne de loüange, & de porter vn nom bien contraire à celuy de Duel.

Si l'on obiecte par vne seconde raison, que quelques-vns des Grands qui ont condamné ce crime en public, le loüoient en particulier, & donnoient leur approbation à ceux qui se laissoient vaincre à ces trompeuses apparences.

Ie diray que cette obiection n'a point de force presentement, & que cette faute que les hommes ont quelquefois pû commettre, comme quantité d'autres, ausquelles ils se laissent aller tous les iours, n'est plus en regne dans nostre siecle. Nous sçavons que le genereus Monarque qui nous commande, les grands Seigneurs, & principalement Messieurs les Mareschaus de France, ont l'esprit trop esclairé pour se laisser surprendre à la foiblesse qui leur feroit loüer la Lascheté, à la place de la Valeur. Leurs sentimens particuliers sont les oracles publics, qu'ils prononcent sur ce sujet; mais quand mesmes la chose seroit telle qu'on la propose, & que beaucoup de personnes illustres tomberoient dans cette erreur, cela ne tireroit à aucune consequence. La verité qui accompagne l'essence de toutes les choses, n'est point interessée en elle mesme par les tenebres des yeux aveuglez, qui la considerent sans la pouvoir connoistre. Nous sçavons que le Pape mesme qui porte l'infaillibilité en ses paroles, quand il les annonce dans le Trosne de l'Eglise, n'est pas tousiours assis sur cette Chaire, environné des splendeurs de la lumiere eternelle, il a des heures où il boit, où il mange, où il entre en conuersation avecque les hommes, & lors tout ce qu'il dit, ne nous tient pas lieu d'Article de foy. Les plus equitables juges ne prononcent pas des arrests en tous leurs discours particuliers, & les Generaus d'armées ne parlent pas tousiours avecque le commandement & l'autorité de leurs emplois: ainsi il s'est pû faire que des hommes considerables ayent quelquefois oublié en leurs discours familiers, le respect qu'ils devoient continuellement aux veritables sentimens de la Generosité, & qu'ils avoient declarez si à propos dans les occasions publiques. Cela vient de ce qu'ils avoient recherché la clarté en celles-cy, avecque plus de soin que dans les conuersations particulieres. Nous contraignons nos foiblesses, & nous cachons nos defauts au milieu des grandes assemblées, & taschons tousiours d'y passer pour ce que nous devons estre; mais devant nos amis & nos domestiques, nous nous y laissons tres-souvent emporter. C'est par cette fragilité que ceux dont nous parlons, ont failli en cette rencontre. Leur Cœur ne s'est pas trouvé rempli du mesme feu de generosité, dans leurs maisons & dans les douceurs de la promenade, qu'il auroit esté dans le pompeus appareil d'vne action celebre, où il auroit fallu descouvrir hautement le plus caché de leur pensée. Les delices de l'oisiveté effacent souvent, si l'on n'y prend garde, les nobles idées que la Valeur met dans le courage, pendant la chaleur d'vne bataille. avecque

Avecque le respect que ie veux rendre à toutes les personnes de qualité, ie leur demande permission de dire, à cette heure qu'on ne voit gueres paroistre ce defaut, qu'il est trop indigne de leur naissance pour s'y laisser emporter, il est propre à ceux qui aiment la timidité. C'est pourquoy il doit estre esloigné de l'ame des Braves, que la hardiesse n'abandonne iamais. Parler bien en public, & se dédire en particulier, c'est ressembler aux Comediens, qui representent les Alexandres, les Cesars, & tous les autres Heros sur le theatre, & dans lesquels on ne voit rien esclater de ce qui paroissoit d'illustre dans ce lieu public, lors que ces gens ont quitté leurs habits pompeus, & qu'ils ont repris avecque les leurs ordinaires les passions & les sentimens qui sont propres à la bassesse de leur condition.

LA TROISIESME OBIECTION EST renversee, qui pretend maintenir le Duel, à cause que la pratique en estoit receuë dans tout le Royaume, entre les personnes de condition; & l'on destruit la quatriesme, qui soustient que les ieunes gens qui entrent dans le monde, ne peuvent renoncer à ce combat, sans faire tort à leur reputation & à leur honneur.

CHAPITRE XIII.

Les partisans de ce crime disent comme vne chose fort considerable, que le Duel est establi depuis tres-long temps, par vne coustume qui passe presque pour loy dans le Royaume entre les personnes de condition, & que c'est entreprendre vne chose impossible que de pretendre la destruire.

Ie pense que pour esclaircir leur difficulté, il suffit de les supplier de considerer tout ce qui a esté dit contre ce vice, sans qu'il soit besoin de le repeter, & que par là ils verront que cette coustume a esté fondée sur vn aveuglement qui ne se peut soustenir, & qu'elle a fait trouver la lascheté, à ceux qui s'imaginoient que par son moyen ils devoient rencontrer la Valeur. Il me semble que cette lumiere doit servir aux Braves qui ont veritablement du cœur, pour leur faire detester cette tromperie avec autant de haine, que les aveugles qui l'ont reverée, avoient d'estime & d'amour pour elle. On ne s'attache gueres à suivre vn mauvais chemin, quand on reconnoit qu'on s'est egaré, & qu'il conduit dans des precipices. C'est par ces raisonnemens que l'on s'est deffait d'vne infinité de choses que nos anciens faisoient, lesquelles n'ont plus maintenant d'approbateurs, & l'on ne peut considerer les habits des vieux Gaulois, & les hauts-de-chausses à la Suisse qu'on a portez dans ce siecle, sans rire de la maniere dont ces ajustemens estoient composez. Elle paroist aussi ridicule à cette heure, que leur galanterie qui n'est plus à la mode, & il se trouve peu de gens raisonnables, qui prennent autant de plaisir à lire le Roman de la Rose, que les Cyrus, les Cleopatres, & les beaux vers des excellens Genies de ce temps. Le vieux langage que parloient nos premiers Rois, n'est plus receu dans la Cour, & la veritable lumiere a fait connoistre que les peuples de France, qui vivoient du temps que l'on sacrifioit aux Idoles, estoient extremement abusez. Il y a eu des Nations assez emportées de fu-

reur pour detester le Soleil, & le combattre à coups de fléches, & il se trouve encore entre les peuples du nouveau
monde, des gens qui ont pour loy solemnelle, de man-
ger les corps de leurs parens quand ils sont morts, & qui
croyent que cette estrange cruauté est le plus iuste devoir
qu'ils puissent rendre à leur memoire. Ie ne pense pas qu'il
se rencontre personne en France, qui voulust se persuader
qu'il est legitime de faire toutes ces choses, que nous blas-
mons presentement, parce qu'vne partie de ces mesmes
choses a esté autrefois en vogue, & que l'autre se pratique encore parmy les Sauvages. Elles ont esté mesprisées,
lors qu'on a veu qu'elles meritoient qu'on les abandon-
nast : faisons-en de mesme du Duel, & ne l'autorisons
plus par la consideration de la mauvaise coustume qui
l'a indroduit. Apprenons par la pratique des siecles passez
& par ce que l'on fait tous les iours dans le nostre, à quitter
ce que nous connoissons digne de mépris, pour embrasser avec chaleur les avantages d'vn bien solide, & qui
marche environné de tant de pompes effectives.

Ces Gladiateurs soustiennent leurs foibles sentimens
d'vne quatriéme raison, que ie ne crois pas meilleure que
la troisiéme, que nous venons de condamner. Ils disent
que ceux qui ont donné des preuves de leur courage,
par les belles actions de leur vie, peuvent bien veritablement ne pas faire grand cas du Duel, parce qu'on ne
croira iamais que ce soit par lascheté qu'ils le quittent,
mais que pour les ieunes gens qui commencent à entrer
dans le monde, & qui n'ont encore rien fait de considerable, cela est tout à fait impossible; dautant que le refus
qu'ils feroient de se battre, serviroit de tombeau à leur
valeur & à leur reputation.

Q ij

Si l'vne ou l'autre de ces deux choses se trouvoit veritable dans le mépris, qu'on leur conseille d'avoir pour ce crime, ie pense qu'ils auroient quelque raison d'y apporter beaucoup de difficulté ; mais puisque bien loin de là ils trouvent la Valeur, & fuyent la plus basse Lascheté, ie ne vois pas ce qui les peut empescher de prendre vn dessein si genereus. Messieurs les Mareschaus de France, & vn grand nombre de braves hommes ont reconnu les illusions, qui avoient iusqu'à cette heure caché les timiditez du Duel, sous les apparences de quelque chose d'éclattant. La ieunesse ne doit pas faire difficulté de suivre leur connoissance si solide, ie ne crois pas qu'il luy soit honorable de commencer par vn sacrifice à la Lascheté. Il s'est trouvé autrefois des peuples si ridicules, qu'ils en faisoient à la Peur, & la reveroient comme vne Deesse ; mais c'estoit afin de n'en estre pas tourmentez. Icy l'on fait encore pis, car on s'abandonne à cette passion, en se soûmettant au Duel, qui porte continuellement en son sein la honte de toutes ses terreurs.

Si ceux qui se produisent à la Cour dans cet âge agreable, qui doit pousser avec vne noble Generosité, des mouvemens illustres pour toutes les bonnes choses, se croyent exemts de suivre ceux qui cherchent la Valeur ; parce que la delicatesse de leurs ieunes années, tient encore de la premiere enfance, qui est toute pleine de foiblesse, & qui leur permet de tout apprehender, ie crois qu'ils feroient fort bien de quitter leur espée, & de la changer en quelque chose de plus doux : car cette crainte qu'ils ont de renoncer à ce qui est veritablement lasche, est la marque d'vn courage fort abbatu, & fait coniecturer avec sujet, qu'ils ne sont pas nez pour estre vaillans. Il faut, ce me semble, qu'ils cherchent vne profession qui soit proportionnée à la complexion timide dont ils sont si mal traittez ; aussi bien est il impossible qu'ils puissent reüssir dans vne sorte de vie, où la hardiesse est absolument necessaire : mais si effectiuement leur sang est eschauffé du beau feu qui fait les veritables Braves, ils mépriseront ces lasches pensées, qui taschent à leur persuader qu'ils ne doiuent pas laisser les vieilles resveries du Duel, pour suiure le grand chemin de la plus haute Valeur qui ait iamais esté parmy les hommes.

S'ils veulent écouter mes auis, ils se moqueront de ceux qui inspirent ces basses maximes, comme l'on feroit d'vn vieux radotteur, qui s'efforceroit ridiculement de faire danser la Volte ou la Pavane dans les grandes Assemblées du Louvre ; parce qu'elles y ont autrefois esté dansées, & ils feront d'abord vne profession ouverte de ce qu'ils auront dans l'ame, declarans hautement qu'ils sçauent fort bien, que quoy qu'ils n'ayent pas encore donné des preuves de leur courage, on ne les en estimera pas moins, iusqu'à ce qu'ils ayent fait voir ce qu'ils valent.

S'ils suiuent mon conseil, ils diront qu'ils quittent le Duel, comme vne chose pleine d'infamie, pour suivre les sentimens de tant d'illustres personnes, ausquelles ils doiuent avecque iustice, toute sorte de déference, principalement sur les matieres de la Valeur, & qu'ils esperent en peu de temps, par le soin qu'ils prendront de se signaler dans les belles occasions de la guerre, faire voir qu'il n'y a rien dans leurs sentimens qui ne soit genereus. Ils publieront que s'ils se trouvoient attaquez par ces sortes de gens, qui ont de l'estime pour le vice qu'ils veulent abandonner, ils leur feroient connoistre la difference qu'il y a entre les veritables Braves, & ceux qui sont poussez par le mouvement qui preside à la lascheté du Duel. Ils declareront enfin, que ressentants en eux-mesmes la chaleur qui les anime, ils sont asseurez qu'vn peu de temps la fera paroistre à tout le monde, & que s'ils rejettent cette meschante coustume, qui a si imperieusement regné dans le cœur de la Noblesse de ce Royaume, c'est parce que voulant estre vaillans, ils ont reconnu qu'elle conduisoit à la derniere timidité.

Ie suis asseuré, si les ieunes Gentilshommes se veulent ainsi produire, qu'ils ne trouveront pas vne seule personne raisonnable, qui blasme vn si genereus procedé, & ie me trompe fort, si ceux mesme qui aimeront encore la manie que ie combats, ne les considerent avec estonnement: tout ce qui part d'vn courage ferme & d'vne ame veritablement grande, porte de si beaux caracteres de la noble source, d'où il tire son origine, qu'il iettent tousiours l'admiration & l'estime dans l'esprit de ceux qui le voyent. L'illustre valeur des Heros qui prendront cette voye asseurée, les fera considerer, comme de nouvelles merveilles qui viennent embellir la Cour: on verra avecque estonnement, & avec vne surprise avantageuse pour eux, la veritable Generosité qui les pousse, mespriser les charmes & les illusions, dont la fausse tasche d'esbloüir les yeux qui ne sont pas assez fins pour en remarquer la tromperie.

Pour faire que cette entrée de nos ieunes Seigneurs soit plus considerable dans la Cour, qui est le plus pompeus theatre de la terre, & où les belles choses s'estallent avecque plus d'esclat, ie crois qu'il est à propos de leur donner deux avis; le premier est de s'attacher plus fortement mesmes qu'à l'ordinaire, à rechercher les occasions que la guerre offre tous les iours, afin de faire connoistre, en signalant leur hardiesse, que ceux qui mesprisent le Duel, le font à cause de sa propre laschete, & du desir qu'ils ont de travailler en s'acquerāt vn veritable honneur, à meriter avec iustice, le nom de *Braves* & de *Vaillans*. L'Italie, la Flandre & la Catalogne, Sont des champs qu'ils peuvent rendres fertiles en belles actions, & le soin qu'ils prendront de se pousser au milieu des Escadrons ennemis, & d'enfoncer leurs bataillons, seruiront de marques authentiques, & de monuëmens perpetuels à leur courage & à leur renommée.

Mon second avis est de prendre soigneusement garde, en conseruant dans leurs paroles toute la retenuë que doivent avoir des gens de leur condition, qui sont tres-esloignez d'offencer iamais personne, de porter neantmoins, dans les occasions qui se presenteront, où l'on voudra sonder leur courage, les interests de la belle Valeur, d'vne hauteur digne du principe d'où elle dérive, & de traiter l'infame Duel de tous les mespris qui luy sont deubs.

Il est bon de faire sentir que la crainte de cent fanfarons, n'esbranle point la fermeté de ceux qui sont fondez sur vne generosité, que rien du monde n'est capable de diminuer. Il faut en ces rencontres, que le feu qui eschauffe le sang des vaillans, & qui brille iusques sur leur visage, iette la terreur & l'effroy dans l'ame timide de ces pasles Bretteurs, qui oseront entreprendre de faire des appels.

Pourveu que les paroles avecque lesquelles on leur répondra, ne soient point iniurieuses, elles ne peuvent estre trop hardies, trop hautes, & trop meprisantes : car elles doivent estre animées du zele de la gloire de la suprême Valeur, qui sort du Fils de Dieu. Comme il est le seul qui la peut donner, il est aussi le seul qui la peut soustenir d'vne hauteur digne de luy, & de l'admiration de toutes les Creatures raisonnables. Aussi est-ce en sa Force que l'on doit parler en ces rencontres, & le soin de defendre ses interests, sera recompensé de sa protection, & de tout ce que la Valeur à de plus illustre & de plus esclattant. Il sçaura bien defendre son droit, couvrir d'honneur ceux qui le porteront hautement, & d'vne confusion terrible ces petits Messieurs, qui veulent s'esleuer dans la lascheté du Demon contre sa divine Majesté.

Ie ne crois pas qu'il y ait des gens qui s'imaginent que la gloire des ieunes Gentilshommes, qui en vseront ainsi, soit moins avantageuse qu'elle auroit esté s'ils avoient commancé par les infames combats que nous detestons. Ie ne doute point qu'elle ne soit cent fois plus belle ; car enfin c'est vne chose tres-certaine, qu'il seroit plus difficile de cacher le feu qui auroit embrasé vne grande maison, que d'empescher que la valeur qui anime vn ieune vaillãt, ne paroisse avec vn esclat digne de loüange. Que ceux qui sont pourveus de cette noble vertu, ne craignent donc pas, que faute de la faire voir par la lascheté, elle demeure ensevelie, elle paroistra mille fois davantage, & celuy qui la donne pour recompense des bonnes actions, comme il l'oste pour la punition des crimes lasches, la fera voir en tout son lustre. Et quand l'enuie des hommes tascheroit

roit de la cacher, les pierres mesme, & les choses inanimées parleroient plustost miraculeusement, pour annoncer les triomphes de ceux qui possedent cette illustre perfection.

RESPONCE A LA CINQVIESME objection, qui allegue qu'il n'y a point de bonne reparation aux offenses, que par le moyen du Duel.

CHAPITRE XIV.

La cinquiesme chose qu'objectent les amis du Duel, c'est qu'il est impossible de trouver de reparation aux offenses que l'on a receuës, qu'en se battant contre celuy qui les a faites.

Si ce combat n'est point vne marque de courage, & si la satisfaction de celuy qui a esté offensé, est plus grande & plus avantageuse, quand elle luy est faite par le commandement de Messieurs les Mareschaus de France, ou de ceux qui sous leur autorité se meslent des accommodemens, que s'il l'avoit prise luy-mesme; ie ne vois pas sur quoy fonder cette necessité imaginaire de se battre en Duel, pour la trouver.

Tout ce discours ayant esté entrepris pour faire voir la lascheté de cette manie, il ne faut que s'en ressouvenir pour la condamner à l'heure mesme, de peu de cœur. Pour ce qui regarde la meilleure satisfaction que l'on puisse recevoir, il est aisé de iuger qu'elle ne peut estre en vne action si mesprisable. Et en effect, à moins que de vouloir s'accabler soy-mesme d'vn nouveau mal, plus dangereus que le premier, vn homme outragé ne doit point adjouster la honte de ce vice timide, au desplaisir qu'il a d'avoir esté offensé.

L'experience fait assez connoistre que tres-souvent il arrive entre deux hommes, aussi peu vaillans l'vn que l'autre quand ce crime les possede, que celuy qui a le plus de tort, ne laisse pas d'avoir l'avantage dans ce combat, d'où la iustice est bannie: de sorte que la satisfaction que l'on remporte, est d'estre battu par son Ennemy, qui devroit iustement demander pardon. Si cette maniere de reparer l'offense que l'on a receuë, est conforme au sens commun, ie m'en rapporte à tous ceux qui voudront considerer la chose avecque la lumiere de la verité, & qui ne se laisseront point offusquer par les tenebres, que les illusions des Demons iettent continuellement dans l'esprit de la plus grande partie du monde.

Ie ne pense pas qu'on vouluft pretendre, qu'vn pauvre miserable mal-traitté, desarmé, & quelquefois mesprifé en suitte, de son vainqueur qui l'avoit desia offensé, soit en meilleur estat & plus rempli d'honneur, que celuy auquel Messieurs les Mareschaus de France auroient fait faire toutes les grandes soûmissions, que la qualité de l'injure qu'il auoit receuë, pouvoit meriter. Si cela estoit, il faudroit conclure par vne consequence, qui suivroit necessairement de ces sentimens déraisonnables, que tous ceux qu'on accommode tous les iours & qui demeurent apres cela fort contens, recevroient vne grande tache à leur honneur, & que ces illustres Iuges de la plus belle chose du monde, & le Roy mesme, par le commandement duquel ils agissent, n'entendroient rien en ces matieres, & que leur esprit ne seroit pas si éclairé sur le point d'honneur, que celuy de quantité de ieunes gens, qui sont tout pleins de legereté, ou que celuy des plus insolens laquais qui se battent, avec beaucoup de mespris pour les accommodemens.

Cette pensée qui fait preferer à ces grands hommes qui ont gagné tant de batailles, & porté la reputation de leur nom aussi loin que le bruit de leurs conquestes peut aller, ces petits fanfarons qui n'ont iamais rien fait de considerable que de bien tirer en volant, de dire peu spirituellement quelques impietez dans leurs débauches, & de crier en iurant qu'il ne faut point attendre d'autres satisfactions aux offenses qu'on a receuës, que celle qu'on se fait faire soy mesme: Cette pensée, dis-je, me semble aussi ridicule que seroit celle qui voudroit persuader, que ces mesmes ieunes estourdis sans experience, sont aussi capables de comander les armées de sa Majesté, que nos plus illustres Generaus qui ont executé tant de choses considerables, & dignes de la gloire qu'ils se sont acquise par mille actions esclatantes. C'est pourtant où va avecque tant de fausseté, le secret raisonnement de ceux qui pretendent qu'on ne peut, sans faire tort à sa reputation, s'addresser à ces vaillans Iuges (suivant ce qu'eux-mesmes ont reglé) pour leur demander la reparation des offenses. Si cette voye chocquoit la plus belle Generosité, ils ne l'auroient iamais approuvée; puisque c'est leur noble employ d'inspirer à tout le monde, & de donner avecque lumiere, la connoissance aux Gentilshommes de ce que la Valeur a de plus beau. Quiconque peut douter qu'en suivant leurs sentimens magnanimes, on ne s'esleve pas iusqu'au plus haut point de la Gloire, merite que l'on doute avecque raison, de son esprit & de son courage. Puisque ceux qui en matiere de science & de gouvernement d'Estat, rejettent les maximes les plus approuvées de ceux qui entendent le mieux ces choses, passent sans contredit pour ignorans & pour tres-mauvais Politiques; n'est-il pas bien iuste que les personnes, qui mespriseront les iugemens esclairez de Messieurs les Mareschaus de France, sur le sujet de la Generosité & de l'honneur, passent aussi pour des gens qui n'ont gueres ny de l'vn ny de l'autre?

La reparation qu'on demande aux injures, ne doit pas passer pour l'effet d'vn courage abaissé, ou pour vne marque de la crainte qu'on a de son ennemy; au contraire cette action est fondée sur la iustice & sur la magnanimité qu'il y a à suivre les mouvemens de l'illustre Valeur, que donne le Roy des Rois. Il veut mesmes que l'on en vse ainsi, afin de faire connoistre que ce n'est point la cruauté inseparable de la timidité, qui anime les vaillans, ny le desir de la vengeance qui possede ordinairement les ames basses, mais vn noble soin d'observer les Loix augustes, que les Souverains ont faites, pour servir de lumiere & de conduite à leurs plus genereus Sujets.

Ceux qui en vseront ainsi, & qui tesmoigneront par tout le reste de leur vie, la belle chaleur qui les eschauffe, ne doivent point craindre de perdre la reputation qu'ils estiment avecque tant de sujet. C'est ce qui la maintiendra, & la fermeté avecque laquelle ils observeront les ordres de ceux à qui ils doivent obeïr, servira d'vn grand lustre à toutes leurs actions. Si nous voyons tous les iours que les plus grands Seigneurs de ce Royaume, aussi bien que les moindres personnes, demandent à la Iustice les biens qu'ils pretendent qu'on leur detient iniustement, sans s'emanciper de les prendre eux mesmes la force à la main, pourquoy ferons nous difficulté de nous addresser à des iuges aussi considerables que sont Messieurs les Mareschaus de France, pour la reparation des offenses qu'on nous aura faites? Enfin il faut demeurer d'accord que l'on ne peut avecque raison, refuser de se soumettre à ce qu'ils ordonnent, aussi bien que l'on fait tous les iours aux Arrests que donnent les Parlemens. Nous ne pouvons penser avecque Iustice, qu'ils soient moins esclairez sur les choses d'honneur, que ceux qui president dans les Cours Souveraines, le sont sur celles qui regardent les biens, la Fortune, & la vie mesme des hommes de toutes les conditions de cet Estat, qui ne refusent iamais d'obeïr à leurs Iugemens.

C'est pourquoy, puisque ces vaillans Seigneurs trouvent à propos, comme vne pratique legitime & honorable, qu'on s'addresse à eux, ou aux Gentilshommes qui agissent de leur part dans l'accommodement des querelles, pour leur demander la iuste satisfaction qui est deuë aux offenses; il faut conclûre avecque toute la raison possible, que pour refuser de se soûmettre à cette loy si bien establie, il est necessaire de confesser qu'on a perdu le raisonnement, & il faut avoüer que ne sentant pas en soy-mesme vn courage veritablement affermi par la hardiesse, on s'amuse à mille pointilleries ridicules; ainsi que dans les procez, ceux qui voyent que leur cause n'est pas bonne dans le fonds, ont recours à la chicane, pour chercher par ce moyen quelques embarras, qui puissent cacher pour vn temps, la connoissance de leur mauuais droit.

LA SIXIESME OBIECTION EST que l'exemple des Braues du temps passé, qui faisoient des actions esclatantes par le secours du Ciel, n'a point de force contre le Duel; dautant que nous ne sommes plus au temps des miracles: cette difficulté est resoluë.

CHAPITRE XV.

Ors qu'on fait voir à ceux qui aiment le Duel, que les veritables Braues qui ont esté fortifiez de la Valeur du Fils de Dieu, ont fait des choses bien plus releuées & plus éclatátes que tous les autres hommes, qui ont tesmoigné auoir quelque generosité; ils disent pour la sixiesme raison, dont ils pretendent defendre leur crime, que cela estoit bon du temps des miracles, mais que maintenant il ne s'en fait plus; qu'on ne trouue point dans ce siecle, de ces personnes fameuses qui font mourir des milliers d'hommes de leurs mains; qui arrestent des Armées entieres, & qui les mettent en desordre, ainsi qu'on fait les Samsons, les Ionathas, les Dauids, & les illustres vaillans de la Cour de ce grand Roy.

Auant que de faire voir la foiblesse de cette objection, ie crois estre obligé de combattre en peu de mots, la manie qui possede vne infinité de gens, qui s'imaginent que les actions de la plus belle Valeur, sont d'autant moins considerables, qu'elles sont faites par le secours du Ciel: comme si cet avantage, en quoy consiste leur principale excellence, diminuoit le prix de la plus illustre Generosité. C'est-là le dernier de tous les abus, & la plus ridicule de toutes les pensées. C'est faire comme celuy qui mespriseroit la richesse des habits, parce que les perles & les diamans y paroissent avecque trop d'esclat, ou qui voudroit ne pas estimer les plus pompeus spectacles, que la magnificence des Rois nous fait voir à cause que ce sont les marques de la grandeur des Souverains. Il faut asseurément avoir l'esprit troublé des plus noires vapeurs, qui puissent sortir des abysmes, où habitent les Demons, pour se persuader qu'vn Heros, que le Fils de Dieu a enrichi des plus precieus caracteres de sa magnanimité, n'est pas plus estimable que ces hommes du commun, qui n'ont rien que par la foible assistance de la Nature, laquelle estant pleine de corruption, entraisne tousiours avec elle mille bassesses & mille terreurs, ainsi que les ruisseaus qui passent au travers des villes pleines de boües, se chargent de saletez & ne peuvent s'empescher de les faire couler avec eux. Il faut donc quitter cette fausse pensée, & pour n'estre point trompé, croire avecque fermeté, que la noble Valeur n'a iamais marché sans le secours du Roy des Rois. Celle mesme qui n'est que naturelle, est vn present de la liberalité divine; quelle apparence donc d'estre plus touché de ses effects, que des productions que nous fait voir cette Valeur magnifique du Fils de la Vierge, qui sort de la divinité, aussi bien que tous les autres dons naturels? mais qui en sort d'vne maniere bien plus belle, bien plus illustre, & bien plus esclatante. Nous ne pouvons nier que le mouvement qui nous fait prendre le party de la generosité naturelle, contre celuy de la generosité qui vient de la Grace, ne soit vn mouvement iniuste. Il est aussi produit en nous par vn secret instinct que le Prince des tenebres y a mis, qui nous donne plus d'amour pour nostre propre malignité, & pour nostre nature corrompuë, que pour les merueilleuses beautez que l'homme-Dieu veut respandre en nous par sa liberalité infinie. Ce sentiment malicieus nous porte tousiours insensiblement, sans mesmes pour l'ordinaire, que nous y fassions reflexion, à mespriser les choses grandes & divines, & à les abaisser autant qu'il nous est possible. C'est le caractere tenebreus que nous portons en nous mesmes ; c'est la marque de nostre intelligence secrette avec ce lasche Esprit, qui est l'ennemy irreconciliable de toutes les grandeurs de la divinité. Ces fondemens establis, il est facile de resoudre la difficulté qui a esté proposée.

Pour y respondre, ie pourrois dire que ie ne pretendrois pas, que pour estre fort brave, il fallust posseder vne Valeur qui allast iusqu'au point merveilleus, où ces grands Heros que ie viens de nommer, ont poussé la leur. Toutes les Histoires sont remplies des actions des plus genereus hommes des siecles passez, ausquels on ne deniera iamais le nom de tres-vaillans, quoy qu'effectivement ils n'ayent pas executé des choses si prodigieuses que celles de ces Braves, tout à fait extraordinaires. Et dans nostre temps nous connoissons vne infinité de personnes, qui ont veritablement vne fort grande Valeur & vne reputation tres-esclatante, encore que leurs faits dignes de loüange n'approchent point du miracle : de sorte qu'il est aisé

& la Lascheté du Duel. 137

aisé de voir par là, que pour estre du nombre des veritables Genereus, il n'est pas necessaire de produire des actions si miraculeuses; ce qui doit satisfaire à l'obiection qui a esté faite.

Mais afin de contenter Messieurs les duellistes, iusqu'au delà de tout ce qu'ils devroient esperer de moy, & de pousser nostre illustre Valeur plus haut que l'imagination des hommes ne peut aller, si elle n'estoit point soustenuë par vn raisonnement appuyé sur les principes de de nostre Foy, ie les prie de considerer, qu'on appelle *miracle* tout ce qui est eslevé par dessus les forces de la Nature, & qui se fait par vne cause puissante, où elles ne peuvent atteindre, & dont la vertu les surpasse infiniment. Cet ouvrage surnaturel se divise encore en deux genres, dont l'vn tout à fait exterieur, frappe nos sens d'vn estonnement qui les surprend, & d'vne admiration qui les ravit, comme lors qu'on voit ressusciter des morts, ou bien marcher à pied sec sur les eaux, & quantité d'autres choses prodigieuses, qui iettent dans l'esprit de ceux qui les considerent, le respect & la veneration pour la Divinité qui les fait paroistre. L'autre genre est tout à fait interieur, inuisible à nos yeux, & insensible pour l'ordinaire à nos sens, qui sont trop bas & trop grossiers, pour appercevoir, ou pour sentir des choses si relevées au dessus d'eux. Telle est la production de la Grace dans les Ames, par le moyen de laquelle on est changé interieurement de telle sorte, qu'au lieu qu'auparavant on estoit esclave du Diable, sujet à toutes les peines de l'Enfer, & environné de tout ce que le malheur peut avoir de plus fascheus, on devient enfant de Dieu, membre du Verbe incarné, & associé à toute l'illustre compagnie de tant de grands Rois

S

qui regnent eternellement dans le Ciel. Tel est encore le changement qui se fait entre les mains du Prestre (lors qu'il prononce les paroles Sacramentales) de la substance du pain & du vin, en la substance du Corps & du Sang de Iesus Christ. Cette derniere sorte de miracle est incomparablement plus relevée, que la premiere. C'est le miracle perpetuel que le Fils de Dieu à laissé à son Eglise, pour l'eslever en luy, d'vne façon à quoy toute la Nature ne peut rien entendre, si elle n'est esclairée d'vne lumiere qui vienne d'enhaut.

Le premiere genre est propre pour les infideles, qui n'ont pas la Foy ny la Grace; & qui ont besoin de quelque chose de sensible pour les toucher & les conuertir; mais le second comme plus precieus, est pour les vrais heritiers des beautez & des richesses de la majesté Divine. C'est par luy qu'ils sont entretenus dans l'ordre supréme de la Grace, qui surpasse inconceuablement celuy de la Nature: c'est par luy que le puissant Roy de tous les Rois communique continuellement aux siens, tout ce qu'il a de grand, tout ce qu'il a d'excellent, tout ce qu'il a de perfections; puis qu'il se donne luy mesme. Et c'est enfin par cette communication veritable & reëlle, qu'il jette incessamment dans l'ame & dans le courage de ses illustres vaillans, sa plus belle Valeur & sa generosité, qui surpasse la generosité naturelle de tous les hommes ensemble, & mesmes celle de tous les Anges, s'ils estoient demeurez dans la premiere qu'ils receurent au moment de leur creation; car ils n'estoient point formez dans la Divine de ce grand Monarque, en la force de laquelle i'ay fait voir, qu'ils vainquirent puissamment les Demons qui vouloient s'égaler à Dieu.

& la Lascheté du Duel.

C'est par cette verité que la lumiere de nostre Religion m'inspire, que ie réponds à l'objection proposée, & que ie dis qu'il est veritable, que les Braves de ce temps, qui reçoivent leur Valeur du Fils de la Vierge, la possedent pour le moins aussi haute, aussi solide & aussi excellente, qu'ont fait ces grands Heros dont l'Escriture saincte nous annonce des faits si miraculeus, qu'on auroit peine à les croire, si Dieu mesmes ne les avoit consignez à la posterité par la fermeté de son esprit. Ces vaillans des premiers siecles n'avoient la leur que par la vertu de Iesus Christ, qui n'estoit pas encore né, & nous avons la nostre en celle de ce mesme Seigneur, vivant au milieu de nous, & tres-souvent dans nous-mesmes. C'est luy qui nous la donne, comme vn present surnaturel, plus precieus mille fois que toutes les choses que le monde possede. De mesme qu'il est nostre verité, nostre vie, nostre lumiere, nostre force & nostre saincteté, il est aussi nostre Valeur excellente, divine & capable de produire plus de merveilles, que n'en ont iamais fait ceux que les pages sacrées nous representent. Car nous sommes establis & fondez sur la mesme Generosité toute-puissante qui les faisoit agir, & il semble que Iesus Christ Fils de Dieu, qui s'est fait homme, ait plus d'interest encore de nous faire voir les miracles de sa magnanimité, que dans le temps que ces vaillans ne la possedoient que par avance, devant qu'il eust enrichi le Monde de sa presence reëlle.

De sorte qu'il est tres-clair, que si ceux qui sont appuyez sur vn principe si ferme & si riche de la plus haute Valeur, ne font pas à tous momens des œuvres miraculeuses, ils ont au moins la grandeur du courage d'où elles derivent,

S ij

qui est vn avantage incomparablement plus grand, que la production du miracle au dehors, & ce don interieur d'vne hardiesse qui n'a point de limites, & qui a vn fondement infini, est d'autant plus relevé par dessus l'exterieur, qui fait executer ce qui frappe tout à fait les sens, que le second genre de miracles est élevé par dessus le premier. Ce qui paroît avecque tant d'esclat, n'est qu'vn petit effet de la Valeur inconcevable qui est dans le cœur d'vn vaillant homme.

Si nous pouvions voir à découvert la grandeur de l'ame de ces fameus Heros, que l'Escriture sainte nous fait connoistre, nous y verrions des choses bien plus relevées mille fois, & plus esclatantes des splendeurs de la Generosité, que tout ce que nous font paroistre leurs grandes actions. Elles ne sont que comme l'ombre de la Beauté, qui estoit cachée dans l'excellente hardiesse qui les animoit ; de mesme que les foudres & les esclairs, qui parurent au temps que Dieu donna sa premiere Loy au peuple Iuif, n'estoient que la figure tres-grossiere du veritable feu Divin, & des admirables brillans de toutes les lumieres eternelles, qui estoient dans le sein de la tres-saincte Vierge, lors qu'il luy donna son Fils pour nostre seconde Loy, qui portoit la verité & l'accomplissement de la premiere. Mais dautant que ces dernieres Beautez estoient interieures, & cachées à nos sens trop grossiers pour les appercevoir, elles ne firent pas vn esclat, ny vn bruit si sensible, que celles qui parurent sur le mont Sinaï.

Il est donc iuste de reconnoistre que nous sommes toûjours aux temps des miracles, au moins en ce qu'ils ont de plus excellét, & que la Valeur que donne le Fils de la Vierge, est de telle nature qu'elle contient en sa vertu, d'vne maniere divine, tout ce qui est necessaire pour produire les actions les plus merueilleuses.

Pour finir ma response par la pensée que i'ay dans l'ame, que ie ne propose pas comme vn article de foy, mais comme vne chose qui n'est pas hors d'aparence, ie diray que ie me persuade que le Fils de Dieu veut faire esclater en nos iours son illustre Valeur, & découvrir les laschetés qui environnent le Duel. Le progrez qu'on a fait depuis quelques années contre ce crime, m'oblige à prendre ce sentiment, & a esperer encore, que comme ce Seigneur en destruisant autrefois l'idolatrie (qui n'estoit pas vn mal plus pernicieus que celuy du vice que nous detestons) fit paroistre vne infinité de ces miracles estonnants, qui abbatirent l'orgueil des hommes, qui vouloient esleuer leur fausse religion contre la sienne Divine: de mesme ie m'imagine qu'il en produira de semblables en ce temps, pour esclairer les beautez de sa Valeur, & pour domter l'opiniastreté de ceux qui veulent faire passer leur timides actions, pour des marques certaines de Generosité. I'ay fortement imprimé dans l'ame, que nostre siecle verra nos illustres vaillans couverts de gloire & de lauriers immortels, terrasser avec facilité ces craintifs enfans de la terre, qui offrent leurs sacrifices sur l'autel de la Timidité: oüy ie confesse que ie crois, que quand ces Gladiateurs se produiroient à la foule, pour venger la honte qu'on leur met iustement sur le front, leur foiblesse & leur peu de courage seruiroient de matiere de triomphes à nos Braves, & qu'vn seul d'entr'eux battra peut-estre fort facilement, vn nombre considerable de ces Bretteurs sans hardiesse.

S iij

Car apres tout, quand on ioüit des trésors de la plus belle Valeur, qui a fait voir autrefois de si grandes merveilles, ce n'est pas vne chose fort estrange, qu'elle se pousse encore auiourd'huy auecque la mesme pompe, & avecque les mesmes efforts que les siecles passez ont admirez. Le feu qui l'anime, est aussi beau & aussi puissant qu'il estoit autrefois: & comme vn genereus Prince qui ne manque ny de braves hommes ny de richesses, peut tousiours entreprendre, ce qu'il a pû vne fois executer avec ce secours; ainsi nos vaillans possedant en eux mesmes, le fonds excellent de la plus haute Generosité des anciens Braves, peuvent à tous momens faire d'aussi grandes choses, que celles que nous estimons en ces hommes illustres.

Quand mesmes Dieu permettroit par les secrets de sa Providence, qu'ils succombassent quelquefois sous les timides & iniustes armes de leurs Ennemis, comme les saints Sebastiens & les saincts Maurices ont esté accablez par les lasches cruautez des Tyrans & des Idolatres, leur courage ne perdra rien pour cela, de sa plus ferme vigueur, & ils pourront legitimement pretendre à la qualité de Martyrs de la Valeur de Iesus Christ, ainsi que ces grands Saints ont merité celle de Martyrs de la Foy, & de la Religion de ce mesme Seigneur. C'est vne chose assez connuë, dont le faux brave convient, aussi bien que le veritable, que la solide Valeur consiste plus dans le courage du vaillant, que dans l'heureus succez de son action, qui suit neantmoins pour l'ordinaire, la Generosité qui est accompagnée de iustice.

IL EST RESPONDV A LA SEPTIESME obiection, qui dit que les raisons alleguées contre le Duel, sont bien vrayes selon Dieu, mais non pas selon le monde: l'on resoud aussi la huitiesme objection, qui pretend, que si on oste le Duel, on sera cause qu'il s'assassinera beaucoup de gens.

CHAPITRE XVI.

IL est iuste de passer maintenant à la réponse de l'obiection, qui deffend la cause du Duel, en disant que tout ce qu'on avance contre luy, est vray selon Dieu; mais non pas selon le monde: ce que ie respondray à cette difficulté, seruira pour le reste de toutes les bagatelles, qu'on pourroit alleguer contre vne verité si inébranlable, que celle que ie pretens soustenir. Quand nos faux Braves disent qu'ils la reconnoissent, en iugeant des choses selon Dieu, ie trouve qu'ils parlent fort raisonnablement: mais quand ils en bastissent vne fausse & imaginaire selon le monde, qui n'a ny estre ny subsistance, ie vois bien qu'ils s'enfoncent dans les plus sombres tenebres, que le dernier aveuglement puisse produire.

Ie ne parle point icy de cette verité transcendante & metaphysique, que les Philosophes nous enseignent, inseparable de tous les Estres, aussi bien que la bonté; mais seulement de celle qui est morale, & qui sert de regle & de conduite à toutes les actions de la vie, qui sont establies sur quelque fondement solide de vertu.

Et par ce mot de *Monde*, ie n'entends point en cette occasion, le theatre magnifique de toutes les honnestes gens, comme est la Cour, ny la societé des plus grands Seigneurs du Royaume, ainsi que plusieurs personnes l'expliquent tres-souvent, & moy-méme aussi, quand ie veux parler de quelque chose d'illustre & de grand; mais en cette rencontre que ce mot de *Monde* se prend en mauvaise part, ainsi que nostre Seigneur l'a pris, quand il a dit qu'il ne prioit point pour luy; i'entens la masse corrompuë de tous les hommes, de quelque condition qu'ils soient, qui ont les yeux & les cœurs fermez aux lumieres de Dieu, & aux beaux mouvemens qu'elles inspirent. C'est enfin ceux que la corruption qu'on herite du viel Adam, fait agir, & il se trouve de ces personnes-là dans tous les estats de la vie; ils sont répandus par tout, parce que dans tous les lieux & dans toutes les professions, il y a des gens qui portent les caracteres malins de leur nature dépravée, & qui en suivent les mouvemens, avec vne bassesse tres-mesprisable.

Ie soustiens donc avec vne force que rien ne peut destruire, puisque l'essentielle qui affermit toute chose, & qui subsiste par elle-mesme, est de mon costé, que Iesus Christ est la seule verité, & le seul vray Soleil de Iustice, qui esclaire tous ceux qui se rendent par sa grace dignes de ses brillantes lumieres, que hors de luy tout est tenebres, mensonge & aveuglement. Les plus grands hommes mesme que la terre a portés, & qui ont receu de nobles illustrations de ce feu divin, qui esclaire tous ceux qui naissent icy bas, lors qu'ils n'en ont pas fait l'estime qu'ils devoiét, sont tombez dans les profondes abysmes de l'obscurité. Les anciens Philosophes, qui se sont perdus dans leurs pensées fées, les Pythagores, les Zenons, les Aristotes & les Seneques, nous marquent ce que ie dis. Et les infideles Iuifs qui ont mesprisé l'astre brillant de mille clartez, qui leur portoit les splendeurs du iour eternel, en sont des tesmoins asseurez. Le grand Genie d'Origene, & la haute science de l'opiniastre Tertullien, n'ont point empesché ces deux enfans, que le Fils de Dieu avoit donnés à son Eglise pour luy servir de flambeaus & de lumiere, d'estre enfin assujettis aux plus sombres tenebres de l'Enfer.

C'est donc vne chose dont personne ne doit douter, qu'ainsi qu'il n'y a point de bonne vie, ny de veritable verité sans Iesus Christ, il n'y a point aussi de lumiere ny de verité hors de luy. Il est tellement ces deux choses, que c'est luy faire vne iniure qui merite d'estre punie, de croire qu'elles se puissent rencontrer en aucune de toutes les choses creées, si ce n'est par son moyen & par sa liberalité.

Si vn pauvre ignorant, nourri parmy la grossiereté des Sauvages, pretendoit disputer des matieres de la Iustice, avecque les plus celebres Parlemens, ou qu'vn pauvre estropié & plein de toutes les miseres de corps & d'esprit, qui accablent ordinairement ceux que nous voyons demander l'aumosne dans les grandes villes, s'eslevast insolemment iusqu'à vouloir faire passer ses sottes maximes sur le gouvernement, pour plus iudicieuses & plus spirituelles, que celles des plus habiles Ministres d'Estat, n'auroit-on pas grande raison de traitter ces sortes de gens en foux ridicules, avecque tous les mespris imaginables? Il est pourtant vray, que quelque dignes de mocquerie qu'ils pûssent estre, leur ignorance & leur folie ne sont rien à comparaison de celles de tous les hommes du Monde, qui

T

pretendent dans leur langage tenebreux & plein de mensonge, eriger vne verité qui puisse disputer quelque chose à celle de Dieu. Cette erreur est la suitte de celle que le Demon a autresfois apportée sur le theatre du monde, par laquelle il faisoit adorer les Pierres comme de veritables divinitez. Aussi presentement on revere, & on reconnoit vne verité avec estime où il n'y en peut avoir, & on porte cette Idole imaginaire si haut, qu'on la met en comparaison avec celle de Dieu mesme. Elle trouve ses partisans, & son neant par vn prodige de confusion, se crée des sectateurs, & s'erige dans leurs Esprits abusez, vn trosne où elle se fait adorer. C'est où elle leur enseigne continuellement le mensonge & la tromperie.

Il faut donc connoistre avecque la clarté qui nous veut esclairer, que c'est la plus haute de toutes les folies, & la plus ridicule de toutes les pensées, que de se persuader que le Monde, qui n'est pas vn Atôme devant la face de Dieu, puisse porter vne verité, & vne verité qui le contrarie. Puis qu'il est tout tenebres, mensonge & aveuglement quand il s'oppose à cette Majesté infinie, d'où luy viendroit la puissance de produire vne verité, qui fist des loix dans sa misere, opposées à celle de cet Estre divin, auprés duquel rien ne subsiste, que ce qu'il luy plaist de soustenir?

Ouvrons les yeux vne fois en nostre vie, pour ne les plus fermer à la lumiere, detestons cette fausse maxime qui a si long-temps ensorcelé nos Esprits, & confessons que tout ce qui n'a point celuy du grand Fils de la Vierge, languit sous la tyrannie des plus noirs aveuglemens, & ne peut avoir pour son partage que les ombres de la mort; car il n'appartient qu'au seul Estre, qui subsiste par luy-mesme, de nous donner les veritables maximes, sur lesquelles nous devons régler nos sentimens.

J'ay veu des personnes, qui s'imaginent avoir trouvé quelque chose de bien ferme pour la deffense du Duel, quand ils disent que si on le destruit, on sera cause que quantité de gens assassineront leurs Ennemis.

Cette huitiesme objection me paroit si foible, que ie ne vois pas qu'il soit iuste, d'y faire vne longue response. Quand l'Eglise permettra les pechez qui sont contre la pureté des femmes, de peur que si elle les deffendoit, cela ne portast à des crimes plus noirs; ie seray fort d'avis qu'on permette le Duel, de crainte que la rigueur avecque laquelle on le traitte, ne fasse assassiner beaucoup de monde: mais il faudra aussi en ce cas, que les vols & les pilleries soient legitimes, & qu'on ne les puisse empescher; afin que cette permission de tout prendre, espargne le sang de tant de gens, que la peine qu'on a de souffrir cette iniustice, fait répandre tous les iours.

Apres tout, pour parler sans raillerie, il faut avoir l'ame estrangement pleine de ces tenebres qui couvrent le Duel, pour s'attacher si opiniastrement à sa Lascheté, & pour le défendre avec de si mauvaises raisons; nous avons grand sujet de desirer, qu'on destruise bien-tost la cause qui produit de si funestes aveuglemens.

T ij

LA BEAUTÉ DE LA VALEUR ET LA LASCHETÉ DU DUEL.

TROISIESME PARTIE.

Elle découvre les douze principaus avantages de la veritable Valeur, & expose autant de desavantages de la fausse, dans laquelle consiste la Lascheté du Duel: toutes ces veritez fondées sur le raisonnement, sont confirmées par des exemples fort celebres.

Pourquoy les exemples rapportez contre la Lascheté, ne sont pas tirées precisément de la matiere du Duel.

CHAPITRE I.

SI mes paroles avoient esté proportionées à la force de la verité que ie soustiens, ie suis bien asseuré qu'il ne se trouveroit pas vn de ceux qui pretendent à la Valeur, qui ne demeurast d'accord que s'il est iuste de l'aimer, il est raisonnable aussi de haïr pour iamais le Duel, puis qu'il est son plus grand Ennemy ; mais dautant que ie n'ay pas eu vne eloquence assez digne du sujet que ie traittois, ie me crois obligé de comparer encore ces deux Ennemis declarez, l'vn avecque l'autre, afin que leurs presences & leurs oppositions iettent des rayons de lumiere, qui puissent eschauffer l'amour que nous devons à la Generosité, & animer la haine qui doit estre irreconciliable dans tous les Braves, contre ce lasche crime qui les veut si miserablement assujettir.

Ie pretens donc choisir entre vn nombre presque infini de riches perfections, qui embellissent cette haute qualité, ses douze principaus avantages, pour les comparer aux douze deffauts, qui sont les compagnes inseparables du vice dont i'ay descrit la laideur. Ie tascheray de confirmer ces veritez, de quelques-vns des exemples que l'Histoire nous fournit avec vne telle abondance, que les plus gros Volumes ne la pourroient iamais espuiser. Ie me contenteray cependant, dans le choix que ie veux faire des actions qui nous donnent de l'horreur pour les bassesses de la timidité, de rapporter celles qui les regardent en general, sans me contraindre precisément à les produire sur la matiere du Duel.

Ie prens ce dessein pour deux raisons ; la premiere, dautant que comme i'ay fait voir dans le douziéme Chapitre de la seconde Partie, toute l'Antiquité a traitté ce vice d'vn si grand mépris, que s'il a infecté quelques personnes dans les siecles passez, ç'a esté en fort petit nombre, & encore des gens si peu considerables pour l'ordinaire, que l'Histoire n'a pas voulu se charger de choses si basses, & qui

T iij

n'estoient propres qu'aux hommes condamnez aux supplices, comme sont aujourd'huy les Galeriens, & tous les autres infames Criminels. Elle a crû qu'il seroit aussi ridicule de les mettre au iour, qu'il le paroistroit presentement, de nous raconter comme des faits glorieus, les viles actions qui occupent nos paysans, ou les gens de cette nature, dont le cœur n'est pas plus élevé que la condition. Ainsi il seroit fort mal-aisé de trouver dans les liures des bons Auteurs, des exemples assez remarquables sur ce sujet, qu'ils n'ont pas iugé digne d'occuper leurs esprits appliquez à des choses plus importantes.

La seconde raison qui me confirme dans ce sentiment, est qu'il seroit inutile de produire les actions de cette nature, qui se sont faites depuis peu: tout le monde en a connoissance, & il ne se peut trouver personne qui n'en ait veu, ou qui n'ait oüi parler d'vne infinité qui se sont executées par le Duel, dans lesquelles la bassesse & la Lascheté ont esté assez clairement remarquées. Et de plus, ie ne voudrois pas les mettre dans ce discours; parce que cela taxeroit à la face de la Cour & de toutes les Provinces de France, quantité de personnes qui ont fait éclater leur timidité, en croyant se parer de la Valeur qu'ils s'imaginoient rencontrer dans ce crime.

Ce sont les motifs qui m'empeschent de particulariser si precisément dans mes histoires, les laschetez qui ne sont propres qu'à la manie que ie combats; Et puis ie suis certain que celles qui se trouvent dans tout ce que ie rapporteray, conuiennent parfaitement au crime dont ie traitte. Si l'on descouvre la laideur de la Timidité en general, on doit sçavoir que c'est la mesme qui preside dans ce vice;

les sombres couleurs qui la noircissent en quelque lieu qu'elle soit, sont celles qui peignent le Duel, de toutes les terreurs dont il est environné. Il est le veritable trosne de la Lascheté, elle ne peut rien produire qui ne doive servir à nous la faire voir dans ce Fort où elle demeure, & dans ce Monstre qu'elle a formé avecque tant d'infamie. Ainsi que l'on connoit le goust d'vne liqueur, quoy qu'elle soit tirée du principal vase où elle a coustumé d'estre, & qu'on sçait bien que l'eau de la mer est salée, encore qu'on en boive dans vn verre; de mesme nous remarquerons facilement les lasches foiblesses du Duel, en quelque lieu que ces infames qualitez puissent estre descouvertes : puis qu'il en est comme la source & la plenitude, Et elles serviront à nous faire voir sa deformité, & à nous faire admirer la beauté de la Valeur.

LA VERITABLE VALEVR EST tousiours accompagnée d'honneur; la fausse qui est la lascheté, est aussi continuellement environnée de honte & d'infamie.

CHAPITRE II.

DE toutes les maximes qui ont passé generalement dans l'approbation des plus grands hommes, il n'y en a pas vne qui ait esté receuë avecque plus d'applaudissement, que celle qui nous enseigne que l'honneur est la chose du monde dont on doit faire plus d'estime; qu'il est iuste de le preferer à tout ce qui nous est ou vtile ou agreable, & qu'il consiste precisément à s'acquiter de son devoir, sans que les divers obstacles qui s'opposent de toutes parts, aux nobles mouvemens qui le cherchent, puissent retarder leurs magnanimes desseins. Si nous voulons considerer attentiuement, toutes les parties qui composent vne perfection si éclatante, & si desirée de toutes les personnes illustres, nous connoistrons que pour la posseder, il faut avoir cette haute generosité qui prend sa source en celle du Roy de tous les Monarques ; puis qu'elle est la seule qui peut porter les choses, de la hauteur necessaire pour nous acquitter avec vne courageuse force, de tout ce que nostre devoir exige de nous. C'est à elle, à qui il appartient de nous separer de toutes les bassesses de la lascheté, qui nous arrestent & nous empeschent d'executer les choses à quoy nous sommes obligez. C'est à elle aussi, à nous eslever iusqu'à pouvoir rendre nos iustes devoirs à la majesté de Dieu, dont la grandeur infinie a parfaitement pû connoistre, & sagement determiner en quoy consistoit le veritable point d'honneur ; puis qu'il est son ouvrage, & que ce qu'il n'a point fait, ne peut meriter que le nom de neant, & ne peut esperer que la honte & la misere.

Nous voyons donc clairement que cette valeur, qui prend sa naissance de la source qui derive du Fils de la Vierge, est la seule qui marche tousiours suivie de cet honneur pompeus que nulles foiblesses ne retiennent, & qui porte ses lauriers iusqu'au Trosne mesme de la Divinité. C'est son premier avantage, dont elle ne peut iamais estre privée, quelques obstacles que l'enuie y puisse opposer, & quelques malheurs que les divers accidens de la vie puissent produire, les faits heroïques que cette belle vertu

fait

fait executer, acquierent pour l'ordinaire cet honneur parmy les hommes. Il faut avoüer que c'est vne chose charmante; mais si nous leuons les yeux plus haut, & que nous considerions, qu'il est encore donné avec abondance par la Majesté mesme de Dieu, & par tous les grands personnages qui ornent sa Cour eternelle, nous avoüerons que cela surpasse tout ce qui se peut penser sur vn si illustre sujet.

Ceux qui veulent ioüir d'vn bien si precieux, doivent prendre des motifs dignes des belles actions qu'ils desirent de produire: on les iugera tousiours tels, lors qu'ils feront rendre ce qu'on doit à l'Eglise affligée, & qu'ils feront hasarder la vie, pour le seruice de son Souverain. Les Princes en ont aussi de raisonnables, lors qu'ils prennent les armes pour chastier les rebellions de leurs Sujets, ou pour domter l'orgueil iniuste de leurs voisins, qui se seruent indignement de leur puissance, afin d'en opprimer les foibles.

Iosué, dont le nom a esté porté avec gloire par tous les endroits de la Terre, qui a vaincu les troupes superbes de plus de trente Rois animez contre luy, & qui a pû par la magnanimité qu'il avoit receuë du Ciel, establir l'Empire du Souverain de tous les hommes, sur la ruïne de celuy de ces Tyrans, a merité de posseder ce supréme honneur. Il ne s'est iamais trouvé de personnes assez temeraires, pour luy denier la ioüissance de tout ce que ce puissant Aimant des cœurs genereus a de plus esclattant.

L'illustre David Roy de Iudée, le plus accompli de tous les Princes qui ayent iamais porté de couronne, soit que nous regardions la beauté de sa personne, qu'il sembloit que la Nature avoit formée pour donner de l'amour, soit

V

que nous iettions les yeux sur les charmes de son Esprit, qui a paru le plus élevé de tous ceux qui ont eu de belles connoissances, soit que nous prenions garde aux merueilleus effects de sa valeur; ce grand Heros, dis-je, a bien merité de participer au mesme avantage. C'est avec grande raison que nous le choisirons entre le grand nombre de ceux, qui ont suivi le veritable honneur, pour nous seruir d'vn exemple pompeus; puis que ses belles actions brillent d'vn esclat, qui les doit faire aimer à tous ceux qui desirent d'estre veritablement vaillans. La mort des Ours & des Lions estoit les exercices de sa valeur naissante en sa premiere ieunesse, aussi bien que celle du fier Ennemy qui mesprisoit si superbement tout le reste des hommes. Ses faits admirables, dans lesquels il a tué de sa main des milliers d'hommes, sont des tesmoignages certains de la generosité, avecque laquelle il a pû vaincre ceux qui luy faisoient la guerre, pour en faire ses Sujets.

Nous luy pouvons joindre le vaillant Heraclius Empereur d'Orient, qui alla si genereusement chercher Cosroës Monarque de Perse, iusques dans les lieux les plus escartez de ses estats. Ce Prince infidele, encore tout superbe des victoires qu'il avoit obtenuës sur les Chrestiens, en leur ravissant l'arbre de la vraye Croix, fut neantmoins contraint de s'enfuir avec ses troupes nombreuses, devant la iuste fureur de celuy qui les poursuivoit, & qui pût enfin, apres avoir gagné plusieurs grandes batailles, tué vn Geant de sa main, ietté l'admiration & l'espouvante dans le cœur de ses Ennemis, retirer le Saint gage de nostre salut, & retourner chargé de lauriers & de gloire en sa ville de Constantinople.

& la Lascheté du Duel.

Si la veritable valeur se trouve seulement en ceux, qui la reçoivent du divin Principe qui la produit, & qu'elle soit tousiours suivie de l'honneur qui ne l'abandonne iamais; il faut par necessité que la fausse valeur, que le Demon fait esclatter entre les hommes par ses illusions, soit perpetuellement enuironnée de honte & d'infamie. C'est elle que nous reconnoissons pour la plus grande lascheté, quelque soin que l'auteur qui la fait paroistre, puisse prendre de la parer inutilement des beautez empruntées de la Generosité, qui ne luy appartiennent point du tout: aussi est-elle tousiours suivie des deux compagnes mesprisables que ie viens de nommer. Ce sont les richesses qu'il appartient au prince des tenebres, de prodiguer à ses fideles amis. Ce sont les fruits des belles conquestes, que sa rebellion contre son Souverain luy a fait faire. Ce sont enfin les ornemens dont il accable, sous ombre d'vne pompeuse gloire, les miserables qu'il a si laschement abusez. C'est pourquoy nous voyons tous ceux, qui ont voulu soustenir leurs armes par la force qu'il puisoient en ce foible Poltron, miserablement trompez, & contraints de porter le ioug d'vne peur violente & d'vn honteus desespoir. La Parole mesmes de Dieu nous apprend ce que ie dis: lors qu'elle menasse les coupables qui avoient commis cette faute, elle leur fait de grands reproches, de ce qu'ils avoient establi leur confiance en l'ombre d'Egypte, les asseure qu'elle leur tourneroit en confusion, & leur fait sçavoir que le Ciel combat contre les timides, les reduit en poudre, & les frappe d'vne telle crainte, que mille prendront la fuitte, lors qu'ils seront attaquez par vn seul vaillant. C'est donc la premiere production de la Laschetés que le deshonneur.

V ij

L'insolent Baltazar Roy des Assyriens, esprouva cette verité, lors qu'au milieu d'vn pompeus festin, où il traittoit mille des plus grands Seigneurs de ses Royaumes, Dieu fit paroistre vne main qui escrivoit côtre luy. La peur le posseda de telle sorte, qu'estant agité de mille troubles, son visage perdit sa couleur naturelle, & son corps ne luy servit plus, que pour souffrir les efforts des tremblemens qui le tourmentoient. Son orgueil impie, qui luy avoit fait profaner les vases du Temple de Ierusalem, fut abbatu par la plus basse timidité que puisse iamais ressentir vn coupable. La mort succeda à sa crainte : d'où nous devons apprendre, que tout ce qui s'oppose à la Force de celuy, à qui rien ne peut resister, doit attendre vn semblable chastiment, & perir avecque honte & avec infamie.

Le superbe Antiochus, qui succeda plusieurs siecles apres à vne partie des Provinces de ce Monarque, esprouva aussi à la fin de sa vie les tyrannies de la peur, pour la punition de ses crimes lasches, & du peu de cas qu'il avoit fait de la veritable Generosité. Il parut plein d'vne espouvante extraordinaire, il jetta des cris, & fit des promesses à la misericorde de Dieu qu'il avoit offensée ; mais ces terreurs ne servirent qu'à le faire passer avec honte, des miseres qu'il enduroit, aux opprobres qui ne finiront iamais. Car la iustice eternelle se moqua de ses plaintes & de ses vœux avecque mépris, & le fit mourir dans l'effroy, auec vne puanteur intolerable.

Licinius, que la Fortune avoit esleué à l'Empire, & qui avoit receu avec la nature, quelque caractere de Valeur, sceut si peu reconnoistre qu'il en devoit faire hommage au Souverain de toutes les Creatures, qu'enfin il

& la Lascheté du Duel.

perdit par vn chastiment exemplaire cette noble vertu, & tomba dans la derniere laschete. Apres avoir long-temps fait la guerre contre le grand Constantin, se voyant assiegé par ce Prince dans la ville de Nicomedie, il eut tant de bassesse, qu'ayant perdu le courage il abandonna ceux qui le defendoient, aussi bien que toutes les marques de sa dignité imperiale, & se vint laschement jetter aux pieds de son Ennemy, pour luy demander la vie avecque de grandes protestations, qu'il ne pretendoit plus rien à l'Empire. Mais son vainqueur ne le iugea pas digne de vivre, apres avoir commis vne foiblesse si honteuse à vn homme, qui avoit porté la qualité d'Empereur des Romains.

Ladislas III. Roy de Pologne, ayant remarqué qu'vn grand Seigneur de ses Sujets, avoit témoigné de la lascheté en vne bataille, qui se donnoit contre les Moscovites, luy envoya vne peau de lievre & vne quenoüille. Cet homme infortuné fut si touché de cet affront, & de l'opprobre qu'il luy causoit, qu'il se pendit de regret. Sans mentir on peut dire que ceux qui se battét en Duel, ont l'esprit plus obscurci, & le courage plus abbatu que ce mal-heureus; puisqu'ils ne voyent pas si bien que luy, le mépris qu'il leur fait meriter, & qu'ils n'en ont pas vn si vif ressentiment: mais la clarté de l'esprit du Roy a pourveu à cet aveuglement, & a bien sceu connoistre que ceux qui s'y laissoient surprendre, meritoient d'estre punis de la mesme peine, que ce Polonois s'estoit imposée luy-mesme.

Ie pourrois mettre avecque tous ces exemples, la honte avecque laquelle i'ay veu fuïr plusieurs personnes, qui se piquoient d'estre du nombre des plus Braves que ce crime

V iij

ait iamais fait estimer. Et toutefois ie les ay consideré remplis de crainte, dans le temps qu'ils auoient mis l'espée à la main, & les ay veu reduits par la terreur qui les possedoit, à prendre la fuitte fort indignement, deuant des gens qui ne les poursuiuoient pas.

LE DEVXIESME AVANTAGE DE la Valeur, consiste à n'estre iamais abbatu par la crainte, dans quelque peril que ce soit, pas mesme dans les momens de la mort: le deuxiesme desauantage de la fausse valeur est, d'estre continuellement tourmenté de cette fascheuse passion.

CHAPITRE III.

SI nous passons à la consideration du second auantage de l'illustre Valeur, nous trouuerons qu'il consiste à rendre celuy qui la possede, aussi esloigné de toutes les craintes & de toutes les terreurs, qu'il est esleué dans la force que luy donne l'Auteur de cette perfection. Que peut craindre en effect vn Braue, qui esclairé des lumieres de la Foy, connoist parfaitement qu'il n'y a rien d'assez grand en ce monde, qui luy puisse donner de l'apprehension ; puis qu'il est soustenu de la main de celuy qui est la source de toutes les hardiesses, & qui semble mettre tout son plaisir, à proteger les siens, comme il nous apprend qu'il establit ses delices à estre auec eux. C'est luy qui leur donne vn courage si fort, que tous les perils du monde ne sont pas capables de l'esbranler, & qui les fait triompher dans les portes mesme de la mort,

& la Lascheté du Duel.

de tout ce qui paroist en elle de rude & d'espouvantable. C'est ce que nous voyons en plus de cent endroits de l'Escriture Sainte : c'est elle qui enseigne, que le tourment de la mort n'oseroit aborder ceux, qui sont aidez d'vn si puissant Seigneur.

Le genereus David nous découvre continuellement les mouvemens intrepides de son ame, & le soin que la divine Majesté veut prendre de luy seruir de maistre, pour le dresser dans tous les combats, où elle veut que sa Valeur paroisse avec gloire. C'est dans ces sentimens qu'il nous dit, qu'elle luy met les armes à la main qu'elle conduit aussi bien que ses doigts, dans le peril des batailles. Ce grand homme asseure encore, que s'il voyoit vne armée toute entiere preste de venir fondre sur luy, son cœur n'en seroit point esmeu par la crainte ; mais qu'au contraire il se trouveroit d'autant plus ferme, & plus rempli d'esperance que le peril seroit pressant, & que le danger de perir dans les Troupes de ses Ennemis, paroistroit inévitable.

Quoy qu'il y ait vne infinité de choses à dire sur vne matiere si ample ; ie crois que le peu que ie viens de rapporter, doit suffire pour faire connoistre aux homes, que rien n'est assez terrible dans tout l'vniuers, pour estonner ceux qui sont remplis d'vne hardiesse, qui a son fondement sur l'Estre qui subsiste par soy-mesme. Il est le ferme appuy de tout ce qui ne perit pas, & sans luy rien ne peut subsister vn moment.

De plus, les heureuses personnes qui sont enrichies de cette perfection qui vient de luy, ne regardent pas la mort, ny toutes les pertes qu'elle peut causer, comme des choses considerables ; puis qu'en verité elles ne le sont pas, si on les compare aux merueilles, dont elles esperent iouïr en quittant cette vie. La plus terrible de toutes les choses terribles, selon la pensée du plus sçavant des Philosophes, leur est vn heureus passage pour entrer en la possession de tous les biens, & de toutes les douceurs dont ils esperent que leur Generosité sera regalée.

Osvalde, vn des magnanimes Rois qui ayent regné dans l'Angleterre, sert de preuve à cette verité. Entre vne infinité de belles actions, que la Valeur luy avoit fait produire, il avoit deffait dans vne grande bataille, avecque peu de gens, le puissant Corduella Roy des Bretons, qui avoit des Troupes tres-fortes. Ce vaillant Prince, dont la vie estoit digne de l'admiration & des miracles qui l'ont suivie, méprisa si fort ce que la terreur a de plus surprenant dans les rencontres les plus perilleuses, & dans l'horreur mémes de la mort, que se voyant percé de coups dans vn combat, & prest à rendre l'ame, son grand courage l'éleva au dessus de luy-mesme, & comme s'il eust esté immortel, il ne s'occupa point de ses propres maux, & des douleurs qui le pressoient de tous costez, en luy arrachant la vie; mais en ce moment effroyable à tous les autres hommes, il parut semblable au Fils de Dieu, qui luy avoit fait part de sa Generosité, & pria auec vne constance admirable, pour le salut de tous les siens qui mouroient avecque luy en cette funeste iournée.

Charles de Blois Prince tres-genereus, fit briller l'esclat de sa valeur si hautement, dans la bataille où il fut tué, qu'elle triompha de toutes les foiblesses naturelles, qui pouuoient accompagner vn homme que les perils enuironnoient de toutes parts. Le feu qui l'eschauffoit, ne souffrit

souffrit point le froid de la crainte, il se posseda tousiours luy-mesme, fit des actions dignes de sa hardiesse, & apres avoir tué de sa main huit de ses Ennemis, il rendit son ame à celuy qui l'avoit fait si illustre. Dieu pour tesmoigner que la generosité de ce grand homme luy estoit agreable, luy donna apres sa mort l'avantage de faire des miracles, & signa sa gloire par cette marque authentique, que la Posterité ne doit considerer qu'avecque respect.

 Le vaillant Chevalier Bayard, dont la vie est signalée par mille actions éclatantes, fit paroistre en sa mort, que sa Generosité le conduisoit iusques deuant le Trône de la Majesté Divine : car estant tres perilleusement blessé, & prest de rendre l'ame, il ne parut iamais estonné, & desira, parce qu'il combatoit en retraitte, & qu'il ne pouvoit plus se tenir à cheval, qu'on luy tournast le visage du costé des Ennemis, afin de leur témoigner en mourant, que celuy qui perd la vie en servant son Souverain, ne doit point ressentir de peur. Le bruit de sa blessure s'estant espandu dans les Troupes qui le poussoient, le Connestable de Bourbon qui les commandoit, touché de respect pour vn si brave Ennemy, l'alla visiter ; & luy tesmoigna le desplaisir qu'il avoit de le trouver en vn si mauvais estat ; à quoy ce vaillant homme luy respondit en mourant, qu'il ne remarquoit rien en sa personne qui deust dôner du regret de le voir mourir, puis que c'estoit pour le service de son Roy; ce qui luy faisoit quitter la vie avecque beaucoup de satisfaction : mais que pour luy, il l'estimoit tres-malheureus, puis qu'il se seruoit de la sienne à faire la guerre à celuy, de qui il estoit né sujet.

 C'est vne chose si connuë, que la veritable hardiesse ne

se peut recevoir que de celuy qui en est l'auteur, que le sçavant Aristote, quoy qu'enseveli dans les tenebres du Paganisme, n'a pas laissé de découvrir cette verité, & de dire que les plus hardis estoient ceux, qui pouvoiét estre bien avec Dieu. La méme lumiere qui nous apprend que ce Seigneur fait luire par la Force, qui est naturelle à son Essence, les rayons de sa magnanimité dans les creatures, nous apprend aussi que son Ennemy est celuy, qui iette la plus basse lascheté dans le cœur de ceux qui suivent ses mouvemens. C'est à quoy s'estend sa puissance; & puis que son Estre ne semble luy avoir esté conserué, que pour soustenir avecque tous les vices & les iustes chastimens qu'il reçoit, cette timidité dont il est le honteus Principe, il est bien evident qu'il ne peut qu'en infecter le courage de ceux qu'il inspire. C'est son present, c'est à le faire profiter que son pouvoir se peut estendre. Ce sont les esclairs & les foudres, dont il enuironne les espées des siens: la terreur & la foiblesse sont les Colomnes, qui soustiennent le cœur de ses bons amis.

Les histoires de ceux qui nous rendent tesmoignage de cette verité, viennent si fort à la foule, qu'il est malaisé d'en faire le choix. Pour moy, qui souhaitterois éclairer nos iours, des beautez de la Valeur; ie ne produiray rien de toutes les bassesses qu'ils ont veuës, & choisiray dans l'Antiquité, les choses que la crainte a fait faire à ceux que cet Esprit Poltron animoit.

Nous voyons Chosroës Roy de Perse, que le subtil venin de se perfide Empoisonneur des courages avoit tellement aveuglé, qu'il s'estimoit lui-méme vaillant; nous le voyons, dis je, si fort estonné & abbatu par la peur, à cause des victoires que le grand Tibere, associé à l'Empire par Iustin le ieune, avoit obtenuës contre luy, qu'il en mourut à la fin. Et non content de rendre le tribut de sa vie à cette noire passion, il ordonna par vne loy qui tesmoigne que sa crainte vit encore apres luy, que iamais aucuns Rois de Perse ne fussent assez temeraires pour faire la guerre aux Romains.

Didier Roy de Lombardie, rempli de l'erreur qui persuade à ceux qui ont beaucoup d'orgueil, qu'ils ont du courage à proportion, osa bien se presenter avec de puissantes troupes, pour empescher Charlemagne de forcer les barricades des Alpes: mais les terreurs, qui sont tousiours cachées dans le fond du cœur de ceux qui ne sont pas bien avec l'Auteur de la Generosité, presserent si fort ce Prince abusé, qu'il n'eut iamais le courage d'attendre nostre grand Monarque, & fut contraint de s'enfuir avec vne espouvante prodigieuse, & de s'aller cacher au milieu de ses Estats, dans la plus forte de ses villes. Son Armée dissipée fut remplie du mesme effroy : tant il est veritable, qu'il faut necessairement que la crainte accable les Ennemis de la Valeur du Roy des Rois.

Les Saxons qui estoient accoustumez aux revoltes, voulurent entreprendre de se rebeller en l'absence de ce mesme Monarque des François, qui les avoit tant de fois domtez; mais ils ne remporterent, pour recompense de la peine qu'ils avoient prise de mettre leurs troupes en campagne, qu'vne terreur Panique si estrange, qu'ils se tuerent les vns les autres: tant leurs ames estoient possedées de cette crainte tyrannique, qui aveugloit leurs esprits, aussi bien qu'elle abaissast leurs courages. Cela nous fait facilement iuger, qu'il n'appartient pas à ceux qui s'abandonnent à la la source de toute la Lascheté, de rien pretendre à la valeur. Voila enquoy consiste le second desavantage, opposé à la seconde perfection de cette illustre vertu.

LE TROISIESME AVANTAGE DE la veritable Valeur, est de soustenir tousiours les choses iustes, & de proteger les foibles que l'on veut opprimer: la fausse valeur aime l'iniustice, & ne s'attaque qu'aux choses foibles.

CHAPITRE IV.

CE Chapitre nous doit faire considerer le troisiesme avantage de cette belle qualité. C'est par luy qu'elle soustient avec vigueur les choses iustes, contre les efforts de l'iniustice armée, qui pretend par sa puissance executer tout ce que ses pensées criminelles luy suggerent. C'est vn des nobles emplois de la Valeur, que de s'opposer courageusement, & sans escouter les sentimens de l'apprehension naturelle, aux desseins avecque lesquels ce crime veut establir son empire tyrannique.

C'est à quoy nos Rois, animez de l'ardeur de cette vertu, se sont plus occupez que tous les autres Princes du monde. L'on a veu Merovée charger courageusement dans les plaines de Champagne, le fier Attilla, ce fleau épouventable de toutes les Nations, qui poussoit ses conquestes avec vne armée de sept cens mille hommes, qui n'empescherent pas pourtant qu'il ne fust defait, & chassé honteusement d'vn Royaume, où la tyrannie n'a iamais pû establir son Trosne.

& la Lascheté du Duel.

Charles Martel a battu avecque peu de gens, les armées innombrables des Conquerans de l'Afrique & de l'Espagne. Les plaines de Touraine sont encore glorieuses, d'avoir serui de theatre à la victoire qu'il remporta sur Abderame, qu'il fit mourir avecque trois cents soixante & quinze mille hommes, n'ayant pris pour ses avantages, dans le dessein de combattre avecque peu de troupes, de si puissans Ennemis, que sa confiance en Dieu, & vn grand soin d'enfermer les siens entre deux rivieres, & de defendre à ceux de Tours, d'en recevoir aucun dans leurs murailles; afin que la necessité de vaincre, fust la seule esperance qui leur restast dans le combat. Nous aurons moins de peine à croire vne chose si surprenante, si nous considerons que la pluspart de ceux qui faisoient la guerre sous ce grand Capitaine, estoient nez Gentilshommes.

Son fils, le vaillant Pepin porta ses armes avec vn courage invincible dans l'Italie, pour chastier ces Princes insolens qui vouloient par leur violence accabler l'Eglise, affligée de leurs persecutions.

Le zele de S. Louis, pour retirer les Catholiques du Levant de l'oppression des Sarrasins, nous confirme cette verité.

Nostre siecle se glorifie d'avoir veu l'illustre Louis XIII. donner sa protection à vn Electeur de l'Empire, qui ne pouvoit resister à la puissance qui l'avoit arresté prisonnier. C'est luy-mesme qui a entrepris d'assister le Duc de Mantoüe, & qui a pû conserver dans la maison de ce Prince, les Estats qui luy appartenoient.

S'il faut considerer plus attentivement les soins genereus, que les veritables Braves ont tousiours eus de defendre les foibles, affligez par ceux qui abusoient laschement des avantages que la Fortune leur avoit donnez, nous verrons le Mareschal de Boucicaut établir vn Ordre de Chevaliers en ce Royaume, pour proteger les Dames qui avoient perdu leurs Maris, contre l'insolence de ceux qui ne sçavoient pas rendre le respect qu'ils devoient à vn sexe, que tous les honnestes gens sont si obligez d'honorer.

Si nous jettons les yeux sur la Lascheté, que nous détestons avecque tant de sujet, nous la verrons suivie de l'iniustice & de la tyrannie. On ne peut lire les choses qui sont arrivées aux siecles passez, sans connoistre vne infinité de ces personnes méprisables, qui ont établi leur grandeur sur la seule foiblesse de ceux dont ils avoient vsurpé les biens, lesquels mesme ils n'ont pû defendre, lors que ceux qu'ils opprimoient, ont rencontré de vaillans hommes pour les secourir.

Le Roy de Lombardie Astolphe, nous confirme ce que ie dis : il eut l'audace de se saisir du Patrimoine de l'Eglise, & d'entreprendre d'assieger dans Rome, le Pape Estienne III. mais il sentit enfin par experience, qu'il estoit esclave de la lascheté du Demon, dont il suivoit les pernicieus conseils, & fut contraint de s'enfuir honteusement avec de fortes troupes, devant le genereus Pepin. Ce Prince le défit avec vne tres-petite armée, l'assiegea à Pavie, où il s'estoit retiré, & le contraignit de rendre avecque honte, ce qu'il avoit pris avec orgueil.

Nostre Histoire nous fait voir Charles, vn des enfans de Louis le Debonnaire, defendant son heritage legitime, contre son frere Lothaire qui le vouloit vsurper, reduit à ne pouvoir traverser la Seine, que sur des vaisseaus à son emboucheure, & quoy qu'il fust dans la necessité de la passer, il avoit sujet de s'estonner; parce que l'autre costé estoit defendu par de puissantes troupes: cependant fortifié de son courage & de la iustice de sa cause, il fit avancer ses gens, & porter la Croix sur laquelle le Traitté avoit esté iuré entre son frere & luy. La veuë d'vne chose si sainte, & celle des Enseignes de ce Prince, épouvanterent si fort ceux qui soustenoient l'iniustice, qu'ils prirent la fuite, & abandonnerent laschement leur poste avec ignominie. Quelque peu de temps apres, la iournée de Fontenay (où la plus grande partie des forces de France se perdirent) vid les crimes du méme Lothaire punis de la perte d'vne grande bataille, & d'vne fuite autant honteuse, que sa cause estoit mauvaise. Cela nous témoigne que la lascheté & l'iniustice sont des compagnes inseparables.

LE QVATRIESME AVANTAGE DE la veritable Valeur est, qu'elle fait executer tout ce qu'elle fait entreprendre, avec vne grande hauteur de courage, & vne ardeur que nul obstacle ne peut arrester: le quatriéme desavantage de la fausse valeur est, qu'elle découvre sa propre foiblesse, & fait connoistre qu'elle n'est que lascheté.

CHAPITRE V.

Parmy les avantages qui suivent tousiours avecque pompe la Valeur que ie pretens loüer, i'en remarque vn quatriéme, qui consiste à faire executer tout ce qu'on entreprend, avec vne hauteur éclatante, &

vne generosité que nul obstacle n'est capable de diminuer. Si les palmes, qu'on a prises pour symbole des grands courages, se relevent malgré les plus pesans fardeaus, dont on se sert pour les accabler, nos illustres vaillans sont encore bien plus fermes, & plus puissans à surmonter tout ce qui s'oppose à leurs desseins. Puis que leurs mouvemens sont animez d'vn feu, qui brille perpetuellement dans le plus intime de leurs cœurs, & que rien ne peut esteindre, il ne faut pas s'estonner s'ils poussent ce qu'ils entreprennent, d'vne maniere si resoluë, & s'ils reiettent avecque tant de mespris, tout ce qui pourroit par de basses considerations, retarder le noble desir qui les presse. Ils veulent de la proportion entre les belles choses qu'ils ont resolu de faire, & les moyens dont ils se servent pour les vaillamment executer.

Constantin, Pere de l'Empereur Valentinien III. meprisoit la victoire, si elle n'estoit acquise d'vne façon glorieuse. Cet homme veritablement magnanime, commandant les armées de l'Empereur Honorius, & s'avançant pour combattre les troupes du Tyran qui faisoit la guerre à son Prince, Exdicius luy apporta la teste d'Ebodicus, l'vn des plus considerables Chefs des ennemis, qu'il avoit laschement tué dans sa maison où il s'estoit retiré, comme chez vn de ses amis. Ce grand Capitaine ne pût souffrir cette trahison, quoy qu'avantageuse à son Party, & mesprisant le traistre qui l'avoit comise, il ne voulut point le recevoir, encore qu'il fust assez puissant pour luy estre fort vtile ; mais le chassa avecque honte, & dît hautement qu'vn hoste perfide & vn amy infidele, porteroit malheur à son armée.

<u>Nectarius</u>

Nectarius, Duc de Forly en Italie, fut si genereus, estant eschauffé de cette Valeur qui a vn principe si relevé, qu'il osa bien avecque vingt-cinq hommes, attaquer cinq mille Esclavons qu'il battit absolument.

La France, qui a servi de theatre aux plus grandes merveilles, a porté le brave Comte de Montfort, & se glorifie d'avoir esté le Royaume, dans lequel avecque moins de quinze cents hommes, il en deffit cent mille à la bataille de Muret, dont il demeura vingt mille sur la place, parmy lesquels estoit le Roy d'Arragon, digne d'vne meilleure fortune pour ses belles qualitez, s'il n'eust point soustenu vne si mauvaise cause. Et ce qui parut admirable, est que ce Heros ne perdit que neuf des siens: il fut rempli d'vn courage si eslevé dans cette illustre iournée, qu'vn de ses Capitaines le priant de considerer, la grande disproportion qu'il y avoit entre leurs troupes & celles des Ennemis, il luy répondit qu'vne armée ne consistoit pas au nombre, mais en la genereuse resolution de ceux qui la composoient. Il eut aussi cet avantage, d'avoir S. Dominique en sa compagnie, qui avec vne Croix en la main encourageoit les soldats à bien faire.

Si nous regardons attentivement les procedez ordinaires de ceux, qui se laissent emporter à la fausse valeur, nous les verrons remplis des foiblesses, qui accablent tousiours le courage qui se laisse vaincre à la Lascheté. Si l'illusion qui les abuse eux-mesmes, & ceux qui les considerent avec des yeux obscurcis de tenebres, fait en quelque rencontre paroistre faussement vne petite estincelle de cœur, la glace qui suit la timidité, ne demeure pas long-temps à estouffer cette chaleur imaginaire. Elle est semblable à ces lumieres funestes, qui se forment en l'air des exhalaisons de la terre, & qui se dissipent d'elles mesmes, sans iamais oser paroistre devant la veritable clarté des astres, que la main de Dieu a créés pour nous donner leurs lumieres & leurs influences. Ces personnes trompées par les fausses images de cette hardiesse artificielle, sont comme les feux qu'on appelle folets, qui paroissent la nuit aux hommes; & au lieu de les guider, pour les remettre dans le bon chemin qu'ils veulent suivre, ne seruent qu'à les conduire dans des precipices. Tels nous ont tousiours paru ceux, qui ont esté assuiettis par le crime du Duel. Ils ont d'abord tesmoigné, qu'ils vouloient faire les actions que la belle Valeur a accoustumé d'inspirer; mais enfin ils n'ont pû en soustenir l'esclat, & ils ont esté contraints de s'abandonner à toutes les infamies, & à toutes les timiditez dont nous avons découvert les laideurs. Ce desavantage se rencontre aussi dans ces insolens, qui abusent du cœur qu'ils ont receu avecque la nature, pour s'en servir à faire les choses qui ne sont pas legitimes.

Nous en avons la preuve en Constantin, autant rempli de vices, que le premier Empereur Chrestien qui a porté ce nom, avoit de vertus. Ce superbe qui osa temerairement se rebeller contre son Empereur & s'emparer des Gaules, des Espagnes & de l'Angleterre, se laissa tellement abbatre par l'effroy, que sa faute luy faisoit nourrir en luy mesme, qu'il quitta laschement ses habits Imperiaus, & se retira dans l'Eglise, où il se fit consacrer Prestre, esperant sauver sa vie par cette lascheté: mais le malheureus fut tué par les Demons, pendant qu'on le conduisoit en Italie pour le presenter, comme vn spectacle digne de mocquerie, à Honorius son Souverain.

& la Lascheté du Duel.

Le traistre Paul nous marque parfaittement, que la foiblesse à executer ce que l'on entreprend, suit tousiours les personnes qui veulent s'eslever par l'aide de la fausse valeur & des crimes. Cet homme en avoit commis des milliers, qui effacerent de son ame, le courage dont il se piquoit autrefois. Il s'estoit revolté contre son Maistre, le genereus Vvamba Roy d'Espagne, & avoit eu l'audace de mettre sur sa teste, la couronne qui auoit esté à S. Recarede : mais il fut contraint, tant il soustint laschement le dessein qu'il avoit orgueilleusement entrepris, de poser les marques de la Souveraineté, & de s'abandonner luy mesme à la honte & au mespris, qui furent proportionnez à ses trahisons & à ses fautes. Car apres luy avoir couppé la barbe & les cheveus, & mis vne couronne de cuir sur sa teste, apres l'avoir promené les pieds nuds par toutes les ruës de Tolede, on le punit d'vne mort infame, ainsi que la bassesse de ses faits le condamnoit iustement. Aussi peut-on dire avec verité que Vvamba, contre lequel il eut l'audace de se rebeller, estoit vn des plus vaillans hommes du monde. Il triompha de tous ses ennemis, & en son temps les Sarrasins venants pour inonder toute l'Espagne avec deux cens soixante & dix vaisseaus de guerre, comme ils avoient fait vne partie de l'Asie & de l'Afrique, il les deffit entierement, & brusla leur armée navale. C'estoit luy qui disoit au milieu des plus belles actions que Princes ayent iamais faites, que c'estoit vne grande folie d'aller à la guerre, & d'y porter des crimes qui irritent le Dieu des batailles, & celuy seul qui peut donner la valeur.

Y ij

LE CINQVIESME AVANTAGE de la veritable Valeur, est d'estre suivie de toutes les vertus illustres & esclatantes, & principalement de la Clemence, qui tient le premier rang entr'elles.

CHAPITRE VI.

LA veritable Valeur est vne perfection si brillante de toutes les beautez, qui peuvent achever vn excellent ouvrage, qu'il n'y a point de vertu dont elle ne soit suivie. C'est en quoy nous établissons son cinquiéme avantage. Comme sa fonction particuliere est d'élever le courage, au dessus de toutes les bassesses qui empeschent les hommes d'estre grands, & de paroistre considerables par dessus les personnes communes ; aussi cette elevation de cœur produit necessairement tous les hauts sentimens des plus éclatantes vertus, & rejette avecque mépris, les choses qui ne sont pas dignes des pensées & des occupations des Heros.

C'est de ce fonds fertile en grandeurs, que naissent à la foule la Generosité en tout ce que l'on fait, la magnificence, la liberalité, l'equité, la reconnoissance & cette doùceur tendre & agreable, qui prend asseurément vn empire absolu sur les cœurs de tous ceux qui la voyent ; pourveu qu'on connoisse qu'elle est soustenuë, par vne hardiesse que rien ne peut estonner.

Enfin c'est la source illustre d'où sort le plaisir que sentent ces personnes heroïques, à faire continuellement du bien à tout le monde, & d'où la clemence fille aisnée de cette mesme Valeur prend son origine, avecque les augustes clartez qui accompagnent tousiours son triomphe. Cette qualité que toute l'Eloquence humaine ne sçauroit assez dignement loüer, est si eslevée au dessus de tout ce que l'on en pourroit penser, qu'il faut avoir des yeux bien esclairez pour les porter iusqu'à son Trône, & pour discerner les merveilles qui l'enrichissent. Rien de bas n'en peut approcher, rien d'assujetti sous la violente tyrannie des passions. Elle commande absolument avecque force, à tous ces mouvemens farouches qui veulent nous éloigner de la vraye Generosité, de laquelle elle ne se peut separer pour vn moment. C'est pourquoy par vne abondance de courage & de valeur, elle se porte quelquefois à pardonner les foiblesses & les iniures, que les criminels ont commises.

C'est de cette maniere, que nous pouvons legitimement appeller Divine, que la Majesté infinie de celuy, dont la puissance n'a point de bornes, a pardonné & pardonne tous les iours aux foibles coupables, qui ont esté assez iniustes pour offenser sa grandeur. Personne ne peut ignorer, que ce n'est pas la crainte de ne pouvoir assez vigoureusement pousser sa vengeance, qui l'oblige à faire grace à leurs crimes, nous sçavons qu'en vn moment il peut effacer toute la Nature humaine, du nombre des choses ausquelles il a donné l'estre. La clemence en luy est la mesme chose que la Generosité, & que la connoissance qu'il a d'vne infinité de moyens, par lesquels il pourroit satisfaire pleinement à sa Iustice mesprisée. C'est ainsi que le Fils de la Vierge, le plus genereus de tous les hommes, & celuy par lequel seulement on peut esperer de l'estre, a puisé cette perfection en la source de la Divinité qui luy estoit toute communiquée en la personne du Verbe, & qu'il a souffert vne infinité d'iniures, de ceux qui n'estoient viuans, que parce qu'il leur donnoit la vie, & qui ne subsistoient, lors mesmes qu'ils l'offensoient, qu'à cause qu'il les soustenoit. Aussi dans le temps qu'il daigna bien se liurer à la puissance des tenebres qui le persecutoient, & que par la majesté de ses regards il eust fait tomber d'effroy ses ennemis à la renverse, il dît genereusement à ceux qui estoient aupres de luy, pour témoigner que ce n'estoit point la peur qui l'assuiettissoit aux perfides qui le venoient chercher, que s'il eust voulu demander à son Pere, il luy auroit envoyé des armées innombrables d'Anges, pour le delivrer de la tyrannie de ses persecuteurs. Il nous apprend par là, que soit par la puissance qu'il avoit continuellement, soit par celle de ces illustres Intelligences, qui pouvoient destruire mille mondes, il luy estoit facile de punir les traistres qui se portoient si insolemment contre luy. Il voulut que nous connussions que la clemence, dont il vsoit envers eux, n'estoit point establie sur la necessité de ne pouvoir faire autrement; mais sur cette Generosité qui ne se peut assez admirer, par laquelle il faisoit plus de bien à ses plus fiers Ennemis, qu'ils ne pouvoient luy faire de mal : afin que son exemple nous enseignast à vaincre le mal mesme par le bien, comme l'a depuis expliqué en vne de ses Lettres l'incomparable S. Paul, qui veut encore, que le feu de la noble hardiesse qui eschauffe le courage de celuy qui ne craint rien, jette sa chaleur iusques dans l'ame de ceux qui nous font du tort, & qu'il les surmonte en les faisant repentir des fautes que leur iniquité leur a fait commettre,

& la Lascheté du Duel.

Personne ne peut legitimement douter, que la Clemence ne soit le plus illustre moyen avecque lequel on puisse remporter vne victoire. C'est par elle qu'on resiste, non seulement aux desseins des hommes qui nous veulent faire de la peine, mais c'est par elle aussi qu'on triomphe absolument de ce qu'il y a de plus caché dans leurs cœurs, & que d'ennemis irreconciliables, on en fait des admirateurs pleins d'estime & d'amitié.

Cette Divine vertu n'est que pour le partage des grands hommes, & il n'appartient de la posseder, qu'à ceux qui peuvent participer à la Valeur du Roy des Rois. Il en a fait part aux Heros qu'il a voulu donner au monde, pour nous faire connoistre les richesses des belles vertus. Il faut demeurer d'accord que sans avoir vne generosité excellente, il est impossible de posseder cette clemence admirable. C'est pourquoy si nous en voulons produire quelques exemples, nous n'en pouvons trouver que dans les vies des plus fameus Vaillans que la Renommée nous ait fait connoistre.

Celuy qui à mon gré doit tenir le premier rang parmy ces illustres personnes, nous a fait voir vn crayon de cette vertu, qui iette l'estonnement dans l'esprit de ceux qui le lisent. C'est le genereus David, lequel ayant esté cruellement offensé par vn de ses Sujets, qui luy dit toutes les plus piquantes iniures, qui se puissent imaginer; lors que les siens l'en voulurent punir, il ne le voulut iamais permettre, & souffrit mesmes qu'apres cela, cet insolent se presentast devant luy, comme s'il n'eust point commis des offenses qui sembloient ne se pouvoir legitimement pardonner; tant il est vray que ceux qui ont la solide generosité dans l'ame, ne peuvent craindre qu'on les accuse de lascheté quand ils pardonnent ; parce qu'ils se sentent bien eux-mesmes, & qu'ils sont des tesmoins irreprochables du courage qui les anime. Il n'y a que ceux qui ne se connoissent pas bien fermes, qui peuvent apprehender que de semblables actions ne soient estimées partir de timidité ou de foiblesse.

Le vaillant Empereur Constantin estant sollicité de se vanger de ceux, qui avoient traitté ses statuës avec toute sorte d'insolence & de mespris, respondit agreablement qu'il n'avoit pas senti les outrages qu'on avoit faits à des pierres.

Le hardi Theodose, vn de ses successeurs, apres avoir vaincu le tyran Eugene, vsa de toute la douceur imaginable envers plusieurs qui avoient suivi le party de ce Rebelle, & fit sentir particulierement à Flavien les effects de sa clemence.

Nos histoires nous font voir vn Gontran Roy de Bourgongne, descendu du grand Clovis, qui ne voulut iamais souffrir qu'on donnast la mort à vn parricide, qui luy avoit voulu oster la vie.

Charlemagne a esté autant excellent en cette vertu, qu'en celle de la plus haute valeur. Le pardon qu'il donna à Eginart, qui avoit esté assez insolent pour abuser d'vne des filles de ce Monarque, en rend vn tesmoignage asseuré, aussi bien que les continuelles revoltes des Saxons, qui ne les auroient iamais faites, s'il les eust punies d'abord avecque toute la rigueur qu'elles meritoient.

Celuy qui a escrit ce qui s'est passé au Royaume de Naples, rapporte que Charles d'Anjou ayant fait mourir sur

& la Lascheté du Duel. 179

vn eschaffaut Conradin Fils de l'Empereur Conrad, qui avoit esté pris dans vne bataille, quelque temps apres son Fils vnique appellé aussi Charles, Prince de Salerne, tomba par le sort des armes, entre les mains de Constance Reine d'Arragon, Tante de l'illustre Prince que l'on avoit si indignement fait perir, par les mains d'vn bourreau. Cette Princesse sollicitée par tous ceux de son Party, & par le peuple mesmes qui demandoit avec violence le sang de Charles, pour venger celuy de leur Heros, qu'on avoit si inhumainement répandu, luy envoya dire vn Vendredi matin, qu'il avoit esté condamné à mourir, & qu'il estoit temps qu'il se preparast à cette heure derniere. Ce Prince avec vn courage digne de l'honeur qu'il avoit d'estre neveu de S. Louis, respondit fort ciuilement & avec vne generosité, qui surpasse tout ce qu'on en peut dire, qu'avecque toutes les obligations qu'il avoit à la Reyne, pour les courtoisies qu'elles luy avoit faites pendant sa prison, il la supplioit de croire qu'il ressentoit comme vne faveur tres-particuliere, la grace qu'elle luy faisoit d'avoir choisi le Vendredy pour le iour de sa mort, & qu'il estoit bien raisonnable qu'il mourust coupable, au iour que Iesus Christ estoit mort innocent. Cette illustre Reine fut si fort touchée des sentimens magnanimes & pieux de ce Prince du sang de France, qu'elle luy envoya dire en mesme temps, que s'il prenoit plaisir à vouloir mourir le Vendredy, elle en avoit beaucoup à luy pardonner, le mesme iour que le Fils de Dieu avoit signé de son propre Sang, le pardon qu'il faisoit à ses bourreaus, & qu'il ne luy arriveroit iamais de répandre le sang d'vn homme au temps que son Maistre avoit versé le sien pour elle; que bien

Z

qu'il la furpriſt dans l'amertume de ſa douleur, & dans l'aigreur de ſes ſentimens, elle ne demeureroit point dans ceux de la vengeance, & qu'elle luy pardonnoit de bon cœur, & conſentoit à ſa liberté.

Noſtre ſiecle a connu la clemence de noſtre inuincible Monarque Henry le Grand; on a veu ce Prince qui n'eut iamais ſujet d'enuier la gloire des plus vaillans Heros de l'Antiquité, vaincre & pardonner avec vn cœur que la Valeur & la Clemence poſſedoient eſgalement. Il ſemble que les guerres civiles qui ſe ſont eſlevées en ſes Eſtats, & qu'il a ſi vaillamment terminées, n'ayent paru que pour faire eſclatter la gloire de cette derniere perfection. On l'à veu triompher & pardonner avec vne grandeur de courage, qui ne ſe peut aſſez eſtimer, & ſi ſa iuſtice a eſté quelquefois obligée de cóſentir à la mort de ſes Sujets, on ſçait aſſez qu'il ne la permettoit qu'en faiſant violence à la douceur qui luy eſtoit naturelle : de ſorte que ce luy fut vne ſenſible douleur, de n'avoir pû trouver de lieu à faire valoir ſon pardon, en la perſonne de ce grand homme qui fut condamné à la mort pour n'avoir pas voulu reconnoiſtre ſa faute, qui luy avoit fait meriter le dernier ſupplice.

S'il faut ioindre aux actions de ces vaillans Princes, nourris en la connoiſſance de noſtre Religion, celles qui ont eſté faites, par ceux qui ne joüiſſent pas d'vn ſi grand avantage, nous verrons clairement qu'il n'y en a point en leur vie de plus celebres, que celles qu'ils ont produites par le ſecours de la Clemence.

Alexandre, que tout le monde regarde avec admiration, en a donné des preuves en pluſieurs occaſions. Il a gagné des batailles, contre des peuples, qu'il pouvoit aſſu-

& la Lascheté du Duel. 181

jettira son Empire, que sa douceur a pourtant exemtez de la domination que ses armes luy avoient acquise: de sorte qu'il sembloit qu'il ne combattist que pour la gloire, comme l'on faisoit autrefois dans les tournois, & qu'il se contentast d'avoir fait ce qu'on devoit attendre d'vn homme tres-genereus.

Cesar, le plus grand de tous les Capitaines que le peuple Romain ait possedés, n'a joüi du bonheur de ses victoires & de ses conquestes, que par le plaisir qu'il a pris à faire admirer sa Clemence. Et la mort de Caton son plus fier Ennemy luy fut infiniment sensible; parce qu'il fut privé de la satisfaction qu'il auroit eüe, de luy pardonner les offenses qu'il en avoit receuës.

Auguste son digne successeur, sceut si admirablement gagner l'esprit de son Ennemy Cinna, petit Fils du grand Pompée, par cette vertu eminente, qu'il le rendit vn de ses plus fideles amis, & esteignit avec ce remede merueilleus, les coniurations qui paroissoient tous les iours contre luy.

Les Turcs mesme ont eu vn Souverain, le plus grand de tous ceux qui sont sortis de la maison des Ottomans, & qui ont reconnu Mahomet pour leur Prophete, qui a esté assez genereus pour enseigner les maximes de cette belle qualité. C'est l'illustre Solyman lequel faisant couronner Iean Sepus Roy de Hongrie, le pria de recevoir en son amitié Paul Strigon & Pierre Peren, Seigneurs Hongrois qui avoient tesmoigné peu d'affection pour luy, en prenant les interests de Ferdinand qui pretendoit au mesme Royaume; & en effet ils l'avoient assisté, lors qu'il en mit la couronne sur sa teste avec ceremonie. Cela avoit si fort irrité

Z ij

ce nouveau Roy Iean contre ces deux hommes, qu'il s'excusa envers le grand Seigneur, s'il ne leur pardonnoit point cette infidelité si criminelle, sur quoy cet Empereur Turc luy dît ces belles paroles : *Pensez vous qu'en cette vie, il vous puisse arriver rien de meilleur & de plus honneste, que si par vostre clemence, ceux qui sont vos ennemis entre les hommes, deviennent ingrats? Car par là vous iouïrez de la loüange perpetuelle, d'avoir eu un cœur genereus & clement, pendant qu'ils seront à iamais couuerts de honte & d'ignominie.*

Apres ces autoritez convaincantes, ie ne pense pas qu'on se puisse persuader que le plaisir de la vengeance soit comparable à celuy, qu'on reçoit en pardonnant genereusement. C'est sans doute en quoy consiste le caractere de la plus excellente Valeur; aussi le Dieu que nous servons, & qui s'est tousiours plû à nous faire continuellement connoistre la beauté de ses perfections, n'a point voulu qu'il y en eust aucune, qui nous parust avecque plus d'esclat, que sa misericorde & sa magnanimité. C'est pour cela que l'Eglise animée de son esprit, en nous faisant incessamment adorer la premiere, dont nous ressentons tousiours les effets, nous enseigne aussi dans ses loüanges, les splendeurs de la seconde; & dans ses plus solemnelles prieres, elle fait retentir avec vne ioye agreable, le nom *de Dieu des Batailles.*

LE CINQVIESME DESAVANTAGE
de la fausse Valeur, consiste en ce qu'elle est pour l'ordinaire accompagnée de tous les vices, & particulierement de la Cruauté.

CHAPITRE VII.

SI nous voulons plus donner à nostre vengeance, qu'au respect qui est deu aux veritez, que le dernier Chapitre nous a fait connoistre, il faut à mesme temps que nous confessions, que nous sommes du nombre de ces Ames basses, qui estant esloignées de pouvoir genereusement vaincre les autres, demeurent accablées elles-mesmes sous le poids de leur propre foiblesse. C'est le joug que la fausse Valeur fait porter avecque tyrannie, à tous ceux qui se perdent dans la lascheté qu'elle couvre. Il est si connu de tout le monde que la ioye qu'on prend à tremper ses mains dans le sang de ceux, pour qui on a de l'aversion, est vn sentiment que la bassesse du cœur fait naistre, qu'il est inutile de rapporter des raisons pour le prouver. La Cruauté & la Timidité sont des compagnes qui ne s'abandonnét gueres: la Lascheté produit la crainte, & cette passion pleine d'effroy, engendre le desir d'employer le fer & le feu, pour détruire ce qu'on apprehende.

Le desir de répandre cruellement le sang, qu'on ne peut avec generosité tirer des veines de ceux qu'on hait, pousse les hommes à faire des actions semblables à celles, que commettent les voleurs des grands chemins, lesquels n'estant pas assez hardis pour entreprendre de s'emparer hautement des biens qu'ils voudroient avoir, attendent

Z iij

quelques foibles personnes sur les passages, pour leur oster avec surprise, la force à la main, ce qu'ils ne pourroient avoir autrement. Toute la Nature est remplie des monstres, qui ont fait voir leur bassesse de cœur, comme vne source abondante de cruautez.

Ce superbe Roy de Perse Cosroës, qui avoit si insolemment abusé des victoires, que Dieu luy laissa remporter sur les Chrestiens, se voyant battu par son vainqueur, augmenta la honte de sa fuitte & de sa perte, par celle de sa lasche cruauté. Cét infame ne pût trouver de meilleur remede à sa douleur, que de faire saller vn de ses Generaus tué à son service, & le faire porter de bien loin, pour avoir le plaisir de satisfaire sa rage & de venger ses deffaites, en perçant de plusieurs coups de Iavelot, ce corps que la vie avoit abandonné depuis long-temps : aussi ce Prince cruel fut-il puni de ses crimes, par les perfidies de son Fils, digne de la nourriture qu'il luy avoit donnée. Cét Enfant desnaturé fit mettre ce Pere malheureus en prison dans vne cave, où il le fit perir de misere & de necessité, enchaisné comme vne beste furieuse.

Le timide Alachis tyran de Trente, qui s'estoit revolté contre Cunipert Roy de Lombardie, refusa la proposition que luy fit son Souverain, de vuider entre eux-deux tous leurs differends les armes à la main, à la teste de leurs armées afin d'espargner le sang de tant de personnes innocentes. Sa cruauté parut aussi bien que sa lascheté, en ce qu'estant sur le point de combattre, il fit vœu à Dieu, que s'il gagnoit la bataille, il rempliroit vn puits de testes d'Ecclesiastiques, contre lesquels il avoit vne animosité tres-violente; par ce qu'il estoit heretique: mais le meschant ne pût se sauver, & sa peur n'empescha pas qu'il ne perdist la vie dans le mesme combat.

Il seroit ennuyeus de rendre ce discours plus long, en rapportant tout ce qui nous pourroit faire connoistre, que les lasches sont pour l'ordinaire non seulement cruels, mais aussi avares, ingrats, traistres, & remplis de toutes les basses passions de la pillerie & des autres crimes, que les vrais Genereus detestent avec sujet. Ces vices sont enchainez les vns avecque les autres, comme vne troupe de Galeriens, qui traisnent par tout leur infamie. Personne ne l'ignore, & cela ne paroist que trop clairement aux yeux de tout le monde. Il faut donc abondonner la consideration de ce cinquiéme desavantage de la fausse valeur, pour passer à celle de la sixiéme perfection.

LE SIXIESME AVANTAGE DE LA veritable Valeur consiste, en ce qu'elle est assistée de Dieu: la fausse valeur au contraire, a pour ennemy cette Majesté redoutable.

CHAPITRE VIII.

JE mettray le sixiesme avantage de la veritable Valeur, dans la satisfaction qu'il a d'estre protegé en toutes ses entreprises, de la main puissante de celuy qui ne veut rien, qu'il n'execute avec autant de facilité, qu'il a d'envie de le faire reüssir. Son secours est proportionné à sa puissance; & comme elle est infinie, celuy qui s'appuye sur vn fondement si solide, a sujet d'esperer tout ce qu'il veut legitimement faire. Si la raison qui pousse les plus grands Capitaines & les plus habiles gens, à former des desseins magnanimes, est toûjours establie sur la connoissance qu'ils ont de leurs forces, & de leurs moyens apparents de venir à bout des plus hauts projets que leur courage eslevé leur inspire, que devons nous penser de ceux qui mettent toute leur esperance, dans les actions qu'ils sont obligez de produire, sur la force invincible de celuy qui est Tout-puissant, sur le secours que le vaillant Roy des Rois ne desnie iamais aux siens, & sur la protection qu'ils attendent avecque tant de Iustice, de celle qui a pour Fils vn homme qui est Dieu? Sans mentir si tous les hommes ensemble parloient avec affection, de la grandeur des avantages qui arrivent de ses assistances merueilleuses, & de l'ayde qu'on en reçoit pour mettre à bout avecque bonheur, tout ce qu'on entreprend avec hardiesse, ils ne pourroient rien dire qui ne fust fort au dessous du feu, qui eschauffe la Valeur en ces momens precieus. Vn homme fortifié de la main mesme de Dieu, & protegé de tout ce qu'il y a d'illustre dans la Cour du Roy Eternel, n'a pas grand'peine à faire de belles choses; & quand il en rencontre de tres-difficiles, elles servent parfaitement à esclairer la beauté de ses actions.

 Les témoignages que nous rendent de cette verité, ceux qui ont escrit les faits des hommes, qui ont mis leur confiance en celuy qui donne la Valeur sont si frequents qu'on en pourroit marquer vne tres-grande quantité. L'on voit dans l'histoire des Empereurs de Constantinople, que le traistre Gaïnas de la secte des Arriens, ayant fait vne coniuration dans cette ville celebre avecque les Gots, pour brusler la nuit le Palais de l'Empereur Arcade; ainsi qu'ils qu'ils penſoient executer leur deſſein, ils virent cette maiſon Royalle environnée de Soldats d'vne grandeur extraordinaire, qui leur fit perdre & l'envie & la hardieſſe de pourſuivre ce qu'ils avoient reſolu avecque tant de perfidie.

Lors que ce meſme Arcade gagna vne fameuſe bataille contre les Perſes, on remarqua que ſes habits eſtoient miraculeuſement couverts de Croix.

La Mere de Dieu aſſiſta ſi bien de ſon ſecours, Pelagius ſorti des anciens Rois qui avoient regné en Eſpagne, que ce Prince ayant raſſemblé tres-peu de gens, du debris vniverſel de toutes les provinces de cet Eſtat, aſſujetti à la domination des Sarraſins, ſe retira dans les montagnes, où s'eſtant enfermé dans vne grotte, il attendoit la protection de Dieu par les prieres de la Vierge. Ses Ennemis envoyerent vn des plus conſiderables du pays, que la peur avoit obligé de ſe mettre avec eux, afin de perſuader à ce vaillant homme, qu'il eſtoit obligé de ſe rendre, il le refuſa genereuſement quelques promeſſes qu'on luy pûſt faire, diſant qu'il avoit mis toute ſa confiance en Dieu, qu'il ſçavoit que l'Egliſe Catholique eſtoit comme la Lune, qui paroiſſoit quelquefois tres-peu, mais qui retournoit touſiours, par la ſuite du temps, dans la beauté de ſon plein; qu'il eſperoit le ſecours du Ciel pour ſortir des difficultez, où il ſe trouvoit à cette heure: & qu'enfin par l'aſſiſtance de la Mere de Dieu, le regne de ces barbares ſeroit détruit, & celuy de la poſterité des legitimes Rois, reſtabli. Les Sarraſins irritez de la hardieſſe de ſa reſponſe, commencerent à l'attaquer avec vne fureur, capable de donner de l'eſpouvante; mais celle qui ne manque iamais aux gens de

A a

bien qui se fient en sa protection, fit que les fléches dont ils pretendoient faire perir ce Brave & tous les siens, retournerent contre eux mesmes & leur porterent la mort: ce que le genereus Pelage reconnoissant, sortit de sa grotte, & chargea si vigoureusement ces infideles, qu'en ayant tué vingt mille sur la place, & mesmes le Chef qui les commandoit, il donna la fuite à soixante mille, qui perirent tous dans les eaux & dans les montagnes. Cette Caverne si considerable par la grandeur de cette action, fut consacrée en l'honneur de la Vierge, & erigée en Eglise, pour vne marque perpetuelle du miracle qui s'y estoit fait.

Ce grand homme eut pour gendre, Adelphonse qui regna apres sa mort, lequel reprit le titre de *Roy Catholique* qu'vn Concile avoit autrefois donné à S. Reccarede, duquel il estoit descendu. Cette qualité a esté si estimée de Ferdinand Roy d'Arragon & de Castille, qu'il la desira avecque passion, & obtint du Pape Iules second, qu'elle seroit hereditaire à tous ses successeurs, qui commanderoient dans les Espagnes.

Le grand Theodose voyant ses gens mal traittez dans la guerre qu'il avoit contre le Tyran Eugene, eut recours à Dieu, auquel il fit des prieres pleines de ferveur. Cette Majesté infinie, qui fortifie ceux qui s'addressent à elle, luy fit voir les deux Apostres, S. Iean & S. Philippes qui devoient conduire ses Legions le iour de la bataille. Comme on estoit prest de la donner, ce Prince connoissant que les siens estoient espouvantez des avantages, que les Ennemis avoient remportés sur eux, descendit de cheval, & se mettant à leur teste s'escria en marchant avec vne generosité admirable, *où est le Dieu de Theodose?* Cette parole ne fut pas pluſtoſt ditte, comme elle eſtoit animée des foudres, dont le Dieu des batailles arme le courage de ſes Vaillans, qu'elle attira vn tourbillon furieus, qui fondit ſur les Ennemis auecque tant d'impetuoſité & de pouſſiere, qu'ils ſe tuoient entr'eux de leurs propres armes. L'eſtonnement que cela leur cauſa, acheua de les vaincre, auec ce que les Troupes de l'Empereur les pouſſoient tres-vigoureuſement. Pluſieurs d'entre ces gens abbatus de crainte, ne iugeants pas qu'il fûſt iuſte de combattre contre celuy, qu'ils croyoient qui donnoit tel mouvement qu'il luy plaiſoit à l'air & aux tempeſtes, allerent prendre l'orgueilleus Eugene, pour le preſenter à ſon vainqueur. Ils trouverent ce miſerable dans ſon Troſne, qui ſe tenant aſſeuré de la victoire, s'imaginoit ridiculement qu'on luy amenoit Theodoſe priſonnier; mais il fut bien ſurpris quand on luy reſpondit, que c'eſtoit luy qu'on alloit conduire en la preſence de ſon Souverain.

Mazezil vainquit en Afrique ſon frere Gildo tres meſchant homme, par le ſecours de S. Ambroiſe, qui luy apparut. S. Felix Patron de Nole s'eſt fait voir ſur les murailles de cette ville, la ſecourant contre Alaric qui l'aſſiegeoit. Et le furieus Attila, qui ſe faiſoit appeller le *fleau de Dieu*, fut contraint d'accorder à S. Leon tout ce qu'il luy demandoit, & de ne point toucher à Rome ; parce qu'il vid aupres de ce grand Pape, vn homme plein de Majeſté qui le menaçoit, s'il eſtoit ſi temeraire de rien refuſer à cet illuſtre Prelat. Enfin nous n'aurions iamais fait, s'il falloit rapporter tant de choſes merveilleuſes, qui ſe ſont faites de tout temps, pour ſecourir les courages magnanimes qui attendent de l'Auteur de toute la Force, le moyen de vaincre ceux, contre leſquels ils doivent combattre.   A a ij

Ces exemples qui nous apprennent si bien, que rien ne peut resister aux Vaillans que la main de Dieu protege, nous instruisét assez du malheur qui accable presque tousjours, ceux qui sont abandonnez de ce secours si necessaire pour reüssir. Chaque histoire porte la fin honteuse des Coupables, qui ont osé prendre les armes sur l'esperance qu'ils avoient en leurs propres forces, & sur la protection qu'ils attendoient de celuy, qui leur persuadoit l'iniustice : neantmoins afin de faire esclater la verité qui nous monstre que le Demon n'a que de la foiblesse pour combattre la puissance de Dieu, & de la haine contre ceux, à qui il fait semblant de souhaiter du bien, ie rapporteray les paroles avecque lesquelles Dieu prend soin de nous enseigner ce que ie dis. Ce Seigneur ialous de sa Gloire & irrité du peu d'estime qu'on a pour sa Grandeur, fait des menaces capables de ietter la terreur & la mort, dans le cœur de ceux qui les entendent. Il dit qu'il enivrera les fléches de sa colere, du sang de ces perfides qui mesprisent sa grandeur, & qui rendent à son Ennemy en suivant ses mouvemens, le respect qui n'appartient qu'à la seule Divinité. Il asseure que son Espée plus brillante que les esclairs & plus terrible que les foudres, se vengera de ces infideles, & se plongera sans misericorde dans les corps de ces infames, lesquels abandonnez de tout secours, & remplis d'vne amertume plus insupportable que le fiel mesme des serpens, seront accablez par le mespris de toutes les creatures, qui s'escrieront en insultant à leur honte & à leur malheur : *où sont ces superbes, ces Dieux imaginaires, ausquels ils auoient mis toute leur confiance, qui les trompoient si doucement sous les apparences des plaisirs qu'ils leurs offroient,*

& de la douceur des viandes & des breuuages, dont ils raſſaſioient leur ſenſualité : qu'ils ſe leuent donc maintenant ces braues protecteurs, qu'ils vous ſecourent & qu'ils vous aſſiſtent.

Le Roy Ezechias eſtant enfermé dans Ieruſalem, le puiſſant Roy d'Aſſyrie Sennacherib, qui la vouloit prendre, envoya Rabſace l'vn de ſes Generaus, pour le ſommer de rendre cette ville. Cét inſolent s'acquitta de ſa commiſſion avecque des blaſphemes ſi horribles, & des mépris ſi criminels contre la grandeur de Dieu, que ſa Majeſté juſtement irritée exauça les prieres du genereus Ezechias, qui n'avoit point de troupes en eſtat de reſiſter à la puiſſance du Roy d'Aſſyrie. Il envoya en effet la nuit vn Ange, vengeur des outrages faits contre ſa Majeſté infinie & de la confiance temeraire que ce Monarque ſuperbe mettoit en ſa force, & en l'aſſiſtance des faux Dieux qu'il adoroit. Ce fidele miniſtre de ſes volontez donna la mort à cent quatre-vingt cinq mille hommes, & le fier Sennacherib accablé de cette perte, s'enfuit tout plein d'effroy dans Ninive, où il fut maſſacré pas ſes propres enfans, comme il rendoit ſes honneurs à vne des trompeuſes Divinitez, qui l'avoient ſi funeſtement abuſé.

Nous ſçavons de quelle ſorte la genereuſe Iudith aſſiſtée de la force du Ciel, oſta la vie à Holofernes, qui ſe glorifioit inſolemment en ſa grande Armée, & au ſecours qu'il attendoit de ſes faux Dieux.

Littorius Payen, qui commandoit les armées de l'Empereur Valentinien dans les Gaules, eſt abbatu & entierement deffait par le Roy des Gots Theodoric, qui eſtoit bon Catholique. Ce miſerable ſe fioit à la Divinité imaginaire qu'il reveroit, & ſe perſuadoit mal à propos, qu'elle eſtoit

A a iiij

assez puissante pour luy continuer sa premiere Valeur, & le rendre victorieus, mais il se trouva bien abusé, quand il se vid prisonnier de son Ennemy, qu'il ne pût empescher d'entrer dans Arles. Cette ville servit de prison à cet homme peu de temps auparavant si orgueilleus, & fut le lieu où parurent avec esclat, les triomphes & les victoires de Theodoric.

LE SEPTIEME AVANTAGE de la veritable Valeur, est d'estre suivie pour l'ordinaire, d'vn grand bon-heur: mais au contraire la fausse est presque tousiours malheureuse.

CHAPITRE IX.

LE septiéme avantage de nostre belle Valeur, consiste en ce qu'elle est ordinairement heureuse. C'est à iuste titre qu'elle iouït de ce privilege, puis que la mesme source divine, qui produit la Generosité que ie loüe, produit aussi le bonheur qui l'accompagne. Il est raisonnable que le Roy de tous les Monarques communique abondamment ses faveurs à ceux qui les attendent de luy. Nous sommes asseurez qu'il n'appartient qu'à ses mains liberales, de les donner. C'est donc avecque iustice, qu'il les répand heureusement sur ceux, qui ne les esperent que de sa seule magnificence. S'il est le meilleur Maistre du monde, qui pourroit douter qu'il refusast à ceux qui le servent, ce qu'il leur peut si facilement donner, & qui sert à faire connoistre à tous les hommes, sa gloire, sa puissance, aussi bien que sa bonté ? Si nous ne doutons pas que les plus grands Princes ne fussent ravis, de faire que leurs Generaus qui combattent pour leur interest, reüssissent à ce qu'ils entreprennent, à combien plus forte raison devons nous penser la mesme chose, de celuy qui est meilleur, & plus puissant qu'ils ne sont?

C'est ce que sa Grandeur nous a fait paroistre en Iustinien Empereur de Constantinople; lequel s'establissant dans la Generosité du Fils de la Vierge, fut si heureus qu'il gagna par ses Generaus des batailles considerables, contre les Perses. Cela rendit la majesté de son nom si auguste, qu'Athalaric Roy des Gots, Hilderic Roy des Vandales d'Afrique, & mesmes vn des Rois de France, envoyerent des Ambassadeurs pour luy demander son amitié; & cette rare perfection enfin fit venir à sa Cour, Gethes Roy des Herules, qui le servit en ses guerres, & se fit Chrestien avecque tous ses Sujets.

Le fameus Belisaire, l'honneur de son siecle, & la terreur de ceux qu'il a combattus, sortit de Constantinople avec vne armée, qu'il fit benir au Patriarche de cette ville, pour aller retirer l'Afrique de la tyrannie des Vandales, qui la possedoient iniustement. Il estimoit que c'estoit vne chose infame de souffrir que les gens de guerre vescussent de pillage & de desordre; & le Cardinal Baronius, qui a descrit ses actions, en parlant de la valeur que ce grand Capitaine recevoit du Ciel, dit qu'il est impossible que l'impieté ne rende vn homme lasche; puis que ceux qui en sot possedez, fuyent avec effroy, sans sçavoir pourquoy ils le font. Ce genereus homme assuiettit cette partie du monde en fort peu de temps, remporta plusieurs victoires signalées, emmena le Roy Gelimer captif, & le fit servir au plus magnifique triomphe, qui eust esté accordé à pas vn Seigneur particulier, depuis plus de six cents ans.

Narses, Capitaine de grande reputation entre tous ceux qui ont commandé les armées des Empereurs, vaillant autant qu'on le peut-estre, & si homme de bien, qu'il renvoya les Lombards qui combattoient sous luy, apres les avoir payez; parce qu'ils estoient trop addonnez au pillage, fut si heureus en ses faits, que la Mere de Dieu daignoit bien luy apparoistre, & luy dire le temps qu'il devoit choisir pour combattre, & pour remporter la victoire.

Puis que le maistre du sort de tous les hommes, & celuy qui leur distribuë les bonnes fortunes comme il luy plaist, prend vn si grand plaisir à rendre heureus, ceux qui sont veritablement vaillans; que peuvent attendre des effects de son mespris & de son indignation, ces lasches qui n'ont iamais connu la veritable valeur, & qui se sont laissez emporter par leur propre foiblesse, à l'amour de celle qui est fausse, & aux persuasions trompeuses du perfide auteur de la Lascheté? Ce grand Souverain de toutes les Creatures, qui tient les malheurs & les disgraces enchaisnées, comme des bestes farouches qui ne sont propres qu'à punir les crimes des coupables, les lasches pour l'ordinaire, sur ces infames personnes que S. Paul appelle les *Fils de la deffiance*, qui ont establi leur puissant secours, sur le foible bras du Prince des tenebres. Il se rit de leur desastre, les maux qui leur arrivent tousiours, servent de trophées à ses triomphes aussi, bien que de marque de l'impuissance des Demons qui les abusent. On ne sçauroit comprendre la grandeur de la rage, avecque laquelle ces malheureus Esprits desirent, que ceux qui se sont confiez en leurs forces, participent à leurs miseres. Car rien n'est plus certain, que le plaisir de ces scelerats, s'ils en pou-

voient

& la Lascheté du Duel.

voient ressentir, consisteroit à voir leurs meilleurs amis, souffrir les plus extresmes malheurs qui peuvent accabler les hommes. Aussi ils taschent de les tromper, afin de les perdre, & quand ils iouïroient d'vne puissance égale à la foiblesse qui les tourmente, ils ne la voudroient employer, qu'à faire du pis qu'ils pourroient à ces miserables, qui ont esté assez aueuglés & assez credules, pour suivre leurs pernicieus conseils. Nous en pouuons voir les effects dans les accidens que ie vais produire, qui ont opprimé les personnes qui s'imaginoient, que par le moyen de la fausse valeur qui les animoit, ils pourroient executer de belles choses.

Le fier Roy Radagaise, descendu des Scythes, vint fondre du Septentrion sur l'Italie, auec plus de deux cents mille hommes, & son orgueil ne luy promettoit pas moins que le pillage de Rome ; mais il fut abbatu tout d'vn coup dans la Toscane, par quelques vaillans Chrestiens qui s'opposerent auec courage à ce torrent, qui inondoit auec vne rapidité si violente, tout ce beau pays. Ce cruel payen fut fait prisonnier auec ses enfans, & porta par sa mort, la punition de sa temerité, qui dans le fonds n'auoit rien de veritablement braue.

Alaric eut bien l'audace de faire prendre les habits imperiaus à Attalus, pour l'opposer à Honorius qui estoit le legitime Empereur : mais ce Souuerain de Comedie fut contraint de quitter laschement ces marques d'honneur, qu'il auoit prises auec vne vanité insupportable, & fut bien aise d'implorer la misericorde de celuy, de qui il estoit né Sujet. Pour le superbe Alaric apres auoir pillé la Capitale de tout le Monde, il mourut miserablement en prenant sa marche du costé de la Sicile. Les siens confus de cette perte, afin d'empescher les Romains d'en pouvoir beaucoup profiter, destournerent le cours d'vne riviere, où ils enterrerent ce miserable Prince, avecque tous les tresors que ses voleries luy avoient acquis; puis laisserent couler l'eau dans son lict ordinaire, de peur que la posterité ne sceust le lieu, qui avoit servi de monument à leur honte & à leur desastre, & massacrerent les Esclaves qu'ils avoient employez à faire ce grand travail.

Le rebelle Geronce, qui avoit osé prendre les armes, contre l'Empereur Honorius, se voyant assiegé dans vne maison en Espagne, tua luy-mesme son plus fidele serviteur Alain, perça le corps de sa femme Nonnichia, qu'il aimoit beaucoup, & puis se donna miserablement la mort.

LE HVICTIESME AVANTAGE de la veritable Valeur, est qu'elle est suivie de la victoire: & le desavantage de la fausse est au contraire, d'estre honteusement vaincuë.

CHAPITRE X.

IL est aisé de iuger de toutes les choses qui ont esté dites, pour découvrir les excellences de la vertu que i'ay pretendu loüer, que la victoire est sa compagne inseparable. Elles sont liées ensemble d'vne vnion si douce & si charmante, qu'il est bien rare de les voir separées; & quand cela se rencontre, c'est que le Souverain distributeur des victoires, veut faire connoistre aux hommes, que les malheurs mesme qui arrivent à ses Vaillans, ne sont pas capables d'ébranler la Generosité qu'il

& la Lascheté du Duel.

a si fortement establie en eux. En effet, par son moyen la Sagesse infinie les fait triompher d'vne maniere admirable, au milieu mesme des fortunes les plus contraires; & il semble que cette Bonté supréme, n'ait voulu differer de les faire vaincre, que pour mieux faire éclater la grandeur de leur magnanimité. C'est vne necessité inevitable, que le Roy de tous les Rois renverse enfin, tout ce qui s'oppose à sa Valeur divine. Les siens participent asseurément à cet avantage; & le dernier iour de tous les siecles, qui commencera celuy qui n'a point de fin, nous fera voir cette verité en son lustre, & nous paroistra orné de tous les triomphes & de toutes les victoires, qui ont legitimement appartenu au Fils de la Vierge & à ses illustres Braves. En effet, puisque rien ne peut resister à ses voluntez, comment pouvons-nous douter qu'il ne donne cet avantage; que nous mettons pour le huictiéme, à ceux qui combattent sous ses enseignes?

Tous les exemples que i'ay rapportez, peuvent servir d'vn témoignage asseuré, de ce que ie desire faire connoistre, I'y adjousteray encore la victoire d'Vrsand Seigneur Breton, lequel deffit vne armée de trente mille Normands, quoy qu'il n'eust pas plus de mille hommes avec luy. Celle de Robert Guichard n'est pas moins admirable; puisqu'il fut victorieus de cent soixante & dix mille hommes, encore que son armée ne fust composée que de quinze mille. La Thrace a esté le theatre de cette belle action, & Alexis Empereur de Constantinople, ressentit les effets d'vne valeur si redoutable.

Le regne de Charles VII. appellé le *Victorieus*, pour avoir genereusement reconquis son Royaume par le se-

Bb ij

cours de son espée, est tout rempli de ces merveilles. De Roy de Bourges, comme l'appelloient les Anglois, il devint par le succez que Dieu donna à ses armes, le paisible Monarque de tout ce grand Royaume; & son bon-heur commença à naistre avecque l'arrivée de cette admirable Pucelle d'Orleans, qui a laissé vne si grande estime d'elle à la posterité, que la Renommée de son nom durera autant que le monde. Nous lisons les faits glorieus de cette vaillante Fille, dans vn excellent Poëme, qu'en a escrit vn des beaux esprits de ce siecle.

Nostre temps a veu des prodiges en la personne du feu Roy d'heureuse memoire, qui ne cedent point à ceux qui ont enrichi les siecles passez. Ce Prince, assisté du secours de sa vertu & de son courage, a domté la fiere Rebellion qui s'estoit emparée des meilleures villes de son Estat, dont il s'est rendu maistre si absolu, qu'il a pû porter avec honneur sa protection à tous les affligez, qui la luy demandoient : on a veu plier sous les triomphes de ses victoires, ces personnes qui croyoient, sans ce choc qui a ébranlé leur Empire, meriter la qualité de Souverains moderateurs de l'Europe.

Il est aisé de voir, que si la veritable Valeur produit des fruits si delicieus, & si pleins de la belle gloire, il est necessaire par vne consequence qui ne se peut destruire, que la fausse qui cache sous ses artifices l'infame Lascheté, apporte la honte de se voir vaincus, à ceux qui la suivent. C'est ce qu'on peut attendre de cet Ange rebelle, qui a esté abbatu dés le commencement des choses. Il tasche aussi à faire que les siens participent à cette mesme ignominie, il leur est bien difficile de s'eschapper d'vn si mauvais pas,

& la Lascheté du Duel.

sans qu'ils demeurent accablez sous les trophées des vrais Genereus, contre lesquels ils osent entreprendre de combattre.

Le miserable Heraclien, qui s'estant revolté contre l'Empereur Honorius se promettoit la conqueste de l'Empire, nous monstre bien l'illusion qui abuse ces sortes de gens. Car en effet ce Rebelle, autant puissant qu'aucun autre ait iamais esté, avoit vne armée navale composée de trois mille sept cens vaisseaus, & avecque tout cela, estant abandonné de la veritable Valeur, il fut contraint de s'enfuir honteusement en Afrique, où il perit auecque misere.

Boniface, dont la temerité avoit rempli l'ame de sentimens peu genereus, fut enfin tué par Aëtius.

Baronius remarque que les Ministres de l'Empereur Theodose, ayant manqué de respect envers les Evesques qui estoient assemblez au Concile d'Ephese, les Troupes de cet Empereur furent deffaites en Afrique par les Vandales, & Aspar qui les commandoit, contraint de se retirer à Constantinople.

LA VERITABLE VALEVR attire l'admiration de tout le monde, & la fausse attire le mespris.

CHAPITRE XI.

Ous establirons le neufiesme avantage de nostre belle perfection, en ce qu'elle paroist tousiours esclattante aux yeux des hommes, & qu'elle brille de tant de lumieres, qu'il n'y a rien au monde qui iette

Bb iiij

plus d'admiration dans leur esprit, que cette pompeuse vertu : aussi connoissons nous par experience, que de toutes les choses agreables, qui charment si doucement les pensées des hommes, & qui attirent leur inclination avec plus d'impetuosité, la Valeur est celle dont l'impression est la plus puissante. On en aime la reputation par dessus tout ce que la vie a de plus aimable, & ceux qui sont nez avecque generosité, hazardent leurs biens, leur repos, leur famille, enfin ce qu'ils aiment le mieux au monde, & la vie mesmes sans peine, pour meriter la loüange d'estre vaillans ; & quelque attachement qu'ils ayent aux richesses, & à l'interest, s'ils ne sont point lasches, ils croiront ne rien perdre, en perdant toutes choses, pourveu qu'ils conservent cette reputation, qui les place si hautement dans l'esprit de tous les grands hommes. Selon mon sentiment, il n'y a rien de plus iuste, ny de plus legitime que cette passion, pour vne qualité qui merite si avantageusement l'estime de Dieu mesme ; mais il importe aussi beaucoup, de ne se point laisser tromper en vne chose de si grande consequence, & de ne pas prendre l'ombre pour la verité, & la laschete pour la valeur.

Quand on peut surmonter les tromperies & les illusions de ce vice, on a droit de pretendre à l'estime & à la loüange que le Souverain Auteur de cette vertu distribuë toûjours avec elle. Elle est environnée de palmes, & de lauriers si bien nourris de la plus brillante gloire, qu'il n'appartient point à la longue suite des temps, ausquels la Nature doit hommage, de détruire leur esclat. Leur lustre est revestu de splendeurs, qui dureront autant que l'Eternité. La pompeuse renommée de ces Heros, qui ont paru sur le theatre du monde, sert d'vn tesmoignage asseuré de cet auguste avantage. C'est ce que nous voyons dans les exemples de Charlemagne & de S. Louis.

Nous sçavons que ces deux grands Princes ont fait des choses, qui donneront eternellement de l'estime à ceux qui habitent le Ciel, & qui attireront l'admiration des hommes iusques à la fin des siecles. Aussi Aaron Roy des Sarrasins, qui regnoit en Orient du temps du premier, admira ses belles actions avecque tous les respects imaginables, & le grand Cham de Tartarie, qui commandoit dans ce grand pays au temps que le second portoit l'espouvante dans le Levant & dans le Midy, l'appella tout plein d'estonnement, par vn titre glorieus *l'Epée du monde Chrestien*.

Lors que ce mesme Monarque des François fut prisonnier en Egypte, ceux mesmes qui le tenoient captif, respecterent si fort les admirables qualitez de sa personne, qu'ayant donné la mort à Malexala leur Souverain, ils luy offrirent de le mettre à sa place. Et l'on a veu ce grand homme, arbitre de tous les differends de ses voisins, qu'il appaisoit par vne generosité, à laquelle la Politique ne peut rien entendre. Nous en avons des marques considerables dans les troubles d'Angleterre & de Languedoc, qu'il termina avec vne generosité surprenante. Pierre d'Arragon ressentit les effects de son equité, quoy qu'il eust pour partie, le Frere de ces Roy si iuste.

François I. estima si fort le vaillant Chevalier Bayard, qu'il voulut estre fait Chevalier de sa main, croyant que la valeur de cet homme illustre serviroit à rendre la sienne plus recommandable.

La fausse generosité, qui n'est environnée que d'illusions & qui porte tousiours avec elle les caracteres de la lascheté, est suivie tres-iustement de la plus basse infamie. Le Demon avecque toutes ses finesses, ne sçauroit empescher que dans la fin ses tromperies ne paroissent au jour, & ne laissent les siens abbatus par la timidité, & accablez par le mespris; aussi sont-ce les fruits qu'il luy appartient de produire. C'est l'appanage qu'il donne à ses fideles amis, & c'est le riche ornement, dont il pare les vaillans imaginaires.

L'Eunuque Eutrope, qui estoit parvenu à la dignité de Consul sous le regne de l'Empereur Arcade, nous fait voir cette ignominie dans sa laideur. Ce superbe qui s'estimoit aussi grand de courage que de fortune, avoit fait tuer Ruffin, & meditoit en son ame les moyens de faire chasser l'Imperatrice Eudoxe. Il avoit eu assez d'insolence, pour prendre des habits, qui n'appartenoiét qu'à la dignité Imperiale; mais cet homme se trouva, dans la disgrace qu'il ressentit peu apres, si accablé de ses propres foiblesses, & de la bassesse qui possedoit son courage, qu'il fut contraint, rempli d'espouvante, de se refugier sous la protection de S. Iean Chrysostome. Ce grand Patriarche employa, pour le sauver des mains de l'Empereur & du peuple qui le vouloient avoir, vn moyen proportionné à la lascheté de ce miserable : car il fit vn discours contre luy tout plein du mespris qu'on devoit avoir pour vne personne si infame, afin qu'excitant plus de pitié que de colere, il pûst obtenir la vie de ce lasche.

Gainas ennemy iuré de ce mesme Eutrope, meschant à peu pres comme luy, attira vn Tribigilde Chef des Barbares,

bares, dans les terres de l'Empereur, pour y faire mille pilleries, pensant se rendre plus considerable par le credit qu'il avoit aupres de cet homme, que sa malice avoit fait venir: mais il esprouva que les gens de sa sorte, quoy que leurs crimes demeurent quelque temps impunis, donnent enfin des preuves asseurées de la bassesse de leur courage, & perissent miserablement.

Nous voyons vn Iean si temeraire, que de vouloir prendre la dignité Imperiale apres la mort de son Souverain l'Empereur Honorius, laquelle il fut contraint de quitter avec autant de confusion, qu'il avoit eu d'insolence à la desirer.

C'est ce mesme sentiment qui naist de la fausse valeur, qui porta Sapores Roy de Perse, à trahir en vn festin, Arsace Roy d'Armenie qui s'estoit fié en luy; son crime attira l'horreur de toutes les Nations qui connurent sa trahison.

Il est si constant, que le mépris est le partage de toutes les actions, qui tirent leur origine du vice que ie décrits, que Panda Roy d'Angleterre, enseveli dans les tenebres du paganisme, n'a pas laissé de connoistre cette verité, qui luy a fait dire qu'il n'y avoit point de gens au monde si méprisables que les Chrestiens, lors qu'ils ne correspondoient pas aux illustres mouvemens, que leur devoient donner les hautes pensées de leur Religion, toute pleine de lumiere.

Cc

LA VERITABLE VALEVR A POVR son dixiéme avantage, de faire sacrifier à Dieu: Et la fausse pour son dixiéme desavantage, de faire sacrifier au Demon.

CHAPITRE XII.

LE dixiéme avantage de la noble Valeur consiste en ce qu'elle est toute remplie des grandeurs de la Majesté de Dieu qui la soustient, & qui oblige ceux qu'elle anime, à faire vn sacrifice continuel à sa magnanimité infinie. Celle qui est creée luy doit ses hommages, comme à la source d'où elle derive. C'est pourquoy les veritables Vaillans regardent les actions genereuses qu'ils executent, comme des sacrifices qu'ils rendent à la Divinité, Les perils & les hazards, dans lesquels ils exposent leurs vies, sont des moyens illustres de se sacrifier noblement à cette premiere cause de tous les Estres. Ceux aussi à qui ils donnent la mort, par les efforts de leur iuste Valeur, sont des victimes immolées à la iustice de Dieu irrité. C'est par ces sentimens qu'on vse comme l'on doit, d'vne qualité si relevée que celle de la Generoisité. C'est par là qu'on la fait servir à rendre le premier respect, que toutes les creatures doivent à celuy qui les a tirées du neant; car c'est par le sacrifice, qu'on exprime la reconnoissance qui appartient à cet Estre, qui subsiste par luy-mesme. C'est pourquoy les Anges & tous les bien-heureus, sont continuellement dans vn entier abandon de ce qu'ils sont, envers ce divin Principe de toutes choses, qui les conserve en agreant leurs soûmissions respectueuses. Les demons mesme, avecque vne rage qui ne les abandonnera iamais, sentent perpetuellement les effets de leur dependance, & ne se voyent conservez dans la vie qu'ils ont receuë avecque la creatió, que pour servir de monument éternel de la colere de Dieu, & pour estre les termes immortels, qui reçoivent tousiours les rigoureus chastimens de sa vengeance. Ils sont sacrifiez avecque tous les damnez à cette terrible indignation, & les sainctes Intelligences qui les ont vaincus dés le commencement des choses, avecque le genereus saint Michel, sont les illustres Vaillás, qui ont sacrifié à Dieu les peines de ces miserables.

Enfin la Divinité est si eslevée au dessus de tout ce qui est son ouvrage, qu'il faut qu'elle en reçoiue les honneurs du sacrifice. Iesus Christ mesme Fils de Dieu, n'a pas dédaigné de porter le caractere de victime. Il s'est offert à son Pere en cette sorte, avecque toutes les actions de sa vie, de sa mort & de son Eternité; & dans le moment qu'il a commencé de viure en sa Mere, il a commencé aussi de rendre ce devoir à la Majesté increée. Sa divine Valeur sacrifie tout à Dieu, & celle qu'il donne aux siens, leur fait executer la mesme chose. Les champs de batailles sont les autels, où comme cette premiere victime, ils s'offrent en sacrifice avecque tout ce qui depend de leur conduite, & tout ce que la Valeur leur fera produire.

Toutes les vies appartiennent à l'Auteur de la vie, & toutes celles des hommes doivent finir par la mort, à cause du peché de leur premier Pere. C'est vne condamnation, dont personne ne se peut exemter, & bien-heureus sont ceux, qui se soummettent à cet ordre inevitable, dans ces sentimens solides du sacrifice, qui est si legitimement deu.

Cc ij

C'est mourir, & se sacrifier avec Iesus Christ mourant & se sacrifiant de cette maniere.

Nos illustres Vaillans donc animez du mesme Esprit, avecque lequel le Fils de la Vierge a vescu & terminé sa vie, viuent aussi dans les dangers de la guerre, & attendent la mort avecque hardiesse. Si dans vne occasion iuste ils sont obligez de la dóner à leurs Ennemis, ils le font avecque les mesmes pensées. Dans ces sentimens magnifiques ils trouvent leur honneur & leurs triomphes, & quoy qu'ils suruiuent souvent à ces grandes dispositions, avecque lesquelles ils entrent dans les combats, ils desirent toutefois acheuer de viure par ces morts glorieuses, qui les portent du theatre de ce monde, dans celuy où l'on couronne les belles actions, avec des lauriers eternels.

Cet Ange qui fit mourir en vne nuit tous les Aisnez d'Egypte, estoit animé des nobles mouvemens du sacrifice, aussi bien que celuy qui donna la mort à pres de deux cents mille hommes de l'armée d'vn Roy d'Assyrie.

Le genereus Abraham, victorieus de cinq Rois qu'il avoit deffaits, offrit au grand Pontife de Dieu, Melchisedech Roy de Ierusalem, les decimes de toutes ses conquestes, comme vne reconnoissance du sacrifice qu'il devoit à cet Estre supréme.

Charlemagne a domté les Espagnes, pour y destruire le culte perfide des Sarrasins, & pour y establir celuy qui fait sacrifier à la veritable Divinité.

Saint Louis, poussé du mesme dessein, traverse les mers pour arborer ses Estendarts à Carthage dans le Royaume de Tunis, possedé aussi par les sectateurs de Mahomet.

Les hautes pensées de s'immoler pour Dieu, porterent

Aurelle Consul, & Saturnin qui l'avoit esté, de s'aller remettre avec vn courage resolu de tout souffrir, entre les mains de leur cruel ennemy Gainas. Ce meschant homme avoit obtenu de la foiblesse de l'Empereur Arcade, qu'il luy livrast ces deux illustres personnes, lesquelles il envoya en exil avecque beaucoup de cruauté.

Nous voyons Iustin, qui fut depuis Empereur, lequel devant que de combattre voulut entendre la Messe avec vne partie de ses troupes, afin de rendre vn authentique tesmoignage du sacrifice, qu'il faisoit à Dieu, lequel en mesme temps en fit paroistre vn excellent, du soin qu'il prenoit des vaillans hommes, lors qu'ils sacrifioient avec respect : car il en recompensa abondamment ce Prince, par la victoire qu'il luy fit remporter en ce combat.

Enfin le Martyrologe des Chevaliers de Malte nous est vne marque certaine, que ces braves Gentilshommes, qui ont perdu la vie en deffendant la Religion contre les Turcs, sont de genereuses hosties, agreables aux yeux de celuy, à qui toutes les choses doivent les derniers hommages de la dependance.

Nous connoissons si clairement, l'obligation qu'a la Valeur de rendre ce grand devoir, à celuy qui preside au sort de tous les hommes, & qui rend victorieus ceux qu'il luy plaist, qu'il ne se trouve presque personne dans les occasions perilleuses, qui ne fortifie son courage, & qui n'eschauffe son esperance par le soin d'assister au sacrifice de la Messe, s'il est possible, ou au moins de faire des prieres en ces momens, avec vne veritable confession qu'on dépend du Createur de toutes choses. Les armées entieres ne negligent pas de luy rendre ce respect, puis qu'elles sont

Cc iij

asseurées, qu'il tient toutes leurs forces en sa puissance. Cela sert d'vn tacite aveu de la verité, que i'annonce. Ie souhaitterois qu'elle fust si fort connuë, & qu'elle fist vne impression si viue dans les esprits, qu'on ne la pûst iamais oublier.

Si nous iettons les yeux sur le dixiesme desavantage de la fausse valeur, nous le trouverons tout couvert des horreurs d'vn sacrifice lugubre, au Monstre qui nourrit dans ses tenebres, la peur, la foiblesse & la lascheté. C'est le Demon qui a tousiours tasché par ses perfidies, depuis qu'il a esté banni du Ciel, de se faire rendre les honneurs qui n'appartiennét qu'à la majesté de Dieu. Nous sçavons que toute la terre a esté pleine de religions abominables, qui luy ont rendu vn culte respectueus, & qui ont porté les hómes à luy offrir des hosties. Et nous voyons encore, qu'il y a des nations dans le monde, qui tiennent tousiours quelque chose de ces insignes superstitions : mais ny les siecles passez n'ont rien veu de si criminel, ny ceux qui viendront apres nous, ne detesteront rien avec plus d'horreur, que le crime que commettent tous les iours, ceux qui se laissent aller aux illusions du Duel. C'est le plus noir, le plus horrible & le plus essentiel de tous les sacrifices, que la timidité des hommes ait inventez, pour se rendre propice le Demon, qui preside à la peur.

Tous ceux aussi que ce vice a abusez, ont esté autant de sacrificateurs, qui ont voüé leur vie, leur mort, & celle des hommes qu'ils entreprenoient de vaincre à la manie de ce Prince furieus. Leurs actions iniustes, & poussées par le mouvement lasche qui les animoit, faisoient la tacite confession de ce que ie dis, & ces hommes mal-heureus se trouvât éloignez de la veritable Valeur, & du respect qu'ils devoient à la majesté de Dieu, il falloit qu'ils suivissent les maximes criminelles du seducteur, qui tyranisoit leurs esprits & leurs courages. C'est lui méme qui a pû quelquefois obliger des peuples entiers, à luy sacrifier des hommes.

Theophanes, & tous les auteurs Grecs qui ont escrit l'Histoire du huitiesme siecle nous apprennent la prise & la desolation de Pergame, ville de l'Asie mineure. Elle fut prise & pillée par Masalmas, Prince des Sarrasins, à cause que ses citoyens, animez de la fausse valeur que le Demon inspire, estoient si execrables que de luy offrir des sacrifices funestes, par le secours desquels ils s'imaginoient, tant ils estoient abusez, qu'ils devenoient vaillans. Ils furent assez possedez par la cruauté de ce lasche imposteur, pour prendre vne femme qui estoit sur le point d'accoucher, à laquelle ils ouvrirent le ventre, d'où ayant tiré l'enfant, ils le firent boüillir dans vne marmite, & ceux qui devoient combattre, alloient tremper les manches de leurs bras droits, dans cette victime détestable, qu'ils immoloient à la furie du Prince des tenebres, en l'assistance duquel ils avoient mis leur esperance; mais elle fut si trompeuse qu'elle servit à causer leur ruïne, & à donner la victoire à leurs ennemis.

C'est par cette immolation, si agreable aux yeux de ce superbe seducteur des hommes, qu'on s'insinuë parfaitement dans son esprit : c'est aussi pour cela, qu'il aime si passionnément le Duel : car c'est le plus excellent sacrifice qu'on luy puisse offrir. C'est le dernier caractere de la Religion diabolique : c'est le plus grand de ses mysteres; c'est où l'on gouste les fruits de sa communion horrible, &

par où il infecte le plus puissamment le cœur & l'ame de ses Sectateurs, de tout ce que son venin a de plus bas & de plus timide. C'est où l'on prend en mesme temps la qualité de ses bourreaus & de ses victimes, & où en se sacrifiant soy-mesme & celuy contre qui on se bat, à la fureur de ce mauvais maistre, on sert à son divertissement, comme les Esclaves & les malfaicteurs faisoient autrefois aux Romains, par leurs combats singuliers.

Nous lisons dans vn Livre, recueilli par les soins de plusieurs personnes fort considerables en Flandre, que les Sorciers servent le Diable, avec vn culte de Religion si respectueus & si rempli de zele pour cette beste effroyable, qu'ils ont des iours destinez à tous les crimes les plus enormes, en l'honneur de celuy à qui ils rendent des respects si funestes; & parmy ces infamies, que i'ay beaucoup de peine à rapporter, on voit que lors que ce monstre abuse d'eux, sous les formes les plus horribles qui se puissent imaginer, comme de dragons, de basilics, de crapauts, de crocodiles, & des plus espouuantables serpens que la Nature ait iamais produits; c'est lors aussi que ces creatures perduës, qui abandonnent leurs corps & leurs ames au Demon, ressentent plus de plaisir, & s'eschauffent davantage dans son amour.

Nous pouvons dire avecque iuste sujet la mesme chose du Duel, qui est asseurément le plus laid & le plus indigne de tous les crimes, que l'auteur de l'iniquité ait iamais fait commettre aux hommes: cependant par vn prodige estrange, le Dieu de ce siecle, comme parle S. Paul, créve de telle sorte les yeux de ceux qui le suivent, & empesche si fort que la veritable lumiere ne les esclaire, qu'ils reverent d'autant

tant plus ce vice honteus, qu'il est haïssable & lasche. C'est en quoy consiste la fidelité qu'ils rendent à la plus fidelle de toutes les creatures, qui paye de sa haine ceux qui aiment avec tant de passion, ses pernicieuses maximes.

Ie finiray ces pensées du sacrifice abominable qu'on fait par cette faute, en disant ce que i'ay appris avec certitude, que le corps d'vn homme qui avoit esté tué en Duel, estant mis sur vne charrette pour le porter au lieu, où l'on vouloit le cacher sous la terre, ceux qui le conduisoient, virent distinctement pendant tout le chemin, vne flamme espouvantable qui sortoit de ce malheureus, & qui servoit de feu à consumer cette victime, qui avoit esté offerte au Diable.

LA VERITABLE VALEVR A POVR onziesme avantage d'estre tousiours recompensée; & la fausse valeur a pour onziesme desavantage, d'estre tousiours punie.

CHAPITRE XIII.

NOus remarquerons l'onziesme avantage de la Valeur, par les recompenses qu'elle remporte tousiours de ses nobles actions. Iamais elle n'en a esté privée, & celuy qui l'a faite, est trop iuste & trop puissant, pour ne pas dignement recompenser les productions de ses plus excellens ouvrages. Tout ce qui a esté dit des autres avantages, qui suivent cette illustre vertu, peut bien s'appliquer à ce payement legitime, qui est si bien deu aux travaus de cette grande perfection.

D d

Nous voyons auſſi que toute la terre travaille auſſi bien que le Ciel, à fournir les recompenſes que les vaillans doivent attendre de leurs genereus exploits. Les honneurs, les charges, les dignitez, les emplois relevez, les Couronnes & les Empires, ſont les fruits qu'ils cueillent ordinairement dans leur repos, en attendant qu'ils reçoivent dans le Ciel, le dernier prix de ce qu'ils ont merité.

S'il faut venir aux exemples, nous verrons David aſſis ſur le Troſne de la Iudée, apres avoir fait des choſes dignes des Eſtats qu'il poſſedoit. Les honneurs qu'il receut, lors qu'il fit vne ſi pompeuſe entrée dans Ieruſalem, apres avoir deffait les ennemis de ſon Roy Saül, eſtoient les preparatifs à l'Empire, où il fut depuis eſlevé.

Les Ioviens, les Theodoſes, les Valentiniens, les Tiberes, n'ont poſſedé celuy des Romains, que comme vne recompenſe à leur valeur Chreſtienne.

La maiſon de Charles Martel a receu par l'approbation de l'Egliſe, la plus belle Couronne du monde, en ſuitte des plus hauts faits qui ſe ſoient iamais executez: & Charlemagne a veu mettre celle de Rome ſur ſa teſte, par la main d'vn Pape; parce que ſes Conqueſtes & ſa Valeur eſtoient & ſaintes & illuſtres.

La Paleſtine a reveré en Godefroy de Boüillon, l'vne & l'autre de ces merveilles, & s'eſt eſtimée heureuſe en le reconnoiſſant pour ſon Roy, de ſervir de recompenſe à ſa belle generoſité. Lors que ce grand homme a cherché la grandeur de ſon Maiſtre, ce divin Seigneur luy a fait rencontrer la ſienne propre.

Le brave Scanderbek a trouvé rang parmy les plus illuſtres Princes du monde, par les choſes qu'il a executées malgré les efforts du fier Amurath Empereur des Turcs. Il deffit les Generaus de ce puissant Prince en sept sanglantes batailles, dans lesquelles il tua deux mille hommes de sa main: ses honneurs & ses avantages, ont servi de prix à ses belles actions.

S'il falloit examiner les miseres ordinaires, qui arrivent à ceux qui se fient en la Lascheté, que le Prince des tenebres leur inspire sous les apparences de la Valeur, la vie des hommes ne suffiroit pas à considerer les evenemens tragiques, qui ont servi de catastrophe & de recompense à ces miserables abusez. Ie crois qu'il n'y a personne, qui ne sçache les malheurs qui les accablent. C'est pourquoy il est, ce me semble, inutile de s'estendre beaucoup sur vn sujet, qui est connu de tout le monde. On ne peut sçavoir que le demon est la plus infame, la plus lâche, la plus pauvre, la plus perfide & la plus meschante de toutes les creatures, qu'on ne sçache à mesme temps, qu'il faut par necessité qu'il recompense de tous les maux qui se peuvent imaginer, le soin que ses amis ont eu de luy rendre de la complaisance.

S'il est veritable que Dieu, Auteur de tout le bien, & ennemy perpetuel du Prince des tenebres, luy preste quelquesfois son secours, c'est en cette occasion: car cette Majesté redoutable donne de rudes chastimens dans cette vie, & dans celle de l'autre monde, à ces criminels que leur meschant maistre tasche perpetuellement de precipiter dans toute sorte de tourmens. En cette rencontre la colere de celuy qui est tout-puissant, & la fureur de ce mauvais conseiller, travaillent également à la perte de ces criminels, quoy que par des raisons bien differentes.

D d ij

Sans parler de ce qui se fait dans la vie, qui suit celle que nous passons sur la terre, nous pouvons voir les preuves de cette verité en l'Empereur Valens, qui ayant l'ame pleine de toute sorte de crimes, se flattoit d'vne valeur imaginaire qu'il ne possedoit pas en effet. Il s'en alla combattre les Gots dans la Thrace, sans vouloir attendre les troupes que l'Empereur Gratien luy devoit amener. L'esperance de ce meschant Prince eut l'issuë qu'elle meritoit ; il fut deffait, blessé, & en suite bruslé tout vif dans vne grange, qu'il avoit choisie pour sa retraite.

Ruffin Favory de Theodose & de son Fils Arcade, tous deux maistres de l'Empire des Romains, se fiant en son credit & aux merites d'vne Valeur, qu'il n'avoit que dans la pensée, apres s'estre soüillé de mille crimes, eut bien l'effronterie de s'approcher de l'Empereur Arcade, lors qu'il estoit au milieu de son armée, pour luy demander qu'il l'associast à l'Empire : mais les Soldats irritez de cette iniuste requeste, & poussez par les Chefs qui les commandoient, le percerent d'vne infinité de coups, deschirerent son corps en pieces, & mirent sa teste au bout d'vne pique, qu'ils porterent en triomphe à Constantinople, afin que la honte de cet homme parust mieux aux yeux de tout le monde, & que l'on connust que sa récompense estoit proportionnée à ses actions. Ceux qui l'avoient massacré, prirent vne de ses mains, à laquelle ils faisoient demander l'aumosne dans les ruës de cette grande ville, & la faisoient ouvrir & fermer, par le moyen des nerfs qu'ils en avoient couppez. Ils se moquoient ainsi de l'avarice insatiable, que cet insolent avoit euë pendant sa vie.

Enfin les desastres suivent tousiours ces malheureus, qui

ont suivi les mouvemens du Demon, qui souhaitte ardemment leur perte. L'Histoire nous rapporte la mort des deux Herodes Rois de Iudée, comme vne marque infaillible de l'issuë funeste de ceux qui tournent le dos à l'illustre Generosité, que Dieu répand sur les hommes. Le premier apres avoir fait tuër son propre Fils Antipater, prit vn cousteau pour se donner la mort à soy-mesme ; en ayant esté empesché, il ne laissa pas de finir incontinent sa meschante vie dans la derniere misere : le second fut frappé d'vn coup du Ciel, au milieu de ses plus grandes pompes.

Theodoric Roy des Gots, perdit la vie dans la fureur qu'il prit, apres avoir fait mourir l'illustre Symmaque. Il fut saisi d'vn trouble si violent, qu'il s'imagina que la teste d'vn poisson qu'on luy servit, estoit celle de ce grand Personnage, qu'il avoit iniustement condamné à mourir.

Le faux brave Attilla fut trouvé mort dans son lit, & flottant dans son sang, au mileu des celebres reioüissances de ses nopces. Il avoit tousiours souhaitté laschement de répandre celuy des hommes, le sien noya avecque iustice, ses infames desirs.

L'Empereur Zenon, lasche persecuteur de l'Eglise, tomba dans le mal caduc, & la Providence eternelle permit qu'il fust enterré tout vif, par le commandement de sa femme Ariadne ; afin que ce malheur fust vne punition à ses crimes, & vn sujet d'espouvante à tous ceux qui les imitent.

Si nous voulons jetter les yeux sur ceux, que le Duel a fait perir en nos iours, nous y trouverons dequoy nous rassasier des exemple de la vengeance de Dieu, irrité contre ceux qui abandonnent la Valeur de son Fils, pour suivre la Lascheté que le Demon leur inspire ; qui les reduit enfin à perir de la mort la plus funeste, la plus basse & la plus infame, que la derniere timidité puisse iamais causer.

LE DOVZIESME AVANTAGE de la veritable Valeur, est qu'elle a Dieu pour sa fin.

CHAPITRE XIV.

IE pense qu'assez c'est parlé des excellens avantages, qui ornent perpetuellement la veritable Valeur. Il est temps de les finir par celuy, qui est la fin derniere de toutes choses. Puis qu'il est luy-mesme celle de son Estre adorable, & que toutes les productions divines & eternelles se terminent en la Divinité, nous ne devons pas trouver estrange, que cette mesme source de tout ce qui est creé, soit le terme & le bout de la carriere où se reposent eternellement nos heureus vaillans. C'est en quoy ie mets le douziesme avantage de cette noble vertu, qui les pare si admirablement. Elle est trop haute & trop eslevée, pour s'arrester comme en son dernier repos, aux choses qui doivent vn iour perir. Les conquestes qu'elle pousse avec vne ardeur si estonnante, & les exploits heroïques qu'elle fait executer avecque l'admiration de tous les hommes, ne sont pas dignes d'arrester son cours. Le marbre & l'airain qui servent de monumens à sa gloire, sont des matieres trop fragiles & trop perissables, pour porter comme elle merite, les trophées de ses beaux faits. Cela n'appartient qu'à la Majesté de Dieu, d'où elle est sortie comme de son principe. Ainsi que nous

& la Lascheté du Duel.

voyons que les sources extremement fortes, poussent les eaux qui en coulent, d'vne hauteur qui les esgale : de mesme le Dieu des batailles, & son Fils le Roy de tous les Rois, qui sont les auteurs de cette grande perfection, la iettent dans l'ame de ceux qui en sont capables, de telle sorte qu'apres avoir brillé de mille foudres esclatans sur le theatre de ce monde, elle retourne avecque les Heros qu'elle a animez, se plonger dans le lieu de son origine, & dans les triomphes eternels, qui servent de trésors à cette admirable perfection.

Nos genereus Braves donc, apres avoir fait des merveilles parmy les hommes, se retirent enfin par la mort qui leur est tousiours glorieuse, en quelque endroit de la terre qu'elle arriue, dans le sein de celuy qui les attend, à la teste de toutes ses troupes innombrables. Ces armées pompeuses & Divines, reçoivent avec elles au milieu de leurs lauriers esclatans, les genereus hommes qui se viennent reposer dans les plaisirs de la Valeur essentielle. C'est où ils joüissent des triomphes qui ne finissent point, & où la victoire est tousiours presente à leur yeux, avecque tous ses charmes & toutes ses douceurs. On ne voit rien en cette demeure agreable, qui ne soit grand, & qui ne soit magnanime : tout ce qui est le moins du monde infecté de bassesse, en est necessairement banni.

On connoit en ce lieu avec vne ioye que nos sens ne peuvent comprendre, ce que David avoit hardiment prononcé, pendant qu'il executoit sur la terre ses faits si glorieus, que Dieu est vne lumiere infinie, qui par ses esclairs pleins de majesté, deffend les siens dans les combats, & leur oste la crainte à quoy les autres hommes sont sujets ; qu'il est le protecteur de leur vie, & que de quelque nombre d'accidés qu'ils puissent estre environnez, il les sçait bien defendre, non seulement du mal, mais aussi de l'effroy que l'horreur de tant de choses espouvantables enferme ordinairement. Ces heureus Vaillans s'entretiennent tousiours de la beauté de leurs actions, & admirent incessamment les efforts de cette Valeur infinie, qui les a faits si braves, & qui les a enfin vnis à elle-mesme, pour servir de theatre magnifique & perpetuel à leur triomphe, à leur gloire & à leur bonheur,

Tous les Vaillans qui ont eu pour fin dans les combats, l'interest de Dieu, le service de leur Souverain & la deffense des foibles oppressez, sont de ce nombre si precieus. Nos grands Monarques, qui ont si souvent pris les armes, pour deffaire les ennemis de Dieu, & pour empescher les iniustices qu'on vouloit faire à l'Eglise, y paroissent avec esclat.

Pepin s'y fait remarquer avecque toutes les beautez de sa Generosité, pour avoir hautement respondu aux Ambassadeurs de l'Empereur de Constantinople, quand ils luy demanderent Ravenne qu'il avoit conquise sur le Roy de Lombardie, qu'il ne se mettoit dans les perils des combats, que pour la gloire de celuy qui y preside, & pour le bien de son Eglise. En effect il donna liberalement les provinces qu'il avoit acquises par le moyen de son Espée, au Siege de saint Pierre, qui par ces presens si magnifiques, a esté assez enrichi, pour tenir rang parmy les puissans Estats.

Le S. Roy des Bretons Ceadualle, est receu avec admiration dans les pompes du Ciel, pour avoir genereusement domté les Anglois, Saxons Occidentaus, à cause qu'il s'estoit s'estoit proposé pour fin de cette hardie entreprise, l'honneur de son Dieu, & qu'il resolut de faire cette conqueste, pour en donner vne partie à l'Eglise, dont il fit vn vœu solemnel qu'il executa tres-soigneusement.

LE DOVZIESME DESAVANTAGE de la fausse valeur, est d'auoir le Demon pour sa fin.

CHAPITRE XV.

Apres avoir côsideré la fin glorieuse de la veritable Valeur, il est bien iuste que nous examiniós celle que peut avoir le crime opposé à vne si illustre perfection. C'est la funeste Lascheté, que suivent ceux qui sont poussez par les mouvemens pernicieus des Demons, qui taschent de la faire passer pour la genereuse vertu, qui merite nostre estime. Il est aisé de iuger, que cette fin malheureuse ne peut consister que dans la honte perpetuelle des peines & des infamies, qui environnent ces miserables creatures. C'est en quoy ie mets le douziesme & dernier desavantage de cette basse qualité. Si Dieu, qui est l'Auteur de la noble Generosité, en est encore la fin derniere, il s'ensuit de là, que le Prince des tenebres doit estre aussi de mesme, la fin de la fausse valeur, puis qu'il en est la cause & le principe.

C'est dans l'endroit malheureus où il souffre eternellement, qu'il fait demeurer les coupables, qui ont mis leur honneur & leur repos, à suivre les maximes qu'il leur a inspirées. Le lieu où ils sont tous ensemble chastiez de leurs timides actions, est celuy de leur iuste recompense; la confusion qu'ils ont acquise par leur mesfaits, les pare maintenant de ses laideurs. Ils gemissent avec des hurlemens qui ne finiront iamais, sous les chaisnes insupportables du Tyran, auquel ils se sont volontairement assuiettis.

La mort infame de tous ces lasches, nous rend vn tesmoignage certain de ce que ie dis : elle est si commune & si visible aux yeux de tout le monde, que chacun en peut donner mille exemples. L'Escriture Sainte nous fournit celuy du superbe Sisare, General des armées de Iabin Roy de Chanaan. Cet homme se proposant le service de ses faux Dieux, pretendoit détruire avecque facilité, les troupes que Barach & Debora luy opposerent; mais son esperance estant renversée, il fut contraint de s'enfuir honteusement, & de perdre la vie par les mains d'vne femme qui l'envoya en l'autre monde, servir de spectacle perpetuel de la iuste colere de Dieu, & de la punition qui estoit deuë à son insolente lascheté.

L'Histoire des Grecs nous represente Aümar, Prince des Sarrazins, porté d'vne fureur si extréme, qu'il osa blasphemer contre la Mere de Dieu. Ce temeraire, apres avoir long-temps assiegé Constantinople, voyant qu'il ne la pouvoit prendre, demanda pour quelque petite satisfaction à l'honneur qu'il avoit perdu pendant ce siege, qu'il luy fust permis seulement d'entrer dans la ville avec peu de monde, d'où il ressortiroit à l'heure mesme, pour se retirer avec ses troupes ; ce qui luy estant accordé, il fut surpris d'vn si estrange estonnement, voyant que son cheval refusoit de passer sous la porte, où estoit l'image de la Vierge, quoy que les autres qui l'accompagnoient, entrassent sans difficulté, qu'il s'enfuit rempli de crainte ; &

& la Lascheté du Duel.

la Divine Marie, pour chastier son insolence, envoya vne gresle de feu, qui consuma toute son armée à la reserve de dix vaisseaus, dont cinq furent pris, & les cinq autres allerent apprendre en leur pays, les nouvelles des crimes qu'ils avoient faits, & les chastimens qui les avoient suivis. Cette ville capitale de l'Empire d'Orient, a toujours depuis solemnisé ce iour, comme celuy de sa delivrance.

Le fier Baiazet Souverain des Turcs, qui avoit mal-traité cette mesme ville, & qui vouloit tout sacrifier à l'honneur de son Prophete Mahomet, sentit la rigueur de la iustice eternelle, ayant dés ce monde esté traitté par Tamerlan, comme vne beste furieuse. Ce Prince des Tartares tenant prisonnier ce grand Seigneur, le mit dás vne cage de fer, & se servoit du dos de ce Monarque accablé de miseres, pour monter à cheval : ce qui dura iusqu'à la mort de ce miserable prisonnier, qui receut par elle le reste des maux que meritoit le desir qu'il avoit conceu, de destruire l'Empire du Roy de tous les Rois, pour establir celuy du Prince des tenebres.

Quoy qu'il soit tres-certain, que nous ne pouvons regarder les exemples fameus de la punition de ces meschans hommes, sans concevoir quelque horreur pour les fautes qui les ont attirées ; il est encore neantmoins incomparablement plus vray, que les crimes que l'on commet par le Duel, sont plus grands & infames que ceux que ie viens de découvrir. C'est par eux qu'on s'attache plus reëllement, à prendre les sentimens du Demon pour sa fin derniere : car dans les autres il y a au moins quelque apparence de conquestes, & quelques charmes que les gran-

E e ij

deurs jettent dans l'esprit; on y voit les moyens de s'élever dans vne haute fortune, & de faire que la Renommée porte bien loin la reputation d'vn nom, qui s'est rendu considerable par des actions qui ont quelque éclat: mais dans le Duel on ne peut rien remarquer de tout cela, il est le mépris des Souverains, qui le traittent d'infamie, & qui chastient ceux qui s'y laissent aller, comme des malfaicteurs miserables, iusqu'à leur oster la qualité de Gentilshommes, laquelle doit estre en plus grande consideration que la vie. Les loix des Estats les privent de toutes sortes d'honneurs & de dignitez; toute la Iustice est occupée, à exterminer ces lasches attentats contre la gloire de la belle Valeur. Ils perdent les biens, la fortune, l'honneur, vne partie des plus agreables douceurs de la vie, & courent vagabonds, comme le lasche Caïn qui avoit assassiné son frere, d'vn lieu à l'autre, pour chercher vn asyle asseuré à la peur qui les inquiette.

Enfin les vrais Vaillans les regardent avec vn mespris, qui n'est conceuable: cependant ils ne laissent pas d'aimer ce vice; d'où il paroist avec certitude, que puis que ce n'est pas pour aucun avantage qui soit effectif, il faut necessairement que ce soit par vn malheur particulier, attaché à cette manie qui tient leur cœur & leur esprit, dans vn assoupissement tres-funeste.

Il me semble que si l'on veut raisonner sur ce sujet iuste, on trouvera que la cause d'vn si grād desordre, naist d'vne impression dans l'ame de ceux qui estiment ce crime, qui fait que sans le sentir, à cause de leur aveuglement, ils cherchent la Lascheté; parce qu'elle est le principal caractere de celuy dont ils suivent aveccque tant d'ardeur les maximes, que son seul plaisir fait la fin de leurs actions.

C'est en quoy ces faux Braves ressemblent mieux à l'Ante-christ, qui sera sans doute le plus grand Ennemy du Fils de la Vierge, comme le cher Favory des Demons: car il aura pour fin de tout ce qu'il entreprendra, la satisfaction de ces scelerats; aussi sa cruauté, qu'il pretendra faire passer pour valeur, sera bien esloignée des beautez de cette vertu. Il sera autant lasche que meschant, la timidité qui naistra avecque luy, & qui le suivra dans toutes les persecutions qu'il fera aux hommes, servira enfin d'un chastiment eternel à ses fautes. Il les poussera si avant, par ces infames mouvemens qu'il se proposera dans les noires fureurs qui l'agiteront, de combattre le Roy des Rois; & d'autant qu'il portera ce crime aussi loin qu'il peut aller, ie me persuade aisément, qu'il le commettra dans l'esprit du Duel contre le Souverain de toutes les creatures. Le monde a veu paroistre en son commencement, ce funeste combat dans le meurtre de Caïn, il en verra la continuation & les chastimens en sa fin, dans la personne de l'Antechrist.

C'est donc dans la societé de cet infame, que nos Gladiateurs trouveront leur ignominie. Ils serviront ensemble de spectacle de la plus insigne lascheté, qui ait iamais esté connuë. Le Prince des tenebres, qui a esté leur derniere fin, versera aussi en eux, tout ce que cette qualité honteuse a de plus bas & de plus indigne: Et la pretention qu'ils ont euë faussement à la valeur, sera le mespris de tous ceux qui les considereront.

L'on verra alors paroistre la difference qu'il y a, entre les Vaillans qui ont mesprisé le Duel, & les Gladiateurs qui l'ont estimé; & l'on connoistra, que si les vrais Genereus sont relevez dans la gloire, les timides Bretteurs sont accablez, sous les miseres de la honteuse Lascheté.

LA BEAVTÉ DE LA VALEVR ET LA LASCHETÉ DV DVEL.

QVATRIESME PARTIE.

Elle monstre que la grandeur de Dieu, nous doit obliger à respecter ses ordres; & que l'obeïssance que nous devons aux loix de nos Monarques, doit tirer son origine de celle qui est deuë, à celuy qui est le legitime Seigneur de tous les Souverains. Elle expose aux gens de qualité, vne devotion pure, facile, & proportionnée à leur condition. Plusieurs sortes de personnes sont suppliées d'employer leurs soins, à la destruction du Duel; puis qu'il est Ennemy irreconciliable de la veritable Valeur.

Il est dit quelque chose de la grandeur de Dieu, & de la foiblesse ridicule des impies, qui entreprennent avec vne estrange bassesse d'esprit, de mespriser la Diuinité.

CHAPITRE I.

JE ne connois point de cause plus apparente du désordre, que le Duel a fait regner parmy les honnestes gens, que le peu de cas qu'on fait de la grandeur de Dieu. Cela engage insensiblemét à mépriser ce que

cette Majesté infinie voudroit dóner aux perſonnes de qualité, & ce mépris porte pour ſa punition, vn certain renver-
ſemét dans les hómes, qui fait voir toutes les choſes en vne
autre maniere qu'elles ne ſont. En ſuitte de ce mal, la veritable hauteur de courage n'eſt point connuë, & la baſſeſſe
qui luy eſt tout a fait oppoſée, y tient lieu de quelque choſe d'eſclattant. Les beaux ſentimens de l'ame, qui font eſtimer toutes les perfections qui la peuvent enrichir, ſont
regardez pour l'ordinaire, comme des penſées qui n'ont
point d'approbateurs, parce que perſonne ne les veut ſuivre; & l'on met à leur place des mouvemens que la foibleſſe, l'ambition, & l'intereſt ont produits, qui pretendent
fauſſement ſe parer des beautez de la vertu, & en porter les
plus illuſtres caracteres. Enfin la noble élevation d'Eſprit,
qui fait connoiſtre le neant de toutes les choſes creées, &
qui porte d'vne maniere agreable, au reſpect, à la conſideration, & à l'amour des merveilleuſes richeſſes de la Divinité, a quelque choſe de rude dans l'eſtime de ces ſortes de
gens. Ils font plus de cas d'vne lumiere baſſe, qui eſt toute
renfermée dans la connoiſſance des choſes qui periſſent
avec eux, que de celle qui eſclaire infinimét; & ils prennent
beaucoup plus de plaiſir, à ſe rendre les eſclaves de toutes
les ſciences humaines, que d'en devenir les maiſtres & les
iuges, par le ſecours de la divine ſcience que donne le Fils
de la Vierge, qui fait voir toutes les choſes dans leur principe & dans leur verité.

 Ie me perſuade que ce ne ſera pas vn mauvais remede,
pour la gueriſon d'vne maladie ſi dangereuſe, que de s'appliquer vn peu à conſiderer attentivement, quelque petit crayon de la grandeur de Dieu.

Il faut avoüer que l'ignorance qui a pris possession de nos esprits, est bien grossiere, puis qu'elle nous fait voir les choses si éloignées de ce qu'elles sont, que nous prenons ce qui n'est pas, pour quelque chose de reel, & ce qui est infini, ne nous paroist presque pas cósiderable. La manie de ceux qui font si peu de cas de ce que Dieu estime, & qui relevent si fort les vaines pensées que l'aveuglement leur a données, convainc nostre misere de cette erreur; & c'est effectivement vne merveille, quand vn homme mémes assez raisonnable, peut eschapper de ce naufrage si commun & si perilleus.

Si l'on prenoit vn peu de soin de se faire instruire de nostre Religion, on apprendroit quelque chose de la grandeur & des excellences de Dieu, & par là on s'accoustumeroit à le respecter, aussi bien que les loix qu'il a données.

On connoistroit asseurément par ses lumieres, ce que sont toutes les choses, qui sont enfermées dans l'estenduë de l'Vnivers; & ie ne doute pas que ce ne soit vn moyen tres-vtile, à jetter de la veneration dans nos ames pour cet Estre adorable, & à nous donner du mespris, pour tout ce qui se veut eslever ridiculement contre luy. Car qui seroit-ce de tous les hommes, & de ceux mesme qui remplissent leurs conversations, de blasphemes & d'impietez, qui pourroit s'empescher de respecter ce grand Auteur de la Nature, s'il consideroit avec attention, que rien de tout ce qu'il a creé, ne peut subsister vn seul moment, que par les effects de sa puissance & de son application Divine? Au moins on honoreroit asseurément ce suprême Createur de toutes choses, si l'on pensoit quelquefois, qu'il luy est facile de produire en vn instant, vne infinité de mondes

des plus beaux, plus grands, & plus riches que celuy que nous habitons, & de les reduire avec nous dans le neant, d'où sa volonté les auroit tirez.

Quand bien mesme toutes ces machines superbes, subsisteroient à mesme temps, & ne porteroient que des creatures aussi parfaites que les Anges, qui demeurent dans les Cieux, tout cela encore ne paroistroit pas plus considerable qu'vn grain de poussiere, devant la Majesté de celuy qui est infiniment puissant.

Ie ne sçais par quelle raison, des creatures plus foibles qu'il n'est possible de l'exprimer, s'imaginent qu'elles doivent traitter de mespris, les commandemens & les maximes que cette Grandeur estonnante nous a bien voulu enseigner. Ie ne me persuade pas que la mauvaise coustume qu'on a prise d'en vser ainsi, soit vn bon garand pour ces personnes ridicules, lors qu'elles paroistront à leur tour devant cet Estre adorable, qui a si souvent fait voir en la terre, le fleau de ses rigoureus chastimens. L'Histoire sacrée nous fait considerer des villes consumées par le feu, des Royaumes ruinez, & le Monde mesmes tout entier enseveli dans les punitions que ses crimes avoient meritées; & ces petits Messieurs croiront, que pourveu qu'ils sentent de l'orgueil dans leur ame, & qu'ils soient appuyez sur l'exemple pernicieus de ceux, qui raisonnent aussi mal qu'ils font, il leur est permis de se moquer de tout ce que Dieu ordonne, sans crainte de tant de chastimens, dont ils voyent des effets si terribles. Ie vous avoüe que ie ne connois pas la beauté de cette fausse galanterie, & qu'elle me paroît fort basse. Ie me suis trouvé quelquefois avec ces gens, qui se meslent de dire des impietez; (on peut ap-

F f

peller cette foiblesse, pour parler modestement, vn mauvais tour dans l'esprit des personnes de condition,) mais ie n'ay iamais rien ouï qui ne fust effectivement plat, & approchant de certains vilains mots, qui sont en vogue parmy les lacquais. I'ay tousiours crû que la principale raison qui obligeoit à rire en ces rencontres, venoit d'vne impression maligne que le peché met dans la Nature, qui luy fait prendre plaisir à ouïr parler de Dieu avecque mépris. Ie m'imagine que ceux qui commettent cette faute, se persuadent que c'est quelque chose de beau, que de ne pas faire grand cas de la Divinité, à cause que cette pensée est extraordinaire & surprenante, & contre le respect que nous sentons bien au fonds de nous-mesmes, quelque corruption que nous ayons, que nous devons rendre à celuy qui nous a creées: ainsi en faisant vne chose qui n'est pas commune, ils croyent que cela leur éleve l'esprit par dessus le reste du monde.

A moins que d'avoir autant de puissance dans les Enfers, que les Poëtes en ont donné à Orphée, à Hercule & à Rodomont, ces foibles impies sont en danger de tres-mal passer leur temps en vn pays, où l'on n'aura pas tant de complaisance pour leur mauvaise raillerie, que leur en ont témoigné ceux qui les écoutoient, lors qu'ils s'efforçoient à contre-temps de paroistre plaisans.

Mais apres tout, quelle foiblesse plus basse, que de se persuader, que pour estre honneste homme, il faille mépriser la Majesté de celuy qui fait tous les honnestes gens? Si ceux de la Cour, qui pretendent à la Fortune, passent pour des gens peu iudicieux, quand ils ne rendent pas assez d'honneur au Favory, & qu'ils veulent s'élever malgré luy, pourquoy n'aurons nous pas des sentimens plus méprisables, pour ceux qui croyent que la plus belle façon de se produire dans le monde, est de traitter de bigoteries ridicules, le respect qu'on doit au Createur de toutes choses, qui est l'ame & l'appuy de tout ce que nous voyons de beau, & de tout ce qu'estiment ceux mesme, qui le traittent de tant de mépris?

Ie ne vois pas que celuy, qui doit vn iour reduire en cendres tous ses ennemis, soit digne de tant de moquerie, & ie connois encore moins la force d'esprit qu'on trouve, à mettre son honneur à faire passer ce Dieu si puissant, pour vn vieux radoteur qui semble ne vouloir établir ses maximes, que pour gesner les plus agreables inclinations des honnestes gens. Chaque sottise qu'on dit en ces rencontres, est prise pour vne chose fort spirituelle: vn ieune étourdi qui a cette bassesse dans l'esprit, & vn habit bien aiusté, se croit asseurément le plus grand personnage du monde; nos plus illustres Capitaines auroient grand tort, selon son sentiment, de se comparer à luy. Il a quelque raison de se flatter ainsi luy-mesme si avantageusement, car il y a peu de gens raisonnables qui ayent les mesmes pensées de sa personne: il a beau dire que c'est l'air du monde, que c'est l'agrément de la conversation; enfin que c'est ce que tous ceux de sa volée ont accoustumé de faire, cela n'empeschera pas qu'on ne le traitte de petit garçon, avec grand sujet.

Y a-t'il iamais eu rien de plus bas, de plus stupide & de plus lasche, que ces sentimens pleins de confusion? Cela nous fait voir clairement, que pour avoir des pensées qui meritent de nous donner la qualité de gens d'honneur, il faut effectivement avoir aussi vn courage hardi, qui nous élevant au dessus de ces bassesses, qui accablent tant de monde, nous fassent rendre à Dieu ce que nous luy devons.

On croit qu'il est iuste de servir ses amis & ses maistres, si on est attaché auprés de quelques Grands; quelle loy d'honneur dispense d'observer les mesmes maximes pour Dieu? Vn homme se deshonore en trahissant son amy, & son Souverain; & l'on acquerra de la gloire en commettant le mesme crime contre cette Majesté adorable, qui nous est tout cela & infiniment davantage? La derniere folie & cette imagination ont bien du rapport.

Dans la verité, toutes les trahisons attirent le mépris des grands courages; mais celles qui sont faites contre Dieu, impriment vne note d'infamie, que toute la terre ne sçauroit effacer. Il n'appartient qu'à celuy qui commande aux foudres & aux tempestes, de rétablir l'honneur que ce crime fait perdre. C'est l'ouvrage de ce Seigneur qui renferme les impetueus mouvemens de la mer, dans les bornes de sable que la fureur des orages n'oseroit forcer. C'est vn effet de sa puissance, aussi bien que de donner les Sceptres & les Couronnes à ceux qu'il luy plaist, & de les oster à ces miserables, qu'il a quelquefois renversez de leurs Trônes, pour servir de ioüet à la Fortune, & de monumens terribles de sa Iustice offensée.

DE LA SOLIDE DEVOTION
à laquelle la Religion Chrestienne oblige les personnes de qualité, aussi bien que tous ceux qui en font profession.

CHAPITRE II.

Ie vois, ce me semble, ceux qui auront pris la peine de lire ce discours, se persuader qu'il est impossible de faire les choses que ie veux insinuer, sans estre vn peu homme de bien, & avoir de bons sentimens de la devotió. Ie leur avoüe que ie suis aussi dans la méme pensée, & que ie crois qu'on ne peut iamais parfaitement reüssir dans tous les grands emplois, qui sont propres aux gens de condition, si on ne se fortifie le courage, & si on n'esleve les nobles mouvemens de l'ame, qui doivent produire les belles actions par la force de la grace du Fils de Dieu. Comme il est l'vnique principe de cette haute generosité, qui est necessaire aux Gentilshommes, il est aussi le seul qui la leur peut donner.

C'est ce qui m'oblige de dire mes sentimens avec sincerité, sur vne matiere si delicate que celle de la devotion, qui est propre à ceux qui sont dans le monde. Par ce mot de *monde*, que ie prens icy en son sens avantageus & cómun, & non pour le monde reprouvé par Iesus Christ, i'entends les personnes de qualité, & principalement celles qui sont dans la Cour, ou dans la guerre ; qui sont les deux endroits, où elles se doivent ordinairement rencontrer.

Ceux qui verront qu'vn homme de ma sorte, ose entreprendre de traitter vn suiet, qui pour l'ordinaire n'a pas grand rapport à ma profession, s'en estonneront sans doute; puis que ie m'en estonne moy-mesme, & que i'en abandonnerois la pensée, si ie ne m'en voyois pressé, par l'obligation dans laquelle ie suis, de soustenir les choses que i'ay dites, qui semblent se terminer par vne suitte necessaire, à cette illustre pieté qui les confirme & les appuye : joint qu'à parler veritablement, il sied bien à toutes sortes de gens d'imprimer du respect envers Dieu ; puis que toutes sortes de gens sont obligez d'en avoir. Et puis comme toutes les devotions qui se fondent en la solide, qui est de suivre l'Esprit de Iesus Christ, se répandent diversement, & se rendent differentes selon la difference des Emplois & des professions de ceux qui les pratiquent, il me semble qu'il seroit à desirer (puis que chacun est obligé d'avoir celle qui convient à sa maniere de vie) que chacun sceust aussi en rendre raison.

Pour m'acquiter de ce dessein, avecque le moins d'exageration & de longueur qu'il me sera possible, ie crois qu'il faut aller droit au point essentiel, à quoy nous oblige la solide Pieté. Devant que d'en traitter à fonds, il est bon de connoistre deux défauts opposez, que ie me persuade qu'il faut eviter, comme ces deux fameus escueils qui sont entre l'Italie & la Sicile, & qui ont passé pour des monstres espouvantables dans les temps, où la fausse Religion des peuples donnoit lieu aux Poëtes de dire tant de mensonges.

Le premier défaut est de ceux qui voulans avecque raison, faciliter la pratique de la devotion, & la rendre douce & aisée, le font avec si peu de lumieres, qu'ils abaissent infiniment le principe sur lequel cette noble vertu est fondée. C'est deffaire vn peu mal à propos, les beautez de nostre Religion, & tirer la pureté de l'Esprit du Christianisme trop grossierement de son iour, pour le rendre participant de la bassesse des hommes.

La seconde faute est de ceux qui reconnoissent avecque verité, que le mouvement qui doit animer tous les Chrestiens, est tres-pur & tres-eslevé ; puis qu'il est produit par l'Esprit du Fils de Dieu, qui est le Chef qui répand sa vie dans tous ceux qui sont baptisez, & qui par cette qualité ont l'honneur d'estre ses membres : mais qui en suite de cette connoissance solide, s'imaginent sans raison, que pour viure dans vn estat si digne des principes de nostre Religion, il faut pratiquer vne devotion rude, severe, & affreuse, qui esloigne ceux qu'elle possede, du commerce des hommes & de toutes les agreables douceurs de la vie & de la societé.

Voila selon ma pensée, deux erreurs en matiere de pieté, qui sont esgalement à éviter : si l'vne semble donner à Dieu, & à la majesté de la Foy ce qui leur appartient, elle oste à la Religió sa douceur essentielle, & les charmes avec lesquels elle s'imprime dans l'esprit des hommes, d'où ils reçoivent vne si grande facilité, pour accomplir ce qu'elle leur ordonne, que tout leur paroist aisé & aimable. Nous pouvons dire aussi avecque fondement, que si l'autre paroist s'accómoder à nostre infirmité, & trouve des moyens aisez pour marcher dans la voye du salut, elle le fait avecque tant de grossiereté, que les beaux caracteres du Christianisme en sont comme effacez, & la sainteté de l'Euangile abaissée, & assuiettie, aux foibles & tenebreus sentimens de nos esprits peu entendus en ces matieres, s'ils ne sont esclairez d'enhaut.

Il faut donc prendre le milieu, rejetter ce qui diminuë la beauté & la grandeur de la Religion, & ce qui fait voir la voye de Dieu farouche & affreuse, pour suivre la verité qui nous enseigne, que nous devons toujours avoir vne idée noble, haute & pure du Christianisme, & tout ensemble reconnoistre que la pratique qu'il nous insinuë, est pleine d'agrément, de facilité & de douceur. En effect il est de la Foy de croire, que quelques impuissans que nous soyons à faire du bien, nous avons vn Chef qui le peut establir en nous, & le rendre facile par vne infinité de moyens, qui sont dignes de sa puissance. S'il nous a apporté en la terre, vne religion Divine & espurée, il nous apporte aussi le secours necessaire, pour eslever fortement & suavement nos ames, iusques aux illustres mouvemens qu'il nous inspire. Celuy qui peut changer les pierres en enfans d'Abraham, peut aussi à tous momens eslever avec vne agreable facilité, des hommes grossiers dans les saintes dispositions de son Esprit, qui doit necessairement faire agir tous les Chrestiens, s'ils ne veulent estre infideles à sa Grace, & mespriser avec indignité, le Sang qu'il a répandu pour eux.

Il est necessaire encore, devant que de pousser mon dessein plus avant, de supposer vne chose que personne ne peut nier, qui est qu'encore qu'il faille demeurer d'accord qu'entre tous les estats & les divers emplois que l'Eglise enferme en elle-mesme, il n'y en ait point de moins eslevé dans la sainteté, que celuy où l'on participe le plus aux grandeurs de ce monde; il est pourtant tres-vray, que cet

estat

estat le moins considerable dans tout le corps du Fils de la
Vierge, est vn estat où il se trouve des tresors de graces inconcevables, & vn estat dans lequel le Souverain de tous
les Rois, veut establir vne sainteté tres parfaite. De sorte
qu'on ne peut douter sans crime, que puis que les Rois, les
Princes, les Seigneurs & tous les Gentilshommes, sont receus avecque leurs grandeurs, leurs dignitez & leurs conditions dans le sein de l'Espouse du Fils de Dieu, ils ne soient
aussi appellez à la participation de l'Esprit S. qui doit conduire cette mere commune. Encore que nous confessions
que la vie des Prelats, des Prestres, des Religieus, des Vierges, des Vefues & mesme des pauvres mariez qui viuent
en la terre soit vne vie propre, à vnir plus parfaitement à
Dieu, que la vie des Gentilshommes qui sont dans la
Cour & dans la guerre, il ne laisse pas d'estre certain, que
cette derniere sorte de vie dans tous ses emplois, prise
Chrestiennemét, est vne vie si pure & si sainte, que tous les
grands Genies du monde ne la sçauroient assez dignement descrire. Ceux qui la voudroient abaisser, pour
mieux eslever les autres professions du Christianisme qui
sont au dessus d'elle, feroient vne faute incomparablement
plus grande, que celle qu'on commettroit, si pour loüer
vne belle charge de la Cour, on entreprenoit de mespriser
toutes les autres; ou que pour faire paroistre la beauté
d'vne perle, on mesestimast tous les diamans.

Cette pensée est digne de la puissance & de la liberalité
de Iesus Christ, dont les richesses ne sont point espuisées
pour les auoir données abondamment, à ceux qui sont
dans des sortes de vies plus abondantes en sainteté, que

Gg

celles des personnes de cette profession. Et comme il seroit ridicule de déprifer & de diminuer la gloire du dernier de tous les bien-heureus, parce qu'il y en a vne infinité au deſſus de luy; il l'eſt pour le moins autant, d'abaiſſer cette ſorte de vie des gens de condition dans le Chriſtianiſme, à cauſe qu'il y a des rangs & des eſtats plus eſlevez, parmy les membres du Fils de Dieu. Tout ce qui entre en luy, eſt grand & plein de majeſté, & la moindre de ſes impreſſions ſur les Gentilshommes, porte vn feu & vn eſclat qui merite l'admiration & le reſpect de tous les hommes de & tous les Anges.

Pour entendre bien preciſément, en quoy conſiſte cette illuſtre devotion, que ie ſouhaitte imprimer dans l'ame de toutes les perſonnes de qualité, il faut ſçavoir que nous venons tous au monde, par la naiſſance que nous tirons de nos peres & de nos meres, ennemis de Dieu, & ſoüillez de la plus noire corruption qu'on ſe puiſſe imaginer, à cauſe du peché que noſtre premier Pere a commis par ſon orgueil: de ſorte que, lors que nous agiſſons par les Principes de cette premiere naiſſance, nous ne ſçaurions faire que du mal. Nos penſées ſont toutes corrompuës, auſſi bien que nos actions, & ce qui paroiſt eſclattant aux yeux des hommes, ne laiſſe pas d'eſtre infame, quand il ſort d'vne origine ſi malheureuſe, & qui ne peut produire que des crimes, des baſſeſſes & des laſchetez. C'eſt enfin d'elle que ſont ſortis tous les maux que les hommes ont faicts, depuis que le monde a eſté tiré du neant.

Dieu, auſſi puiſſant que miſericordieus, ayant pitié de noſtre perte & de nos maux inconcevables, nous a donné

& la Lascheté du Duel. 237

pour remede excellent, & qui surpasse tout ce que les Anges peuvent concevoir, son Fils mesme fait homme en la Vierge, & rempli de plus de sainteté, de richesses & de grandeurs, que nous n'avons de malice, de misere & de foiblesse; afin qu'il nous retirast de l'estat deplorable où nous estions reduits. C'est ce qu'il fait par le baptesme, en nous donnant vne seconde naissance, plus heureuse que la premiere n'est mal-heureuse, qui devient en nous vn principe de toutes sortes de biens, comme l'autre en est vn de tous les maux imaginables. Il est par cette seconde naissance (qu'on appelle en termes de pieté, *regeneration*) nostre Chef, & nous ses membres. Il est la souche divine qui nous soustient, ainsi que celle d'vne vigne porte les reiettons qu'elle pousse, & il est vn epierre admirable, plus precieuse que tous les diamans, sur laquelle nous sommes fondez, & establis d'vne maniere inconcevable.

Si nous voulons donc luy estre fideles, & tenir la promesse que nous luy avons faite à l'Eglise, par la bouche de nos Parrins, lors que nous avons receu le baptesme, il répand en nous vne vie pure & sainte, comme la teste influë la sienne dans toutes les parties du corps qu'elle gouverne. C'est en cette soumission à ce divin Auteur de toutes sortes de perfections, que consiste la veritable & solide Pieté du Christianisme. C'est par elle que nous pratiquons saintement, ce que nostre Seigneur a daigné nous enseigner luy mesme, lors qu'il estoit sur la terre, & qu'il a fait continuellement imprimer dans l'esprit des hommes, par les Apostres qu'il leur a envoiez

Cette sorte de seconde naissance fait nostre veritable pieté, lors que nous sommes fideles à ses mouvemens. C'est

Gg ij

l'ame & le fondement de toutes les grandes choses: c'est par elle que nous sortons des bassesses & des foiblesses de la Nature corrompuë, dans laquelle tous les hommes naissent sans exception, pour entrer dans les grandeurs & dans les beautez du nouvel estat, qu'on reçoit en Iesus Christ. C'est en quoy consiste cette aimable devotion, que ie pretens si necessaire à ceux qui veulent s'eslever dans les hauts sentimens, qui sont dignes de la qualité de membres du Fils de Dieu. Elle n'a rien de rude, ny de farouche, non plus que son divin Auteur qui nous l'a enseignée.

CE QVE C'EST QVE L'ESPRIT DV Fils de Dieu, qui doit conduire tous les Chrestiens: de la maniere dont il fait agir les personnes de condition, & de la deuotion qui leur est propre.

CHAPITRE III.

CE que ie viens de dire, est propre à tous les Chrestiens, de quelques professions qu'ils soient; ce sont leurs richesses communes, & c'est la source excellente, d'où sortent toutes les belles veritez qui enrichissent nostre Religion. C'est d'où l'on puise l'Esprit du Fils de Dieu, qui doit perpetuellement animer ceux, qui ont l'honneur de luy appartenir par tant de titres avantageus, que le baptéme porte avecque luy. C'est de là qu'on explique si nettement, l'obligation dans laquelle sont tous les Enfans de l'Eglise, de renoncer à eux mesmes, puis que de viure par le mouvement de l'Esprit de ce divin Chef,

& de ne plus suivre ceux de la Nature corrompuë, c'est s'acquitter precisément de ce legitime devoir, & reconnoistre qu'on est baptisé en la vertu de la mort & de la resurrection de ce Seigneur, qui nous oblige par là de mourir à nous mesmes, & de viure pour luy. Tout cela ne veut dire autre chose, sinon qu'il ne faut plus que nous agissions par les mauvais principes que le peché met en nous, mais par ceux que celuy qui nous à rachetez, nous inspire. Cela est saint à la verité, mais c'est ce qu'il nous rend facile, par la force de sa grace & de son assistance. Voyons maintenant ce qui est particulier aux personnes de condition, & dautant que ce terme de *l'Esprit du Fils de Dieu*, pourroit sembler vn peu estrange à ceux qui n'y sont pas accoustumez, ie crois qu'il est à propos d'expliquer ce que j'entens par là; puis que la chose qu'il signifie, est si necessaire que, le salut ne peut estre asseri, si on ne la possede.

J'appelle *l'Esprit de Iesus Christ*, le S. Esprit qui a reposé sur luy, dés le moment qu'il fut conceu en la Vierge. Il en a tousiours eu la plenitude, & c'est par luy qu'il a esté répandu sur sa sainte Mere & sur ses Apostres avec vne abondance admirable, le iour de la Pentecoste. Ce S. Esprit sanctificateur procede du Pere & du Fils: c'est pourquoy le Verbe incarné le donne à son Eglise, & comme Chef, le communique à tous les fideles Chrestiens, qui sont ses membres. C'est cet Esprit adorable qui conduit cette Espouse du Fils de Dieu; il en est comme l'ame, le cœur & le mouvement; & tous ceux qui se vantent d'estre enfans de cette sainte Mere, & membres du Fils de la Vierge, doivent estre animez de ce mesme Esprit qui les anime, & le rece-

Gg iij

voir de ce divin Chef de tous les Enfans de Dieu. Pour faire entendre la chose encore avecque plus de clarté, ie dirois, s'il m'estoit permis de donner vne humeur à Dieu, comme on luy donne vne bouche, vn sein & vne main, quoy qu'il n'ait point de corps, que cet Esprit est son humeur. C'est aussi par luy que nous entrons en societé avec sa Grandeur infinie, & que nous sommes dans l'air du monde, & de la Cour du Roy de tous les Monarques.

De mesme que c'est vne excellente chose pour reüssir auprès des Souverains, que d'entrer avec complaisance dans leurs inclinations, & dans leurs humeurs, c'en est vne aussi tres-vtile à ceux qui s'approchent de Dieu, que d'entrer dans cet Esprit divin. C'est par luy que toutes les merveilles de la Religion sont agreablement entenduës, & c'est par luy encore, qu'on se démesle avec vne douceur qui n'est pas concevable, & vn agréement qui excede tout ce que les sens peuvent sentir, des divers emplois de la vie, dans lesquels on se trouve engagé. Leur varieté ne nuit point à celuy que cet Esprit possede: leur grandeur, leur esclat, leur beauté, ne peuvent point imprimer d'orgueil, à celuy qui est assez élevé pour entrer en vne societé Chrestienne avec cet Esprit divin. C'est par luy qu'on trouve avec suavité & avec fermeté, le vray biais de faire tout ce que font les autres, & qui est legitime, en vne maniere tres-saincte, encore que ce qui paroist aux yeux des hommes, ne soit point different de ce qu'on voit dans toutes les autres personnes, qui n'agissent pas par vn principe si élevé. Il fait regner les Rois au mileu des pompes & des grandeurs qui leur appartiennent, sans que l'ambition ny la vanité prennent de part aux belles choses, qui accompagnent leur Souveraineté ; pourveu qu'ils soient fideles à ne pas mépriser les mouvemens qu'il leur inspire. Il conduit les Generaus d'armées par la mesme raison, dans leurs illustres entreprises : & depuis cette haute qualité, jusqu'à celle du moindre soldat, il a vne infinité de moyens, pour faire agir ceux qui sont dans les emplois de la guerre, & au milieu des tumultes qui les accompagnent, avec vne valeur éclatante & vne telle reputation, que c'est avecque justice qu'on peut dire de ceux qui ont receu cet avantage, qu'ils sont au dessus de tout ce que la Fortune leur peut donner. Ces hommes veritablement genereus, ne mettront point leur satisfaction dans l'orgueil ; puis qu'ils ont vn principe plus élevé, qui soustient les grandes actions qu'ils produisent. Ce mesme Esprit de feu donne vn tour si auguste, aux sentimens de ceux qui possedent par luy les plus belles charges de la Maison du Roy, qu'il les soustient dans vne pureté de vie admirable, parmy tous les embarras dont la Cour est tousiours remplie. Les choses surprenantes & tumultueuses qui se rencontrent dans cette sorte de vie, ne nuisent point à la solidité de leur devotion ; & leurs ames élevées par dessus tout ce qui est creé, regardent avec des yeux pleins de lumiere, tout ce qui se fait icy bas. Les beautez qui y paroissent, servent de degrez pour les conduire dans le fonds de leur cœur, jusqu'à l'amour des beautez eternelles ; & ils font tout cela d'vne maniere aisée, & qui ne laisse rien voir en eux, que ce qui se voit dans toutes les autres personnes ordinaires. La seule difference des mouvemens qui les font agir, lesquels sont tres-éloignez de l'orgueil, cause la difference de leurs actions ; toutes semblables en apparence, à celles des autres hommes.

Enfin il est iuste de sçavoir, que cet Esprit est ce qui fait la devotion des Gentilshommes qui sont dans le monde, aussi bien que celle de toutes les personnes qui menent vne vie plus retirée du commerce des hommes : & il y a tant de difference de la grandeur de toutes les perfections, & de toutes les belles qualitez qui sont soustenuës par vn principe si excellent, à la bassesse de celles qui ne sont fondées, qu'en la seule force de la Nature, qu'il est impossible de la pouvoir assez exprimer. Le Ciel n'est pas si esloigné de la terre; n'y la clarté du Soleil, des tenebres de la nuit, que les plus grandes actions, que nous considerons dans les hommes qu'on admire ordinairement, sont au dessous de celles qu'executent ceux qui agissent par vne si haute conduite. Non, les Cyrus, les Alexandres, les Cesars & les Pompées, n'ont iamais rien fait que de bas, si nous comparons les sentimens qui les animoiét, avec ceux qui possedent les illustres Chrestiens dont ie parle. Et asseurément l'imagination des hommes, ne peut aller iusqu'où l'Esprit de Dieu porte effectivement, le cœur & l'ame de ces grands personnages. C'est pourquoy ces Genies admirables, qui ont si bien poussé la vertu excellente de leurs Heros, dans les Romans que nous lisons tous les iours avec estime, ne trouveront pas mauvais si ie dis, que les personnes si bien imaginées qu'ils nous proposent, ne peuvent approcher de celles, que la hauteur de l'Esprit du Roy des Rois anime de sa noble ardeur.

Pour mieux entendre cette verité tres-importante, il faut sçavoir que les hommes sont comme refondus par le baptesme, quant à ce qui est presentement du fonds de l'ame, où demeurent les grandes qualitez qui les font agir:

de

de sorte qu'ils quittent (s'ils respondent fidelement à leur nouvelle condition) les sentimens de la Nature corrompuë, pour prendre ceux de l'Esprit du Fils de la Vierge, qui sont autant hauts, purs, admirables, genereus & puissans, que les autres sont bas, meschans, meprisables, lasches & foibles. Il leur arrive en cela comme il feroit à vne medaille de plomb fort grossier, qu'on auroit foduë avecque tant d'or & de diamans, qu'il ne paroistroit plus rien de l'ordure & de la grossiereté du plomb, mais seulement l'esclat & le lustre de l'or & des diamas. De mesme aussi, apres le Baptesme on ne doit plus rien voir des productions basses & infames, que l'orgueil de la Nature gastée met au iour : mais à leur place, rien ne doit esclatter dans les Gentilshommes Chrestiens, que les mouvemens illustres que cet Esprit merveilleus du Fils de Dieu y fait paroistre; & comme il est infiniment beau, infiniment riche, infiniment genereus, infiniment magnifique, & qu'il porte avecque luy les tresors de la liberalité divine, & qu'il est infiniment esloigné de tout ce qui est tant soit peu bas, foible ou lasche, il s'ensuit necessairement, qu'il communique toutes ses hautes perfections aux personnes de qualité qui le reçoivent.

Il ne faut donc pas s'estonner, s'ils reiettent les sentimens communs des autres hommes, quelque grands qu'ils puissent se monstrer, comme des sentimens de plomb, pour prendre ceux de cet Esprit adorable, qui sont des sentimens d'or & de diamans. En effet puis qu'ils sont les membres du Fils de Dieu, & qu'ils entrent mesmes dans ses perfections, comme ils entrent dans l'vnité de son corps & de son Esprit, ce n'est pas vne chose estrange s'ils agissent si noblement, & si la grandeur de leurs Ames & de leurs Esprits es-

H h

clairez, est eslevée par dessus toutes les grandeurs que la Fortune apporte aux hommes, & par dessus toutes les sciences que les lumieres de la raison leur peuvét apprendre. Leur generosité, estant fondée sur celle du Roy des Souverains, se pousse sans bornes, & sans craindre l'obstacle des terreurs, iusqu'où la pensée des hommes ne peut aller. Leur liberalité, leur magnificence, & le plaisir qu'ils prennent à bien faire à tout le monde, sont du mesme rang. Ils ne connoissent les bassesses & les interests, qui troublent les hautes vertus de l'ame, que pour les mespriser. Enfin on ne se peut rien imaginer d'illustre, qu'ils n'ayent parfaitemét, non plus qu'il ne se trouve rien d'indigne de l'estime des hommes, qui ne soit fort esloigné d'eux: la douceur & la liberté de leur conversation aisée, remplissent ceux qui les voiét, de ioye & d'admiration: leur enjoüement mesmes a quelque chose de si aimable, & sort d'vn principe si haut & si charmant, qu'il attire l'estime & l'approbation de tout le monde : la belle galanterie, en la maniere qu'elle doit estre entenduë, & dans le sens qu'elle reiette & la vanité & les crimes, n'est iamais parfaitement que dans ces sortes de personnes. Elles connoissent aussi avec clarté, que l'ambition qui tyrannise le cœur de la pluspart des hommes, est faussement prise pour quelque chose de grand & d'eslevé; car c'est effectivement la derniere de toutes les bassesses. Vne marque asseurée de cette verité, c'est que les demons ne l'eurent pas plutost receuë dans eux-mesmes, que de tres-eslevez qu'ils estoient auparavant, ils demeurerent les plus basses & les plus mesprisables de toutes les creatures: joint qu'à parler veritablement, la noble eslevation est tres-opposée à cette passion superbe. Ce qui nous paroist clairement en

Iesus Christ, en la Vierge, & en tous les bien-heureus qui sont dans le Ciel, lesquels possedent les plus hautes eslevations qui se puissent penser, & cependant ils ont vne aversion inconcevable pour cette ambition pernicieuse.

Ces heureuses & contentes personnes, qui possedent tant de perfections, s'employent agreablement à tout ce que demande l'illustre condition, dans laquelle elles sont nées. La lumiere qui les esclaire, & la grace qui les eschauffe, leur font voir & leur font trouver toutes choses aisées. Elles iugent nettement de ce qui paroist à leurs yeux, & il est bien difficile d'en avoir d'assez fins, pour penetrer iusqu'à voir les principes qui les font agir; si ce n'est par le secours de la mesme clarté, qui donne tant d'estenduë à leur connoissance, qu'on peut dire d'elles, sans craindre de se tromper, qu'elles ont infiniment de l'esprit. En effet c'est par cette lumiere, qu'elles remarquent la foiblesse de toutes les sciences humaines, à comparaison de la science qu'elles reçoivent du Fils de Dieu. C'estoit aussi le feu qu'elle iettoit dans l'ame de S. Paul, qui luy faisoit dire que toutes les choses creées, n'estoient devant elle que comme de la bouë, & que celuy qui la possedoit, connoissoit toutes choses sans estre connu de personne. En traittant de ces avantages, qui sont propres aux Gentilshommes Chrestiens qui s'en veulent servir, ie pretends que les Dames y prendront la part qui leur sera agreable : le respect que i'ay pour elles, me doit donner cette pensée, aussi bien que celle dans laquelle ie suis, qu'elles sont tres capables de se servir de ces petits avis, que ie me suis engagé de donner.

H h ij

LES GRANDEVRS QVI SVIVENT la naissance des personnes de haute condition, se doivent recevoir par soûmission à la Providence divine, & non pas par le mouvement de l'orgueil naturel: de quelle sorte ceux qui les possedent en doivent vser.

CHAPITRE IV.

IL faut donc que ceux qui sont élevez par la haute naissance, ayent dans le cœur les sentimens Chrestiens dont ie viens de parler, & que ce soit par eux qu'ils aiment veritablement leur condition illustre; parce qu'elle leur a esté choisie de celuy, à qui il appartient de donner le rang qu'il luy plaist, à ses Creatures, & non point à cause de ce qu'elle a de grand dans la pensée des hommes. Cette maniere de recevoir du souverain Arbitre de toutes choses, les grandeurs qu'il veut donner en ce monde, sera pure, Chrestienne & agreable à ce divin Seigneur, sans qu'elle diminuë rien de tout ce qui doit accompagner vne qualité si considerable. Ce sentiment établira ceux qui l'auront, dans la veritable élevation de leur qualité, par la soûmission respectueuse qu'ils rendront à la volonté de Dieu.

Ayant pris avec ces pensées, cette sorte de vie dans laquelle on est né, il est raisonnable de s'attacher soigneusement à toutes les choses qui la suivent, comme à autant de marques du respect que l'on doit à la Providence éternelle. Si les bons Religieux, qui ont tout quitté pour embrasser la pauvreté & les humiliations du Fils de la Vierge, s'occupent continuellement à honorer par leurs actions, ces choses saintes ausquelles leur vocation particuliere les applique, les Gentilshommes Chrestiens ne doivent pas estre moins zelez à rendre honneur aux dignitez suprémes de ce grand Seigneur. Leur condition élevée tire son origine des grandeurs qui sont en ce Souverain de tous les Monarques: elle se doit prendre comme estant vn crayon & vne image de ses hautes dignitez; car ainsi qu'il assemble en luy-mesme, les grandeurs & les abbaissemens, qu'il a voulu naistre d'vne des plus anciennes & des plus illustres maisons du monde, & cependant supporter vne extreme pauvreté; il desire aussi qu'on respecte en luy ces deux choses differentes, par deux especes de vie dont les fonctions soient diverses. Desorte que les pauvres & les riches doivent partager leurs hommages envers ce Seigneur, les vns se regardant comme precisément obligez à rendre leurs devoirs à ses pauvretez pleines d'humilité, les autres se considerant comme ceux qu'il a choisis, pour reverer par leur qualité & par les emplois qui sont fondez sur elle, la majesté & l'éclat qui se rencontrent en sa personne. C'est le motif avecque lequel ils doivent soustenir le lustre de leur naissance, & ce moyen qu'elle leur donne de servir à faire connoistre quelque chose des excellences du Fils de Dieu, doit causer leur ioye & leur satisfaction. Et en verité il est bien iuste que le desir de sa gloire éteigne tous les autres desirs, qui pourroient s'élever dans l'ame.

C'est ainsi qu'on doit regarder les hautes qualitez des Souverains & des Princes, les charges de la Cour & de la guerre, comme autant de portraits des dignitez que pos-

H h iij

sede l'illustre Fils de la Vierge. Les richesses, les faveurs, les equipages magnifiques, les tables proprement servies, aussi bien que les beaux habits & les riches ameublemens, sont de petites & foibles participations des Trésors de ce grand Roy. L'appareil d'vn grand train sert à faire connoistre, que celuy de ce Monarque eternel est incomparablement plus leste & plus pompeus. C'est donc dans cette veüe, qu'il faut vser de toutes ces choses que l'orgueil des hommes fait aimer, mais qu'vn plus noble mouvement fait prendre à celuy qui est esclairé de la lumiere de l'Esprit de Iesus Christ.

L'on doit encore ajouster à cette iuste consideration, celle de la charité qui doit estre inseparable de tout ce que fait vn homme de bien. Cette vertu animant le cœur d'vn Gentilhomme, le poussera sans que cela paroisse, à faire les dépenses qui sont proportionnées à sa condition, pour enrichir ceux qui trouvent leur compte avecque luy. Et les gens qui composeront sa maison, seront autant de personnes qu'il entretiendra par vn principe si excellent; parce qu'il reconnoistra que Dieu ne luy a donné plus de bien qu'aux autres, qu'afin de l'obliger à l'employer honorablement à faire subsister, & à avancer les moins riches, ou les pauvres qui sont au dessous de luy. C'est par cette raison que ceux qui ont de grands biens, s'en doivent servir à entretenir des Gentilshommes, & à élever des Pages, qui puissent par le secours d'vne bonne nourriture, se rendre capables de produire enfin de bonnes actions.

La Fortune mesmes, qui semble assuiettir tout le monde sous son empire, sera beaucoup au dessous de ces personnes illustres: elle ne sera regardée de leurs yeux éclairez quand elle leur arrivera, que comme vn moyen que Dieu leur envoye, pour faire beaucoup de bien, & principalement pour assister d'vne maniere obligeante & genereuse, ceux qui auront besoin de leur faveur pour obtenir des choses iustes, & que leur credit n'est pas suffisant de leur faire avoir.

En viuant ainsi, ils paroistront comme les autres hommes que la vanité possede, mais dans leur cœur ils seront grands de la grandeur qui plaist aux yeux de Dieu, & qui donne de l'estime & de la veneration à toute la Cour du Ciel. L'orgueil sera leur mespris, & le repos de leur ame se trouvera dans la ioye, de se voir dans l'estat où Dieu les a appellez.

Leur conduite estant toute Divine, quoy que cachée aux yeux des hommes, ils puisent en Iesus Christ, comme en leur Chef, leur Roy, & celuy qui possede tous les tresors de la Divinité, les plus illustres qualitez & les plus esclatantes perfections, qui sont necessaires à des personnes de leur rang, pour vivre d'vne maniere qui honore celuy qui les soustient, & qui donne de l'admiration à tous ceux qui les connoistront.

Ce Seigneur leur communiquera ses richesses eternelles, sa valeur excellente, & toutes ses autres perfections. Il répandra en eux d'vne façon admirable, les charmes & les douceurs de la conversation : il les rendra agreables à tout le monde, & produisant en leurs ames, les nobles sentimens qu'il possede, on les verra élevez, au dessus de tout ce qui est bas, & que les honnestes gens mesprisent, d'vne maniere si excellente qu'il ne sera pas possible de les connoistre, sans se laisser ravir à l'estime qu'on aura pour eux.

Ils seront parez si avantageusement de tout ce qui peut rendre les hommes véritablement grands, & dignes de respect, qu'on verra clairement que les Heros dont la profane antiquité se vante, ne leur estoient point comparables.

C'est de cette source abondante qui sort du Souverain des hommes, que les plus grands Princes apprendront à gouverner leurs peuples dans la paix, & se rendront dans la guerre, la terreur de leurs ennemis, & l'amour de leurs Sujets. C'est d'elle aussi, que tous les iours on verra les vaillans hommes tirer leur generosité, & se former en parfaits Capitaines, qui rempliront la bouche de la Renommée, de la beauté de leur nom.

Ce mesme Principe de toutes sortes de biens, rendra les Seigneurs qui viuent dans les grandeurs de la Cour, si dignes de leurs qualitez, qu'on ne les pourra connoistre sans leur donner mille loüanges: car enfin il n'appartient qu'au seul Iesus Christ (qui porte en luy la Divinité, & par lequel seulement elle nous est favorable) de donner aux siens les veritables perfections, qui les peuvent eslever par dessus le reste des hommes; mais il luy appartient encore de rendre ces mesmes personnes veritablement si illustres, qu'elles puissent obliger les yeux de la maiesté de Dieu, à les considerer avecque plaisir, comme des ouvrages que son Fils a pris vn tres-grand soin d'embellir.

QVELQVES

QVELQVES AVIS PROPRES AVX Personnes de condition qui veulent auoir la solide pieté : le premier est d'euiter cette iniuste crainte de se mettre entre les mains de Dieu, de peur qu'il ne priue auec seuerité, de toutes les douceurs de la vie ; le second, de prendre garde qu'il ne paroisse rien de particulier dans l'apparence exterieure, & dans la maniere de viure, qui doit estre semblable à celle des autres personnes du mesme rang.

CHAPITRE V.

Pres auoir dit quelque chose de cette devotion, que ie me persuade propre aux personnes de condition, qui doivent viure au milieu du monde, & qui ne doivent pas pour cela, agir par orgueil, mais par les genereus sentimens que le Fils de la Vierge respand dans leurs ames ; ie crois estre obligé d'ajoûster quelques remarques, qui ne seront pas inutiles pour les aider à se fortifier dans cette pieté solide, & qui est, ie pense, la mesme qui a fait executer de si belles choses, à tous les grands hommes dont i'ay rapporté les histoires dans ce discours.

Le premier avis qui me paroist vtile à ces personnes veritablement illustres, qui desirent former leur vie sur les maximes du Roy des Rois, c'est de se desabuser l'esprit de cette pernicieuse deffiance qu'on a ordinairement de la majesté de Dieu, comme s'il ne desiroit, en nous invitant à le servir, que de nous rendre mal-heureus parmy les hommes, & nous oster toutes les douceurs, & toutes les satisfactions ausquelles nous nous sentons beaucoup portez. Cette erreur est funeste & meschante, & porte avec elle par l'instinct du Prince des tenebres, certaines idées affreuses de la devotion, qui la font regarder comme la privation de toutes les joyes. C'est l'aveuglement qui la nourrit, & qui l'entretient dans sa fausseté; mais la verité fera voir qu'il n'y a rien de si trompeur: car Dieu est vne bonté infinie, qui traitte ceux qui l'aiment, & qui se fient en luy, avec vne douceur tout à fait inconcevable.

Il n'y a point de mere, qui ait des empressemens pour vn fils vnique qu'elle aime passionnément, qui approchent des tendresses avecque lesquelles le Fils de Dieu aime les siens. S'il m'est permis d'vser d'vne comparaison commune pour faire paroistre vne chose si pure, ainsi que les Peintres font éclatter leurs plus vives couleurs par le moyen des ombres, ie diray que iamais homme, quelque legitime que sa passion ait pû estre pour vne belle femme, n'a eu vne amour si forte, que l'amitié que ce grand Seigneur témoigne tous les iours à ses serviteurs. Ses complaisances sont tout à fait surprenantes, & les biens dont il les enrichit, surpassent infiniment tout ce qu'on en peut dire.

Son dessein n'est point de nous arracher de nos occupations ordinaires, & dans lesquelles nous sommes nourris: au contraire il nous les veut rendre plus agreables, par les charmes Divins dont il les remplit, & en nous les faisant prendre avec les mouvemens de son esprit plein de douceur, il ne veut point changer la condition des hommes, ny leur oster leurs emploits ordinaires; mais seulement leur changer de cœur. C'est luy qui en bannit l'amertume & les inquietudes, que les orages de l'orgueil excitent tousiours dans nos ames, quand il est le Pilote qui nous conduit. Ayons donc vne parfaite confiance en celuy qui peut rendre les accidens, mesme les plus fascheus de la vie, & qui arrivent à toutes sortes de gens, des sujets de joye & de satisfaction : tant il est veritable que les douceurs de son esprit, sont remplies d'vn solide agrément. L'experience fera connoistre à ceux qui s'abandonneront à luy, que c'est en cela que consiste l'ame & l'esprit de tous les plaisirs legitimes, que l'on peut gouster. C'est ce qui les remplit d'vne certaine paix si agreable, qu'il n'y a rien qui en puisse approcher, & il faut l'avoir goustée pour en prendre des sentimens proportionnez aux delices qu'elle cause.

La seconde chose que ie leur conseille, est de s'accommoder en tout ce qui est legitime, à la façon dont agissent les autres qui ne sont point animez de l'esprit de Dieu, & de cacher autant qu'il leur sera possible, les sentimens qu'ils ont dans l'ame ; de sorte que l'apparence exterieure pour tout ce qui regarde leur condition, soit semblable à celle de toutes les personnes de leur qualité. Il ne faut rien diminuër du train, de l'equipage, des habits ordinaires, & de tout le reste qui est en vsage parmy ceux de leur rang: pourveu que cela n'engage point à vne profusion, qui les oblige à mesler le bien d'autruy avec le leur, ou à s'accabler de debtes, qu'ils auroient bien de la peine à payer. Ioint qu'il est encore iuste d'employer avec vne charité genereuse quelque partie de son revenu, à faire de bonnes œuvres selon les rencontres & la devotion particuliere qu'on aura. Leurs conversations doivent estre libres

& accommodantes avecque tout le monde, sans que jamais leur devotion soit importune à qui que ce soit : au contraire, c'en est vn effet excellent quand elle rend celuy qu'elle possede, si agreable à tous ceux avecque lesquels il se trouve, qu'il semble se changer en autant d'esprits, qu'il entretient de personnes differentes. C'estoit la grande maxime d'vn des plus éclairez de tous les hommes, l'admirable S. Paul. C'est pourquoy vn Gentilhomme qui agit de cette façon, parlera de la guerre à ceux qui l'aiment, de la Cour à ceux qui en seront divertis. Il s'entretiendra de cheuaux & de chiens, avec ceux qui sont passionnez pour la chasse, & sa conversation pleine de charmes s'ajustera parfaitement à toutes les choses, qui peuvent donner du divertissement & de la satisfaction aux Dames. Il les faut tousjours considerer avec beaucoup de respect, & ne les point ennuyer de discours éloignez de la politesse & de la facilité, qu'elles aiment en ceux qui les voyent. Asseurément les hommes que la veritable lumiere éclaire, parlent presque agreablement de toutes choses ; parce que l'étenduë de leur esprit les comprent toutes facilement. On doit encore prendre garde, de ne point faire le Predicateur & le Censeur à contre-temps, qui sont des choses qu'il est à propos d'éviter avec vn grand soin, aussi bien que de se scandaliser de tout ce qu'on void faire aux autres, qui n'est pas conforme à ce que la pieté desireroit. Il ne faut point s'en estonner, car nous sommes tous sujets à faillir, & la grace de Iesus Christ est la seule chose qui met de la difference, entre le pecheur & l'homme de bien. C'est pourquoy il ne se faut pas enorgueillir de ses bonnes œuvres, ny en mépriser les autres : cette facilité qu'on a avecque tout le monde, sans pourtant se laisser aller à leurs vices, honore la divine douceur avecque laquelle le Verbe incarné a vescu avec ceux qui ne valoient rien, & c'est ce que ses Apostres ont tousiours pratiqué, qui se sont répandus en tous les endroits de la terre, pour aller chercher les pecheurs avec desir de les convertir. Si quelquefois on trouvoit vn peu de iour pour dire vn petit mot à vn amy, lors qu'il semble en donner le moyen dans de certaines conversations familieres, dans lesquelles il ouvre son cœur, ce seroit vne tres-bonne chose, de jetter dans son ame quelques bonnes semences de la verité. Cela ne sera pas inutile, & peut-estre en verra-t'on le fruit dans le temps que la providence Divine aura choisi, pour faire germer cette parole.

Il me semble que viuant de cette sorte, on n'estonnera point le monde, par vne devotion gesnante & pleine de contrainte, & que mesmes cette facilité & cette humeur esgale & charmante, qu'on verra esclater en toutes choses, servira d'vn attrait puissant pour faire desirer à plusieurs, de se mettre vn peu dans la veritable pieté. C'est dans ce sentiment aussi qu'il faut sans peine, prendre les divertissemens ordinaires aux personnes du mesme rang. Ils sont permis à toutes sortes de gens quand ils ne sont point excessifs, & qu'ils sont proportionnez à la profession dans laquelle on est: il ne faut pas se persuader que ceux que l'on trouve à la Cour, & qui ont rapport à la grandeur des Rois, des Princes, & des Seigneurs qui s'en divertissent, soient défendus, encore qu'ils soient d'vne autre nature que ceux qu'on reçoit lors qu'on est retiré dans sa maison, ou dans les lieux esloignez du grand monde. Ils sont magnifiques & beaux, parce que la qualité de ceux pour qui ils font inventez, les demande de cette sorte; ils ne doivent pas pour cela, estre regardez comme mauvais. Si l'orgueil y prend trop de part, aussi bien que dans beaucoup de choses qui se font à la Cour & à la guerre, c'est vn malheur extreme, & vn abus qu'on fait de ce qui en soy n'est pas à blasmer. Cette mesme faute se commet iusques dans les choses Saintes, dont on fait quelquefois vn tres-mauvais vsage. Le zele d'vn Gentilhomme Chrestien doit estre, de chasser cet orgueil avecque ce qui le suit, d'vn lieu où il n'a pas droit de s'establir. C'est ce que nous devons desirer, & à quoy les personnes qui veulent honorer Dieu, doivent travailler & faire en sorte, de tirer des mains de la vanité, ce qui peut & ce qui doit estre, en celles de la verité. Par ce mesme dessein, on doit souhaitter que toutes les grandeurs, sur lesquelles le Prince des tenebres prend vn si grand empire, soient arrachées de sa puissance, & assujetties sous la domination du grand Roy de tous les Souverains. Cela ne se doit pas faire en les abandonnant, non plus que les divertissemens legitimes; mais au contraire, en prenant soin d'en vser par la conduitte de cet esprit Saint, qui tire mesme le bien du mal, & qui par consequent le veut produire en vne chose qui n'est pas mauvaise d'elle-mesme. C'est dans ces sentimens que les Chrestiens, qui ont esté autrefois animez d'vn veritable respect pour Dieu, particulierement les grands Princes, ont osté aux demons l'vsage de plusieurs choses qu'ils avoient vsurpées, pour les assujetir sous le regne du Fils de la Vierge. On leur a ravi de cette sorte non seulement des temples, où ils se faisoient adorer comme des divinités, pour en faire des sanctuaires, où le vray Dieu fust honoré; mais encore on leur a osté des Estats & des Royaumet tous entiers, où ils avoient tres-long temps abusé les peuples qui y vivoient; & l'on a fait triompher la majesté Divine dans ces mesmes lieux, où ces scelerats avoient regné. Pourquoy ne chassera-t'on pas ces malheureus, des places qu'ils veulent occuper dans les cœurs des gens de qualité, qui reconnoissent l'Empire de Iesus Christ? pourquoy n'arrestera-t'on point le cours de la tyrannie, qu'ils veulent exercer dans les grandes charges, & les grandes dignitez de ce Royaume, aussi bien que dans les divertissemens pompeus, qui sont propres aux personnes de la plus haute naissance?

LE TROISIESME AVIS PORTE qu'il faut prendre la devotion d'vn air fort doux, sans se laisser iamais gesner l'Esprit. Le quatriesme enseigne à vaincre l'orgueil naturel, par la consideration des beautez & des grandeurs qui sont en Iesus Christ, lesquelles sont infiniment plus illustres & plus hautes, que tout ce que nous pouvons voir d'esclattant dans la Cour.

CHAPITRE VI.

LA troisiesme chose que ie trouve necessaire, est de prendre cette veritable pieté d'vn air fort doux, de n'avoir rien de rude ny de farouche, & de ne se point laisser gesner l'esprit par aucuns scrupules, ny par des troubles fascheus, qui esteignent tousiours le feu agreable de la devotion. Tout ce que ie pretends dans cette sorte de vie, doit estre plus dans l'affection de la volonté déterminée à suivre les divins mouvemens de l'esprit de Iesus Christ, que dans la forte application du nostre, qu'il ne faut point du tout peiner; mais luy laisser gouster avec douceur, les choses que la beauté de nostre Religon luy fera paroistre agreables. En effet ces veritez excellentes se doivent plustost connoistre, & reverer par vn humble & respectueus mouvements de nostre Foy, que par vne application importune de nostre esprit. C'est par ce don de Dieu qu'il répand agreablement dans le fonds des cœurs, qu'on apprendra à aimer les merveilles & les richesses invisibles, qui font l'éclat & l'ornement de l'Empire du Fils de la Vierge. Nous sçavons par les lumieres que ce Seigneur jette dans les ames, que non seulement tout ce qui peut tomber d'aimable sous les sens, est enfermé dans la magnificence des splendeurs de son Estat, d'vne maniere Divine; mais nous sçavons encore, que ces clartez eternelles éclattent à ceux qui les voyent, vne infinité d'autres choses admirables, qui ne sont pas comprises dans les estroites bornes de la Nature créée.

Afin que nostre esprit s'accoustume petit a petit, à se former des idées agreables, de ce qui contient si admirablement toutes les delices & tous les agrémens assemblez, ie pense qu'il est bon de repasser en nous mesmes, tout ce qui charme nos inclinations sur la terre, & ce qui touche nos cœurs d'vn plaisir tres sensible; & puis nous persuader, que tout cela se rencontre excellemmét dans le Fils de Dieu qui porte en luy mesme les tresors de la Divinité. C'est pourquoy par vne suitte infaillible, il faut qu'il soit la verité
&

& la perfection de toutes les beautez, qui sont répanduës dans les creatures, comme dans des portraits grossierement ébauchez, de cette premiere source de tout ce qui est beau, de tout ce qui est riche, & de tout ce qui est grand.

Cette façon familiere, & qui se sert de l'attachement que nous avons aux choses qui nous plaisent en cette vie, pour nous élever iusqu'à l'affection de la derniere fin de tous les contentemens, sera asseurément vtile: car chacun se portera insensiblement à aimer en l'essence mesmes de Dieu, ce qui luy agrée plus particulierement en ce monde, & se resiouïra dans l'esperance de le trouver vn iour si avantageusement. Il faut cependant prendre grand soin, de ne pas ignorer que tout ce qui est de grossier & d'impur dans les choses naturelles, qui nous contentent maintenant, est banni de l'infinie pureté de Dieu, qui est vn feu ardant qui sanctifie toutes choses; & lors que nostre ame en sera purifiée, nous n'aurons plus ce goust grossier & imparfait, qui suit les mouvemens d'vne volupté tres-basse: mais nous serons remplis de celuy, que l'esprit du Fils de la Vierge aura tres-agreablement imprimé en nous. Il nous arrivera en cela presque comme aux petits enfans, qui se resiouïssent dans la foiblesse de leur âge, d'avoir vne pomme, ou quelque autre chose qui sert à les faire iouër; mais quand ils deviennent grands, ils prennent à mesme temps les sentimens qui sont propres aux personnes de leur portée, & abandonnent ceux que l'enfance leur avoit donnez. Nous experimēterons la mesme chose, mais bien plus avantageusement, lors que nous connoistrons que cet Esprit divin nous eslevera au dessus de nous-mesmes, pour nous donner l'instinct & l'amour de ses merveilles, & pour nous

K k

faire gouster les choses qui sont au dessus de nous, en nous faisant connoistre que celles qui occupoient trop nostre inclination auparavant, n'en estoient pas dignes.

Il nous fera estre en ce monde, comme les Ambassadeurs du Prince eternel, à qui nous appartenons; & quoy que nous soyons occupez à tous les emplois, où nostre condition nous appelle, il nous obligera de nous ressouvenir de ce que nous devons à ce grand Souverain de tous les hommes, quand il y va de son interest. Ce sera luy qui nous poussera à agir, ainsi que nous voyons faire quelquefois les Ambassadeurs qui sont à la Cour; ils s'accommodent à la façon dont on y vit, ils s'y divertissent fort bien, & la mode du pays ne leur est pas desagreable: mais dés le moment que les affaires de leurs Maistres demandent quelque chose de leur devoir, nous les voyons faire leur charge avec vne fidelité loüable, & vn empressement qui tesmoigne qu'ils ont l'honneur en grande recommandation.

Dautant que les mouvemens superbes, qui s'eslevent ordinairement dans nous mesmes, à cause de la bassesse de la naissance corrompuë que nous tirons de nostre premier Pere, sont les plus fiers ennemis que les personnes de qualité ayent à combattre, ie me persuade que le quatriesme avis doit estre, de s'appliquer vn peu soigneusement, à domter tout à fait la tyrannie de l'orgueil, qui tasche à troubler le repos de ceux qui sont affectionnez à suivre l'instinct de la Grace. Il me semble que c'en est vn excellent moyen, de considerer que la majesté de Dieu, aussi bien que celle du Fils de la Vierge, est si grande & si relevée par dessus tout ce qui est creé, que ce qui paroist de pompeus parmi les hommes, n'est veritablement pas considerable, si on le comparé à cette premiere source de toutes les grandeurs. C'est pourquoy quand on se trouvera au milieu de ce que la Cour a de plus magnifique, & de ce qu'elle estalle de plus beau dans les bals, les balets, les comedies, & les assemblées les mieux esclairées, il est bon d'eslever son cœur à l'auteur de toutes ces choses, & de considerer qu'elles ne sont qu'vn neant devant luy. Le Roy des Rois est infiniment plus pompeus, & le moindre de ses spectacles efface tout ce qui paroist là de grand.

Ces pensées fondées sur la Foy, nous doivent faire aimer ces mesmes grandeurs de ce monde, dont ie viens de parler, en ce divin Seigneur, dans lequel elles sont comme dans leur element, & dans leur veritable iour, & nous doivent porter à ne les pas tant estimer en leur estre naturel, qu'elles nous empeschent de les admirer en leur premier principe. Il en est l'original, & il doit estre aux yeux de nostre ame, l'objet d'vne solide complaisance, puis qu'il possede effectivement tant de merveilles, que la majesté mesmes de Dieu daigne bien y establir la sienne. C'est ainsi que nous sommes obligez, si nous voulons viure en Gentilshommes Chrestiens, de regarder toutes les grandes & les agreables choses en Iesus Christ, qui les est luy-mesme d'vne maniere si excellente, qu'elles raviront vn iour pour iamais, ceux qui seront assez heureus pour les admirer en leur lustre. Il arrivera de là asseurément, que l'on se sentira fortifier l'ame contre le subtil venin de l'orgueil, puis que l'esclat de la majesté Divine effacera tout ce que la vanité avoit tasché de produire dans nos esprits.

Il est vtile encore de considerer, que puis que nous ne pouvons joüir dans cette vie, de toutes les choses agreables, qui

K k ij

plaisent à nos inclinations, il faut nous contenter d'avoir celles qui nous manquent, & ausquelles nos souhaits aspirent, dans l'illustre Fils de Dieu, qui est leur propre verité. Il suppleera asseurément par luy-mesme, d'vne façon admirable, à tout ce que nous n'avons pas dans ce monde. Il contient toutes ces excellences qui attirent nos desirs, & il est meilleur de les posseder en luy, qui est toutes ces mesmes choses, d'vne maniere Divine, que de les avoir dans l'estre grossier qu'elles ont icy bas. Ces veritez paroistront sans doute à beaucoup de personnes, tres-eslevées au dessus des sens; mais elles ne laissent pas d'estre pleines de consolation, pour ceux qui n'ont pas tout ce qu'ils desirent, & tres-conformes aux principes de nostre Religion: aussi prend elle ses lumieres, du feu Divin qui vient d'en-haut. Cette façon d'aimer toutes choses en la souveraine beauté de leur premiere source, nous est parfaitement expliquée par le livre des Cantiques, qu'a escrit le plus sage & le plus magnifique de tous les Rois. Il y fait voir cette Fille admirable & esclairée, qu'on prend pour vne figure de la Vierge & de l'Eglise, laquelle dans ses transports pleins d'amour, aime dans la verité de Dieu mesme, & dans les richesses de Iesus Christ, la douce senteur des parfums, l'agreable goust des fruits, & enfin la beauté de tout ce qui s'offre à ses yeux. Elle sçavoit admirablement faire ce Divin vsage, de tout ce que la Nature pouvoit produire de plus merveilleus. Il ne tient qu'à nous d'en faire de mesme, & nous le pourrons tousiours avecque facilité, si nous voulons suivre les mouvemens que le Verbe incarné nous inspirera.

LE CINQVIESME AVIS FAIT VOIR, que bien que la qualité des Gentilshommes de naissance, les applique à honorer les grandeurs du Fils de Dieu, ils ne doiuent pas pour cela estre moins soigneus de rendre l'honneur qu'ils doiuent à ses humiliations, & à ses souffrances. Et le sixiesme auis conseille à ces mesmes Gentilshommes de se produire dans la Cour & dans la guerre, dés que leur âge le permettra, s'ils n'en sont point empeschez par des raisons particulieres.

CHAPITRE VII.

Encore que i'aye fait voir que les personnes de condition doivent principalement honorer dans le Fils de Dieu, sa qualité de Roy & de Seigneur de tous les Seigneurs, & recevoir les impressions de ses grandeurs, de ses magnificences, de sa valeur, de sa liberalité, & de toutes les hautes perfections, qui semblent avoir plus de raport à la façon de vivre des Grands ; cependant ie ne pretends pas exclure les respects, que tout le monde doit à ses autres vertus Divines. Ses souffrances, & les humiliations qu'il a voulu porter en la terre, demandent aussi nos devoirs & nos adorations : & quoy que ses dignitez suprémes soient le sujet particulier de l'application des Gentilshommes, & comme les canaus qui doivent respandre en eux, les qualitez les plus propres à leurs emplois, il faut pourtant y ajouster, si l'on veut agir selon les principes du Christianisme, la veneration necessaire aux mysteres du Verbe incarné, dans lesquels il a pris soin d'endurer pour nous, & de s'humilier d'vne maniere prodigieuse, & qui a donné de l'estonnement aux Anges. Les vertus qui sortent de ses abaissemens, meritent aussi bien d'estre adorées, que celles qui accompagnent ses plus hautes grandeurs; & puis qu'il est impossible de passer la vie, sans souffrir vne infinité de choses qui nous affligent, & qui nous chocquent, nous nous en pourrons servir pour les offrir au Fils de la Vierge, en l'honneur de ce qu'il a enduré pour nous. Nous devons aussi avoir cette humilité, qui nous fait croire dans le fonds de nostre ame, que nous meritons tous les maux qui nous peuvent arriver, & que nous sommes indignes par nous-mesmes, de tout le bon-heur que la misericorde de Dieu nous fait ressentir. Nostre patience & nostre humble soumission, à recevoir respectueusement ce qui vient des mains de sa Providence, nous serviront pour rendre hommage à ces mesmes divines vertus, que Iesus Christ a fait paroistre pendant toute sa vie, d'vne façon si surprenante. Il est bien certain que les disgraces, dont la vie des hommes est tousiours traversée, ne servent pas d'vn petit lustre, à embellir celle de nos Heros. La continuelle prosperité, n'est pas la marque d'vne veritable force d'esprit n'y d'vn courage invincible. C'est par les difficultés que l'on peut supporter avec constance, que s'acquiert la gloire & la reputation d'avoir l'ame magnanime; & c'est par elles aussi, quand elles sont prises avecque respect à l'ordre de Dieu qui les envoye, qu'on l'honore, & qu'on se fait vn chemin illustre & asseuré à la derniere felicité.

 Le sixiesme conseil qui me semble vtile à donner aux

Gentilshommes, qui s'attachent à rendre leurs devoirs à celuy qui les a formez pour sa gloire, est qu'ils soient fort soigneus de se produire dans le monde, dés que l'âge leur permettra de quitter leurs maisons, & qu'ils auront appris tous les exercices qui sont necessaires aux personnes de leur volée. Ils doivent aller à la Cour & à la guerre, & s'il est possible, partager leur temps en telle sorte, qu'ils en donnent la meilleure partie à ces deux illustres theatres des plus belles actions. Quand on n'est point arresté par des maladies incompatibles avec cette sorte de vie, ou par des affaires domestiques & facheuses, qui menassent d'vne ruine asseurée si l'on ne s'occupe à les desmesler, ie me persuade qu'il y a vne certaine obligation de conscience & d'honneur, qui nous doit engager à nous presenter ainsi dans ces lieux, qui doivent estre les rendez-vous de tous les honnestes gens du Royaume. C'est vn devoir qu'on doit rendre à son Souverain, dans la pensée qu'on doit avoir, que le Roy de tous les Monarques veut qu'on le regarde comme son image viuante, & qu'on ne doute point que les services qu'on luy rendra dans cette consideration, ne soient recompensez de sa Majesté divine, comme si elle-mesme les avoit receus. C'est pourquoy il faut que l'attachement que l'on doit prendre aux interests de son Prince legitime, soit accompagné d'vne fidelité inébranlable. C'est luy qui porte dans son Estat, les premiers caracteres de la Noblesse de Iesus Christ. C'est à luy qu'il donne aussi, le premier pouvoir de porter vne Espée; toutes les autres personnes de condition le reçoivent en suitte, avec despendance de leur Roy, pour s'en servir par ses ordres, ou par sa permission, dans toutes les occasions où il est iuste de la tirer avec honneur. Nous connoiſſons de là qu'il ne l'eſt iamais, de s'imaginer qu'on en puiſſe legitimement vſer contre ſon ſervice. Si l'on ſe trouve engagé auprés de quelque Grand, il eſt raiſonnable de le ſervir avec affection, de hazarder ſon bien & ſa vie pour ſes intereſts legitimes : mais s'il eſt aſſez malheureus, pour entreprendre de faire la guerre à celuy duquel il eſt né ſujet, il faut avoir aſſez de courage & aſſez d'honneur, pour teſmoigner l'affliction que l'on reſſent de ſa diſgrace, la part qu'on prend en tout ce qui le touche, le deſir veritable dans lequel on eſt, de ſe ſacrifier ſoy-meſme pour contribuer à ſon avantage, autant que le devoir le peut permettre; mais que pour armer contre leur commun Souverain, c'eſt à quoy nulle conſideration ne portera iamais. En effect les plus grands Seigneurs doivent eſtre comme des degrez magnifiques, qui aident les Gentilshommes qui s'attachent à eux, à s'approcher du Roy, pour luy rendre par leurs moyens, les reſpects & les devoirs auſquels ils ſont obligez.

Le deſir de ne point ſortir de chez ſoy, de crainte que les vices qui regnent ordinairement au milieu du plus grand monde, n'entraiſnent dans leur corruption, eſt legitime à ceux que leur qualité n'y appelle pas, ou bien à ceux qui ſont veritablement choiſis de Dieu (par ce mouvement qu'on appelle *vocation*) pour mener vne vie retirée. Ces perſonnes ont leur diſpenſe particuliere, du ſupréme Arbitre des emplois de ſes Creatures ; mais comme cela n'arriue pas ſouvent, il n'en faut pas faire vne régle generale ; & il eſt bien mieux, à mon avis, de ſe tenir à la commune & à la couſtume ordinaire de ce Royaume, qui veut que l'on ſe produiſe pour ſatisfaire à ſon devoir, & aux obligations

obligations que la majesté de Dieu impose, en donnant vne condition qui demande que ceux qui la reçoivent, ne demeurent pas oisifs & cachez dans leurs maisons.

La retraite & l'esloignement de la Cour, ne sont pas vn moyen general de servir Dieu, ils en sont seulement vn particulier, pour ceux que sa volonté appelle à vne vie retirée: & c'est faire tort à sa puissance & à sa sagesse infinie, que de douter qu'il n'en ait vne infinité d'autres, dont il se sert pour maintenir dans la fidelité qu'on luy doit, ceux qu'il attache aux divers emplois du monde. Comme ceux que sa Providence en a separez, courroient fortune de se perdre, s'ils y rentroient par leur propre inclination; ceux aussi qu'elle y fait demeurer, peuvent solidement y attendre la force qui leur est necessaire, pour y viure tres-chrestiennement, & croire que s'ils le quittoient par leur propre mouvement & sans vocation particuliere, ils seroient en danger de ne pas rencontrer toute la benediction qu'ils desireroient.

La seule force de la grace de Iesus Christ nous conserve du peché, en quelque estat que nous soyons: elle est aussi puissante pour empescher que ceux qui se voyent environnez des crimes qui se commettent tous les iours, & des voluptez qui charment les hommes, ne s'y laissent point emporter; qu'elle est forte pour donner des sentimens si fermes & si courageus, aux bons Religieus qui viuent dans les Cloistres, qu'ils puissent par leur moyen embrasser des travaus continuels, & tout à fait contraires aux mouvemens que la nature corrompuë fait esleuer en leurs ames. Reconnoissons donc avec respect, que le Fils de la Vierge peut infiniment proteger toutes les personnes qui le servent, de quelque profession qu’ils soient, & que la seule fidelité à bien suivre ses inspirations, est ce qui establit essentiellement les Chrestiens, dans l’estat où il les desire.

S’il falloit confirmer cette verité par les exemples, nous en verrions se produire à la foule, pour nous faire connoistre que les vrais serviteurs de ce grand Seigneur, sont tousiours plus forts que toute la malignité du monde. Ils nous feroient paroistre que ce n’est pas à le fuir, que Dieu a establi l’vnique remede, pour eviter la malice qui y regne ordinairement. Et en effect ce seroit vne chose bien dangereuse, que de prendre ce sentiment: cela tireroit à des cósequences tres-fausses, & persuaderoit que les Estats des Princes Catholiques, & toutes les dignitez qu’ils enfermét, devroient estre abandonnez de tous les gens qui veulent veritablement posseder Iesus Christ. Ce qui seroit tres-pernicieus, puis que nous voyons que cette pensée est contraire à celle de l’Eglise, qui les a tousiours beaucoup estimez, & qui les regarde cóme vne de ses belles richesses. Elle honore tous les Souverains de titres tres-avantageus, & oblige ceux qui l’escoutent, à rendre beaucoup de respect aux personnes élevées dans les grandes qualitez. Son zele est de détruire l’autorité du prince des tenebres, & de mettre à sa place, celle de son adorable Espous. Ce divin Seigneur luy inspire vn si noble dessein, lequel il veut executer par le secours de tous les braves Seigneurs, & de tous les genereus Gentilshommes qui prendront soin de se porter courageusement, en suivant le mouvement de son Esprit, dans les grandes charges des Estats de la terre.

L’histoire de la sainte Eglise nous fait voir que les Apostres, si chers à leur Maistre, ont esté envoyez par luy dans vne partie des Cours de l'vniuers, & devant les Gouverneurs des grandes Provinces qui dependoient de l'Empire des Romains, pour y porter la majesté de son nom. Ils estoient si esloignez d'estre arrestez dans cette entreprise, par la crainte de se corrompre, à cause des meschancetez qu'ils voyoient commettre aux hommes, que S. Paul nous tesmoigne que ce sentiment eust esté pernicieux, & qu'ils seroient tombez dans vn grand malheur, s'ils avoient manqué d'annoncer aux peuples la verité de l'Evangile.

Il faut donc que les Personnes de qualité se produisent, autant que leur volée & leurs affaires le permettront : ils doivent contribuer, selon les avantages qu'ils auront receus du Fils de la Vierge, à l'establissement de son regne, dans tout ce qui regarde la maniere de vie, qui est propre à ceux de leur rang. Il est certain qu'on y trouvera vn secours asseuré, que la protection Divine sçaura bien donner dans toutes les occasions necessaires. Enfin la diversité des graces, que la bonté de ce Seigneur communique aux siens, est vne des beautez de son Empire : rien ne les peut espuiser, & ceux qui s'imaginent le salut si difficile aux personnes qui sont dans les grandeurs de ce monde, ne considerent peut-estre pas assez, que le Verbe incarné a dit, que ce qui estoit impossible aux hommes, ne l'estoit pas à Dieu, & que c'est l'effect principal de sa Grace d'eslever dans sa propre force, la foiblesse de la Nature corrompuë, & d'oster à ceux qui possedent des biens, l'attachement à ces mesmes biens qui les enrichissent.

LE SEPTIESME AVIS POVR les personnes de condition, est qu'ils doivent choisir vn homme de bien & d'vne pieté tres-elevée, pour leur amy, afin qu'il les puisse assister dans toutes les diverses rencontres de la vie. Le huictiéme conseil les invite à renoncer au Duel, par respect aux ordres du Souverain de tous les hommes, aussi bien que par obeïssance aux Edits du Roy.

CHAPITRE VIII.

PVisque dans toutes les affaires importantes, qui arrivent pendant le cours de la vie, il n'y a point d'homme qui ne soit bien aise d'avoir vn amy, avecquelequel il puisse s'entretenir de ses desseins, descharger son cœur dans les divers accidens qui arriuent, & prendre conseil sur les difficultez continuelles qui naissent à tous momens; il me semble qu'il seroit bien iuste d'en chercher vn, qui eust toutes les bonnes qualitez necessaires pour aider à marcher dans la solide voye de la veritable devotion. C'est vne chose assez importante, pour ne la pas negliger, & ie pense que le conseil que i'en donne, ne doit pas aussi estre receu avecque mépris. Ces grands hommes esclairez du Ciel, qui ne sont dessus la terre que pour servir à celuy qui les y tient, & pour y conduire ceux qui ont recours à leur assistance, sont de beaucoup preferables à toutes les autres personnes. Si l'on n'a pas la facilité de les posseder si commodément, que ceux qui sont dans dans vne pieté plus commune, i'aimerois mieux me cōtenter de les voir moins souvent, que de les abandonner pour suivre les conseils de ceux, qui n'ont pas l'esprit si ouvert aux choses de Dieu, ny l'ame si desinteressée: car il arrive quelquefois, que ces derniers conduisent plustost ceux qui suivent leurs avis, par leur propre mouvement, que par ceux de l'esprit du Fils de Dieu.

Ces hommes choisies dont ie parle, tels qu'ont paru en ce siecle l'illustre Monsieur de Genéve, le devot Pere Souffren, & le grand & divin Pere de Condren, portent des lumieres si vives, qu'il est presque impossible de n'estre pas esclairé & eschauffé tout ensemble, quand on a quelque communication avec eux. Ce sont des asyles asseurez, où l'on trouve les oracles de la verité de Dieu, toutes les fois que les troubles s'eslevent dans les ames, & qu'on a besoin de consolation. Quand on ne seroit pas dans le mesme lieu, où demeurent ces fideles serviteurs de leur Maistre, vne de leur lettre suffit, pour produire tous les bons effects qu'on en peut souhaitter.

C'est par eux qu'on est instruit dans les vrais principes de l'humilité & de la charité Chrestienne, qui sont avec la joye & la paix interieure, les fermes colomnes qui soustiennent le Trône que le Roy eternel s'esleve dans les ames. S'ils font entendre que la charité fait la richesse des habits, dont ce grand Seigneur pare ceux qu'il appelle à ses nopces, & à ses festins pleins des pompes augustes dont il resioüit les siens, ils enseignent asseurément aussi, que l'humilité en compose le lustre & l'agrément: si l'vne nous fait aimer Dieu, & tous ceux que la Grace vnit & embrasse, de quelque nation qu'ils puissent estre, l'autre nous fait croire que parmy ce grand nombre de personnes, il n'y en a pas vne qui soit moins considerable que nous, devant les yeux de celuy qui penetre iusqu'au fond des consciences.

Ces guides excellens & instruits dans les belles veritez de la Religion, donnent des conseils propres à éviter les escueils d'vne devotion perilleuse. Leur conduite pleine de respect pour toute l'Eglise, pour le Chef visible qui la gouverne, pour les ministres qui la servent, & pour tous les Ordres saincts qui l'embellissent, apprendra infailliblement à honorer toutes les pratiques qu'elle reçoit, & l'vsage present qu'elle fait des riches tresors, que son Espous celeste luy a mis entre les mains. Ils enseigneront à fuir les tenebres qui se cachent sous vne lumiere apparente, pour abuser ceux qui se persuadent, que tout ce qui a de l'esclat en cette matiere, a aussi de la solidité. Ils feront remarquer nettement, par la suitte de tout ce qui s'est iamais passé de considerable dans l'Histoire de cette sainte & genereuse Mere de tous les Chrestiens, que les plus severes & ceux qui ont affecté les opinions les moins communes, n'ont pas tousiours esté les plus Saints.

Entre vne infinité de ceux qui ont failli par ce pretexte, Tertullien & Lucifer Evesque de Caglari en Sardaigne, hommes celebres parmy toutes les Nations qui reveroient le culte de la veritable Religion, en sont des témoins irreprochables ; & leur chûte est vn avertissement, qui estonne ceux qui se veulent trop écarter des sentimens ordinaires par vne rigueur affectée, & qui jettét l'Esprit de division parmy ceux, qui doivent plus estimer la paix & l'vnion de celle qui les a faits Chrestiens, que desirer l'establissement d'vne opinion, qui met plus de crainte & de glace dans l'ame de ceux qui la suivent, que de douceur & de charité pour le prochain. Tout ce qui retire du commerce cordial, qui doit estre entre tous les enfans d'vn mesme Pere, & qui separe de cette societé pleine de charmes, qui doit tenir tous les Chrestiens dans la douce & suave vnité d'vn mesme Esprit, est asseurément dangereus. Ces hommes inspirez du Ciel, (que ie conseille de choisir entre mille, s'il est possible) feront infailliblement considerer, que tous les illustres Saints, dont le Verbe incarné a fait éclatter les merites & les merueilles pendát leur vie sur la terre, ont marché par cette voye commune, & ont fait triompher leur douceur à converser avecque les hommes, & à les porter à Dieu par des moyens faciles & aisez, de toutes leurs autres vertus.

Tels ont esté les saints Peres, qui ont enrichi l'Eglise, de la doctrine de verité pendant les premiers siecles ; tels les saints Benoists, les saints Bernards, les saints Dominiques, les saints François d'Assize & de Paule, les saints Ignaces & les saints François Xaviers, & vn tres-grand nombre d'autres. Tous ces illustres personnages, quoy que remplis d'vne sainteté qui ne se rencontre que tres rarement, ont pourtant tousiours consolé les hommes, & les ont conviez à chercher leur salut, d'vne maniere qui les charmoit plutost que de les espouvanter. Ils les engageoient à bien viure, avecque tant de suavité, qu'ils leur faisoient experimenter à tous momens, que le ioug que le Roy des Rois impose à ses heureus sujets, est orné de mille douceurs qui le rendent tout plein d'attraits & d'agrémens. Ils leur faisoient voir que ceux qui le portoient, s'en reconnoissoient avec iustice, tres-richement parez, & le regardoient comme des ornemens pompeus, qui composent les beautez que le Verbe incarné met dans les siens. C'est ce qui a fait dire à ce Seigneur avecque tant de verité, que cet aimable poids qu'il nous aidoit à souſtenir, eſtoit effectivement bien leger.

Ainſi par le ſecours de quelqu'vn de ces grands hommes, dont le monde n'eſt iamais depourveu, on ira ſeurement dans les routes battuës, & frequétées de la plus ſolide pieté; & on arrivera enfin à celuy qui en eſt la voye aſſeurée, comme il eſt la vie dont nous devons viure, & la verité qui nous doit perpetuellement eſclairer.

Ces fidéles Conſeillers feront remarquer, qu'il n'y a rien dans la terre de ſi precieux pour ceux qui veulent ſuivre la vie Chreſtiéne, que la cõmunion. C'eſt l'ame de la religion; c'eſt l'eſſence de la pieté, & enfin c'eſt le ſacrement qui fait noſtre vnion avecque Dieu, qui la fomente & qui la nourrit. Comme il n'y a point de détachement de noſtre propre malice, que par cette vnion que nous prenons avecque le Fils de la Vierge, qui nous a fait ſes membres, il n'y a point auſſi de moyens ſi puiſſans pour nous communiquer cette meſme vnion, qu'eſt celuy de communier. C'eſt le vray effect de ce Sacrement, que de la donner. Le bapteſme qui fait le premier pas du Chriſtianiſme, regarde la communion du corps de Ieſus Chriſt, comme le bien auquel il nous prépare; de telle ſorte que quand l'âge permet de le recevoir, il s'en faut incontinent approcher. Nous en ſerions touſiours indignes par nous meſmes, quand nous employerions tout le temps que le Monde doit durer, à nous y diſpoſer: nous ne devons pas auſſi attendre cette ſainte preparation de nos propres forces, mais de la liberalité de celuy qui nous la communique, en ſe donnant luy-meſme

& la Lascheté du Duel. 275

mesme à nous: car il est le seul qui nous peut preparer à le bien prendre.

Si nostre indignité nous esloigne de ce tresor de tous les biens qu'on peut posseder en la terre, où trouverons nous vn remede assez puissant pour la reparer & pour la surmonter, si ce n'est en ce divin Seigneur d'où procedent tous nos avantages ? Ou prendrons nous de la force pour fortifier nostre foiblesse, si nous fuyons la force éternelle, qui est cachée en ce grand mystere ? L'Eglise qui voit mieux que tous les hommes ensemble, nostre indignité & l'effect qu'elle doit produire en nous, nous marque precisément sa pensée là dessus, lors qu'elle fait dire au Prestre, devant qu'il prenne le corps du Fils de Dieu pour luy, & qu'il le donne aux autres, des paroles qui expriment cette mesme indignité en nous, mais l'expriment de telle sorte, que dans le moment que nous la declarons par la bouche de celuy qui offre le sacrifice, nous nous exposons aux yeux de Iesus Christ dans son adorable Sacrement de l'autel, & au lieu d'en demeurer-là, par la connoissance de nostre misere & de nostre infirmité, & de nous reculer dans cette pensée de cette table sainte, nous nous avançons avec cófiance, & prenons ce precieus gage de nostre salut. Cela nous fait bien connoistre que le sentiment de cette Espouse du Fils de Dieu, est qu'on croye que c'est là le plus grád moyen que nous ayons, pour remedier à nostre grande indignité.

Comme le Verbe incarné, dans le Ciel donne tout aux bien-heureus en les communiant de luy-mesme tout glorieus, ainsi que parle le Concile de Trente, & le grand S. Cyprien; aussi il donne tout à ses membres sur la terre, se-

Mm

lon leur eſtat de grace, en les cómuniant de ſon corps adorable & caché ſous le voile du Sacrement. Si l'on pretend qu'il faut faire penitence, qui eſt ce qui peut mieux eſtablir dans cette vertu, que ce meſme Seigneur qui ſe communique avec ſon Eſprit de penitence, à ceux qui ont le bien de le recevoir? Car tout ainſi qu'il eſt la vie, la voye & la verité, il eſt auſſi toutes les vertus & les perfections qui ſont neceſſaires aux hommes. Et c'eſt principalement par cette communion auguſte, qu'il les enrichit de toutes ſes merveilles: c'eſt pourquoy il faut quitter toutes les penſées qui tendent à nous eſloigner de luy. C'eſt vn chemin perilleus que de pretendre à la grace, à la lumiere, à la charité & à l'humilité, & de les chercher en fuyant celuy qui eſt toutes ces choſes, & qui les donne abondamment par luy meſme.

Si nous voulons demeurer en luy, & qu'il demeure en nous, en quoy conſiſte le plus ſolide & le plus ſaint eſtat d'vn Chreſtien; nous devons ſouhaitter avec ardeur, de recevoir ſon corps adorable. C'eſt par luy qu'il viura dans nous, & que nous viurons dans luy. Et c'eſt auſſi pour cela, qu'il a eſtabli ce grád Sacrement de ſon ſacrifice, où il eſt le Pontife & la victime tout enſemble. Il ſe peut appeller le moyen excellent, par lequel les Cheſtiens ſont eſlevez à la participation de toutes les diſpoſitions du Fils de la Vierge: ils entreront par elle dans les reſpects, que ce grand Preſtre rend à la Divinité, & la pureté de leur communion les vnira ſaintement aux bien-heureus dans le Ciel, & à tous les gens de bien ſur la terre. On apprendra de ces Conſeillers aſſeurez, qu'on ne peut trop ſouvent communier, pourveu qu'on le faſſe avec humilité, eſtant bien preparés par le Sacrement de Penitence, par vne sainte disposition, & auec desir de s'abandonner à celuy pour l'amour duquel il faut viure, & de trouuer en cette source de tous les biens, ceux qui nous sont necessaires, & dont nous auons plus de besoin. Il est pour cela sur les autels & dans le sein de l'Eglise, & on ne le peut fuir n'y se cacher à ses misericordes, qu'on ne cherche à mesme temps, les tenebres, les miseres & la priuation de toutes les bonnes choses.

Enfin c'est de ces personnes sçauantes en la maniere dont il se faut gouuerner dans l'estat du Roy des Rois, qu'on apprendra que les gens de condition sont obligez d'estre si fort à Dieu, selon tout ce qu'ils sont, que leurs grandeurs propres & les respects qu'elles leur font rendre, doiuent estre employez par le secret mouuement de leur volonté, à honorer cette grandeur infinie. En effect il est bien raisonnable qu'ils soient animez d'vn zele qui fasse seruir tout ce qu'ils ont d'avantageus, à respecter le Souuerain de tous les hommes. Ce leur sera vn excellent moyen de bien faire leur cour, aupres de cette majesté adorable. Leur Pieté ne doit rien changer de tout ce qui est conuenable à leur qualité & à leur rang; mais elle doit les porter à faire vsage de tout cela en vne maniere sainte & esleuée, qui soit digne de Dieu & de l'honneur qu'ils ont d'estre membres de son Fils.

Ie finiray le dernier de mes avis, en conseillant à ceux qui se resoluent de quitter le Duel, de le faire par vn solide principe de respect aux ordres du Seigneur de tous les Rois. S'ils se conduisent par ce sentiment, ils feront paroistre que c'est le desir de chercher la plus belle valeur & d'euiter la plus honteuse laschété, qui les anime à entreprendre vne

Mm ij

chose si raisonnable. Il semble mesmes que cette obeïssance à celuy, à qui toutes les creatures la doivent legitimement, l'obligera de les en recompenser par le don de la plus haute generosité. Ils trouveront dans cette soumission, tous les veritables motifs, avecque lesquels on doit obeïr aux Edits que le Monarque qui nous commande, a fait esclatter contre cette furieuse manie, qui a si funestement ensorcelé tant de personnes considerables du corps de la Noblesse. On connoistra mesme par-là, qu'il est malaisé d'avoir vn veritable respect pour son Prince, s'il n'est soustenu & appuyé de celuy qu'on doit à son Dieu. Et puis, asseurément vn Gentilhomme qui ne craindroit point d'offenser cette majesté infinie, dans le reste de ses autres actions, auroit bien de la peine à persuader qu'il refulast de se battre, par les raisons genereuses qui sont propres à ceux qui veulent estre veritablement vaillans : car cette valeur qu'ils disent chercher, ne peut s'accommoder avecque les vices de ceux qui menent vne meschante vie.

Il est donc necessaire de conclure, que si l'on veut veritablement joüir de la plus belle generosité, & se démesler des fers de la plus basse lascheté, il faut abandonner tout commerce avecque l'infame Prince des tenebres, & s'attacher au Souverain distributeur de la valeur, & à l'Arbitre veritable de la gloire. C'est de luy qu'on apprendra à s'eslever hardiment dans les hautes qualités, & à produire les illustres actions qui en naissent. De cette sorte on executera ponctuellement, ce qu'on a solemnellement protesté, par la declaration publique qu'on a signée avecque tant de braves gens, de ne se iamais battre en duel. On repoussera vaillamment, autant que les loix de l'Eglise &

celles de l'Estat le permettent, les iniures qui seront faites, & cette défense legitime fera souvent remporter la victoire, des iniustes ennemis qu'on aura à combattre. Ce qui paroistra plus esclattant en ces rencontres, c'est que l'on se vaincra soy-mesme, avant que de vaincre les autres, puis qu'on surmontera les mouvemens déreglez de la haine, de la colere & de la vengeance, & qu'on ne combattra que par ceux de la iustice, afin de faire triompher le Fils de la Vierge, de ces Gladiateurs abusez qui suivent les lasches maximes des demons, ses ennemis irreconciliables.

Peut-estre pensera-t'on que ie pouvois encore dire plusieurs choses, pour defendre la cause de l'illustre Valeur, & pour faire voir que le Duel se doit abandonner. Quelques-vns allegueront que ie devois ajouster à ce que i'ay produit, tout ce que nous fournissent sur cette matiere les loix de la Nature, & quantité de bonnes raisons qui sont prises de la Morale & de la Politique, & qu'il eust esté mesme à propos de monstrer de quelle consequence estoit nostre salut, qui ne peut subsister avec ce crime. I'espere toutefois que les personnes iudicieuses ne blasmeront point ma façon d'agir, s'il leur plaist de considerer que ie n'ay entrepris que de faire connoistre, qu'il y avoit de la Lascheté dans le Duel ? Chacun a ses pensées particulieres: pour moy ie confesse bien, que les autres raisons que ie n'ay point deduites, sont tres-bonnes, mais ie ne les ay pas iugé propres à mon dessein ; ie les laisse pour ceux qui s'en sçauront servir plus vtilement que moy, & ie ne fais point de difficulté de declarer, que l'experience m'a fait connoistre iusques à cette heure, qu'elles ne faisoient nulle impression sur l'Esprit des Duellistes, qui en confessant tous, que ces choses estoient tres-veritables, ne laissoient pas de se battre comme auparauant, parce qu'ils estoient charmez par la croyance qu'ils avoient, que la force de ces raisonnemés ne pretendoit pas montrer, qu'il n'y eust point de Valeur dans les combats particuliers. Ainsi tous les discours de cette nature m'ont paru presque inutiles à les persuader, & ie n'ay connu qu'vn seul moyen de leur faire haïr le Duel, qui est de prouver qu'il est plein de Lascheté. C'est donc à quoy seulement i'ay donné tous mes soins. Le temps fera voir si i'auray esté assez heureus pour reüssir dans mon dessein, & pour aider à détruire vn crime que les Braves ne doivent asseurément plus aimer.

LA NOBLESSE EST PRRIEE de considerer avec vn peu d'attention, tout ce qui a esté dit dans ce Traitté, & de quitter en suite les interests du Duel, puis qu'il enferme la Lascheté, afin de suivre ceux de la veritable Valeur, pour laquelle ils ont tousiours eu tant d'inclination.

CHAPITRE IX.

Oicy ma carriere finie, & ie me vois arrivé au terme que ie m'estois proposé. Il est temps d'achever vn dessein que ie n'ay entrepris, que pour dire quelque chose à la loüange de la Valeur, qui est sans contredit la plus esclatante perfection, que les Gentils-hommes de ce Royaume puissent iamais desirer, & pour faire voir d'vn mesme regard, la laideur épouvantable dont la Lascheté est environnée. Ie puis protester avec verité,

que l'estime, le respect, & l'affection que i'ay pour les personnes illustres, m'ont serui de motif, & m'ont fait commencer ce discours, dont i'ay tousiours crû que le sujet
leur seroit infailliblement agreable, puis que ie suis asseuré que toute leur inclination pleine de generosité, les porte à chercher par toutes sortes de nobles travaus, la solide
gloire que cette belle vertu donne à ceux qui en sont animés.
C'est par elle aussi qu'ils sont portez à fuir avec horreur, la
honte que produit le vice qui luy est si contraire. Ie desire
finir ce Traitté dans les mesmes sentimens qui me l'ont fait
commencer; & ie m'estimerois heureus, s'il leur plaisoit
de considerer, que les moyens que i'ay employez pour
parler d'vne matiere si conforme à leur humeur genereuse, portent les caracteres d'vne verité aussi reelle & aussi
nette, que le fonds qu'ils esclaircissent, est pur & éloigné
de toute sorte de fausseté. Ie les ay établis sur cette maxime
si approuvée de tous les honnestes gens, qu'il faut aimer la
Valeur autant qu'on doit haïr la bassesse du courage. Ma
passion a esté de tirer de ces solides fondemens, les consequences infaillibles qui ont fait les parties de ce Traitté,
& i'ay evité avec soin, les raisonnemens qui n'estoient pas
appuyez de cette lumiere inébranlable, qu'on ne peut contredire sans s'accuser soy-mesme de ne pas suivre celle qui
éclaire la Raison.

Ie supplie donc ces Messieurs pour qui i'ay parlé, de
faire vn peu de reflexion à tant de veritez, qui ne sont produites qu'afin de les animer à suivre les mouvemés de cette
illustre qualité des grands Heros, & pour descouvrir l'aveuglement qui les empesche de reconnoistre que la lascheté,
qu'ils fuyent avecque tant d'empressement, est toute plon-

gée dans le Duel, qui en est le tresor infame & la source deplorable. S'il leur plaist de considerer vne chose si importante, ie les fais eux mesmes juges des pensées qu'ils en doivent avoir; & s'ils reconnoissent que ie n'ay point avancé de mensonge, ie me persuade qu'ils detesteront avecque moy, le crime qu'ils connoistront si plein de honte & de bassesse. Car enfin il faut necessairement apres tout ce qui a esté dit dans ce Traitté, qu'eux & moy nous resolvions à suivre les solides maximes de la veritable Valeur, ou à confesser que nous ne voulons rien pretendre à cette aimable qualité. En mon particulier ie declare que ie la veux chercher au peril de mille vies, si ie les pouvois perdre, & que i'aimerois mieux souffrir tout ce que les tourmens ont de plus rude, que de m'éloigner tant soit peu d'vne si illustre perfection. Ie suis persuadé que tous les honestes gens, qui sont nez Gentilshommes & qui portent l'Epée, ont les mesmes sentimens. Il faut donc tirer vne conclusion nette & cóvainquáte sur vn sujet si importát, & par vne necessité inévitable me códamner cóme vn imposteur, & vn ennemy de la vraye generosité, si i'ay dit quelque chose de faux, & si i'ay traitté le Duel de calomnie, au lieu de découvrir les laschetez dont il est rempli, m'accuser moy-mesme d'avoir offensé la Valeur, & m'obliger en suitte avec honte, à porter le nom de lasche pour vne faute si considerable; ou bien on doit reconnoistre hautement, que n'ayant rien de ferme à objecter à la force des raisons que i'ay apportées pour convaincre le Duel de lascheté, il est necessaire de l'abandonner avec horreur, ou renoncer au nom de *brave*, & avoüer ingenûment qu'on veut estre lasche, puis qu'on veut suivre & agreer la lascheté de ce crime. Voila veritablement vn

pas

pas bien glissant, mais il est raisonnable qu'il serve d'espreuve pour penetrer le fonds de nos cœurs, & pour faire iuger d'vne maniere qui ne laisse plus de doute aux hommes, si le Duelliste est lasche ou vaillant, ou si ie suis le defenseur de la belle valeur, ou de la lascheté qui luy est si contraire. Il est bien iuste de soumettre en cette rencontre nos sentimens, aux declarations que le Roy a faites sur cette difficulté, & au iugement que Messieurs les Mareschaus de France en ont rendu. Suivons les donc avec déference, & evitons plus que la mort, tout ce qui nous pourroit faire meriter le nom infame de *lasche*. Ce seroit vne chose prodigieuse, vn mal trop deplorable, & vn enchantement trop funeste, d'estre convaincu des veritez que i'ay avancées, & de persister cependant par la force d'vne coustume qui suit la lascheté à estimer le Duel, & à ne se pouvoir resoudre à le quitter. Ce seroit la marque infaillible de la punition que la belle valeur offensée fait resentir à ceux, avec lesquels elle ne veut point avoir de commerce, parce qu'ils l'ont trop mesprisée: ce malheur-là pour eux, & l'impression de la derniere lascheté dans leurs ames, sont vne mesme chose.

Ceux qui ont defendu iusqu'à cette heure la manie que ie combats, seroient sans doute fort en colere, s'ils venoient à s'appercevoir, que les charmes de quelque Sorcier les auroient pû si fort abuser, que de leur faire porter à la veuë de toute la Cour, des habits de Paysans pour des habits fort à la mode, aussi riches & aussi ajustez que ceux de leur rang les doivent avoir. Ils ne pourroient assez s'estonner de ce qu'ils auroient esté si trompez, que de s'imaginer qu'ils estoient fort braves, lors qu'ils paroissoient aux autres que les sortileges ne troubloient pas, dans vn estat si estrange.

Pourquoy donc n'auroient ils pas les mesmes ressentimens contre le Duel, & contre celuy qui s'en sert à les charmer si prodigieusement, que de leur faire prendre la timidité pour la Valeur? Il est bien iuste de sortir d'vn estat si pitoyable, c'est vne maladie qui se peut guerir: on voit tous les iours de fort bons esprits, qui tombent dans des fiévres chaudes qui les font resver; mais ils recouvrent avecque la santé, la mesme lumiere & la mesme force du raisonnement, qu'ils avoient avant que d'estre malades. Il en arrive de mesme à ceux qui sont persecutez de cette manie: devant qu'elle fist son impression, ils estoient braves, & apres qu'elle sera passée, ils reprendront leur premiere valeur. Ce crime est vne langeur mortelle dans le courage, il la faut guerir. Pour le bien faire, il est necessaire que le mesme remede, qui chasse la lascheté qui cause le mal, restablisse la generosité qui porte la guerison; car c'est vne chose asseurée, que le veritable homme de cœur aura tousiours autant de haine pour la timidité de ce vice, qu'il aura d'amour pour la belle valeur. Le mesme pas qui nous approche de cette perfection, nous doit separer du Duel, qui est son contraire, & ce qui en est le plus esloigné.

Apres tout, Messieurs, puisque vous estes nez pour estre vaillans, puisque l'ardeur que Dieu a imprimée dans vostre ame, vous anime continuellement à desirer de vous produire dans le rang de ceux qui l'ont esté, & que ce mesme feu vous fait concevoir vne haine irreconciliable, pour tout ce qui porte le caractere de la timidité; comment pensez vous pouvoir parvenir à vn si noble dessein, si vous tournez le dos à l'auteur de la plus esclatante generosité, pour suivre les sentimens de celuy qui imprime tousiours cette honteuſe qualité? C'eſt chercher la lumiere dans le milieu des tenebres, & la vie dans les mains funeſtes de la mort.

Ne vous laiſſez plus abuſer par les noirs ſortileges du perfide trompeur, qui aveugle ceux qui aiment ſes maximes. Il eſt temps de voir la lumiere qui vous peut eſclairer, & de recevoir du Souverain de tous les Rois, le preſent magnifique de la plus haute valeur qu'il vous veut liberalement donner. Il n'y a point de nuage ſi ſombre, que les brillantes clartez de cette excellente perfection ne diſſipent facilement. Nous en voyons tous les iours paroiſtre des effects miraculeus. Vne partie du corps auguſte de la Nobleſſe a reconnu ſes erreurs, & le petit nombre de ceux qui ont oſé avec vne hardieſſe admirable, s'oppoſer genereuſemét aux torrens impetueus, qui emportoient tous les hommes dans les precipices du Duel, en a produit vn ſi grand des plus honneſtes gens de ce Royaume, & a ſi bien ietté le feu de la plus belle valeur, dans l'ame de ceux qui aimoient ce crime auparavant, qu'on ne peut douter que ce ne ſoit vn ouvrage de la main de celuy qui eſt tout-puiſſant. La Cour qui paroiſſoit autrefois le theatre où le demon triomphoit avecque plus d'orgueil, de la dure ſervitude de ceux qu'il aſſujettiſſoit ſous le ioug de cette manie, fait gloire maintenant d'avoir rompu les chaiſnes de ce laſche monſtre, & d'avoir recouvert ſa liberté avec ſa premiere valeur. Nous voyons beaucoup de perſonnes de condition dans les armées & dans les Provinces de cet Eſtat, qui ſuivent genereuſement ces illuſtres Exemples. Qu'eſt-ce donc qui vous empeſcheroit encore de vous laiſſer eſchauffer par l'ardeur de ces magnanimes mouvemens, & de regarder avec eſtonnement & avecque meſpris, les

Nn ij

tromperies avecque lesquelles le lasche prince des tenebres avoit pû enforceler par ses illusions, tant de gens considerables?

Si c'est que le combat qui a vn iour assigné, auquel on se prepare de sang froid a quelque chose pour vous de charmant, vous pouvez vous disposer à celuy qui se doit faire à vn iour determiné, entre le magnanime Roy de tous les Rois, & le cruel tyran qui commande à tous les Princes de la terre, qui sont si malheureus que d'estre ennemis de cet illustre Seigneur. Maintenant chacun assemble ses troupes, qui seront composées de tout ce qu'il y aura d'hommes au monde. Le lieu où cette grande Bataille se doit donner, est marqué, le temps en est pris par le Souverain Arbitre des Creatures, & les Chefs des deux partis font armer leurs alliez, leurs suiets & leurs plus fideles amis. Vous estes appellez à cette fameuse iournée, où la belle Generosité paroistra dans son esclat avecque toutes ses plus vives couleurs, & la timide Lascheté, dans ses ignominies & dans sa honte: disposez-vous à faire voir en cette occasion signalée, ce que vous avez de valeur. Vous y verrez les derniers efforts de cette eminente qualité. Elle produira en cette rencontre ses plus hauts faits. C'est à vous de prendre si bien vos avantages, que vous ne soyez pas privez de son secours.

Enfin vous estes environnez de deux ennemis declarez, qui vous invitent par tous les moyens possibles, d'embrasser leur querelle, & de vous mettre dans leurs interests. L'illustre valeur, parée d'esplus esclatantes beautés de la gloire, & des charmes brillans de l'honneur, suivie de tous les grands Heros qui ont enrichi le monde des merveilles de leurs actions prodigieuses, vous appelle à son Party, pour vous rendre triomphans avec elle, de tout ce qui s'opposera iamais à son invincible force. Vous avez de l'autre costé la basse Lascheté suivie, de la honte & du mespris, qui tasche à vous persuader par ses artifices ordinaires & remplis de sorceleries, de vous ranger auprés d'elle, pour partiper à toutes ses craintes, ses tremblemens & ses foiblesses, qui ne peuvent avoir que la confusion en partage. C'est à vous, Messieurs, à prendre vostre résolution; il s'agit icy du choix le plus considerable que vous puissiez iamais faire. Pensez y bien serieusement, & devant que de vous determiner, consultez les mouvemens les plus cachez de vostre cœur. La passion que i'ay à vous honorer, me fait souhaitter avec vn desir pressant, que vous ouvriez les yeux, & que quittant avec vn courage digne de vostre naissance, les bassesses de la lascheté qui a establi son regne, & a posé son trosne dans le Duel, vous suiviez les brillantes clartez de la belle valeur, qui vous comblera de tout ce que la Gloire a de plus doux, de plus grand, de plus aimable & de plus charmant. Vous trouverez vne extreme facilité à prédre vne resolution si avantageuse, puis qu'elle vous fera marcher sur les pas des plus vaillans hommes de ce Royaume, qui ont enfin sceu reconnoistre la difference qu'il y a de la verité au mensonge, & distinguer la vraye generosité d'avecque la fausse.

TOUS LES PRELATS SONT suppliez d'employer leur zele pour la destruction de la lascheté du Duel ; puis qu'il est le plus grand ennemy de la valeur, qui tire son origine du Fils de Dieu. La fin de ce Chapitre s'addresse à Monsieur le Cardinal Mazarin.

CHAPITRE X.

LE respect que ie dois aux Prelats, m'oblige à ne point finir ce traitté, sans leur témoigner que ie n'estime pas qu'il puisse avoir vn succez favorable, s'il n'est fortifié de leur secours. Ils sont les parties les plus considerables de l'Eglise, & les fortes colomnes qui soustiennent ce magnifique Palais, dont le Fils de Dieu est le premier fondement, & nous les devons regarder comme les grands Pasteurs, qui ont la conduitte generale de tout ce qu'il y a de Chrestiens dans ce Royaume. C'est pourquoy ie les supplie tres-humblement de ne point denier leur approbation à vn Ouvrage, dans lequel il n'y peut avoir rien de bon, que ce qui portera le caractere de leur doctrine, & vn peu de participation de leur lumiere. C'est entre leurs mains sacrées que le Verbe incarné l'a mise en depost : leur bouche annonce les oracles de la Verité, & les feux esclattans qui en sortent, doivent esclairer tout le reste des hommes.

Faites moy donc la grace, sçavans Depositaires des secrets de l'Epouse du Fils de la Vierge, qui les découvrez tous les iours à ceux qui se rendent dignes de les entendre, d'appuyer de vostre autorité, les paroles dont ie me suis servi, pour exprimer quelque chose des beautez de la Valeur, qui tire son origine de la source de toutes les grandes qualitez, & pour faire paroistre en mesme temps, les infames laschetez dont le Duel est environné. Toutes les perfections de Iesus Christ meritent vn honneur infini, puis qu'elles sont soustenuës par vne personne Divine. C'est pourquoy ie me persuade, que c'est avec grand sujet que i'espere que vostre saint zele vous poussera continuellement, à faire rendre tous les respects qu'on doit à celle de ce grand Seigneur, que ie m'efforce de faire connoistre dans ce discours, & que cette mesme vertu animera vostre iuste indignation, contre le lasche Ennemy, que le Prince des tenebres luy oppose.

Les premiers siecles qui ont honoré cette Religion pleine de ceremonies, qui n'estoient que les ombres des beautez reelles que la nostre possede maintenant, ont veu comme vne merveille extraordinaire, le zele de Iosias Roy de Iuda, lors qu'il extirpa de son Estat, les crimes d'vn culte pernicieux, qu'on rendoit à de fausses divinitez, qu'il abolit l'vsage detestable de sacrifier des Enfans par le feu à l'idole de Moloch, & qu'il detruisit d'vne maniere que la pluspart des Rois ses predecesseurs qui faisoient mesmes profession de pieté, n'avoient point pratiquée, les idolatries que l'on commettoit dans les lieux eslevez. Ils ont fait considerer ce Prince assisté dans vn si noble dessein, du grand Prestre Helcias, & d'vn grand nombre de Sacrificateurs & de Prophetes. Cette histoire que l'Esprit de Dieu a bien daigné nous apprendre, n'est qu'vne figure de ce qui se passe auiourd'huy. Nostre Monarque est le puissant Roy du veritable peuple, que Dieu s'est choisi en son Fils bien aimé. Il fait esclatter plus fortemét que ceux qui l'ont precedé, son répect & son amour pour la Divine generosité de celuy dont il est l'image en la terre, & son aversion extreme contre les sacrifices lugubres, qu'on fait laschement par le Duel, aux tristes & timides manies de l'infame Demon qui y preside. Vous estes, ô sains Peres de l'Eglise, les veritables Helcias & les veritables Pontifes, qui animez le feu divin qui eschauffe nostre Prince, & vous paroissez d'autant plus gráds & plus eslevez par dessus ces Prophetes & ces Prestres que le texte sacré nous represente, que la Loy nouvelle est relevée par dessus l'ancienne, & le sacerdoce de Iesus Christ par dessus celuy d'Aaron. Employez donc s'il vous plaist, vos soins à pousser à bout vn dessein si genereusement entrepris.

Vous estes associez au grand Saint Remy, qui a autrefois travaillé avecque tant de soin à déraciner le culte des faux Dieux, qu'on adoroit dans cet Estat: donnez aussi vos travaus à dissiper les tenebres, dont le Demon y a couvert le Duel. Ie pense que c'est avecque raison que ie vous representeray, que le venin caché dans ce crime par la malignité qui le penetre, n'est pas moindre que celuy qui infectoit les cœurs de nos Peres idolatres. Et ie crois estre bien fondé à dire, que les chaines avecque lesquelles le fier Ennemy du genre humain attachoit les premiers François à ces fausses superstitions, n'estoient point si fortes ny si difficiles à rompre, que celles qui retiennent nos illustres Captifs, sous la basse servitude du timide Duel. L'erreur a serré les liens des vnes & des autres, & a fait naistre des opinions tenebreuses dans les Esprits de ceux qui ont esté

abusez

abusez de ces deux pernicieuses tromperies; mais l'orgueil, le premier de tous les vices, comme le Pere qui les a engendrez dans le Ciel, Adam, rend les fers des miserables qui languissent sous la tyrannie de l'aveuglement que nous detestons à cette heure, bien plus pesans & bien plus malaisés à casser. Le poison dont il les envenime, est si subtil & si malin, qu'il les fait penetrer iusques au plus profond du cœur. Il faut des mains qui ayent receu du Ciel, le pouvoir de deslier, & qui soient pures comme les vostres, pour porter le remede & le contrepoison à cette maladie si enracinée. La benediction des Apostres chassoit le venin par la vertu de leur Foy & de leur Charité: vous estes leurs dignes successeurs. C'est ce qui me fait naistre l'esperance, que celle qui sortira de vos bouches sacrées, operera les mesmes merveilles.

Celuy de tous ces hommes divins, qui a laissé à la posterité de son Maistre plus de splendeur de sa lumiere, l'admirable S. Paul, nous apprend que les Atheniens reveroient vn Dieu inconnu, au milieu des horreurs de tous les sacrifices detestables, qu'ils faisoient aux fausses divinitez, dont leur ville estoit toute pleine. Il détrompa l'esprit d'vne partie de ces personnes abusées, & leur fit connoistre la verité de ce Dieu qu'ils ignoroient, & pour lequel neantmoins ils tesmoignoient quelque respect. C'est à vous, illustres Prelats, à faire à cette heure, la méme chose dans ce Royaume. La Valeur qui sort de Iesus Christ, est vne Divinité inconnuë à tous ceux qui aiment le Duel, quoy qu'ils tesmoignent la chercher, & avoir du respect pour elle. Ouvrez leurs yeux trop fermez à la lumiere: dissipez leurs tenebres, & faites leur considerer, puis qu'ils sont sous vos

Oo

charges, que ce beau nom de *Valeur*, qu'ils ont si souvent dans la bouche, ne servira pas plus à les rendre vaillans, puis qu'ils mesprisent, par les actions lasches & timides du Duel, la chose réelle qu'il signifie, que celuy du *Dieu inconnu* faisoit au peuple d'Athenes, pour leur donner la sainteté; à cause qu'ils profanoient indignement par leurs sacrifices abominables, l'Estre souverain qu'il leur exprimoit.

S'il m'est permis de me servir du terme du grand vaisseau d'Election dans la suitte de son discours, ie crois avoir sujet de dire, que voicy le moment arrivé, auquel Dieu regardant avecque mespris, les temps dans lesquels cette lascheté a eu vn cours trop iniuste, veut destruire ce crime infame, pour esleuer à sa place la veritable Valeur; ainsi qu'il a autrefois aboli l'idolatrie, & planté sur ses ruïnes les triomphes de nostre Religion. Il a fait ce premier ouvrage par le moyen de son Fils vnique, qui est sa propre vertu, il acheuera ce second dessein digne de sa puissance, par la force de ce mesme Seigneur, qui doit dominer sur tous les Rois de la terre, & abbaisser sous la pesanteur de son sceptre de fer, les Rebelles qui oseront se revolter contre luy. Tous ces avantages aussi appartiennent legitimement à celuy qui doit vn iour iuger avec equité, tout ce que l'Vniuers enferme de creatures.

Puis que vous estes les canaus tres-purs, par lesquels cette source inepuisable de tous les biens se répand sur les hommes, faites en couler si abondamment les eaux de la vraye Generosité, qu'elles emportent, comme des torrens impetueus qui reioüissent l'illustre demeure du Verbe incarné, dans le hardi courage des siens, toutes les hontes que la basse lascheté du Duel avoit imprimées au milieu du

& la Lascheté du Duel. 293

cœur d'vne trop grande partie de ceux qui font profession d'estre braves.

I'espere, ô grands Prelats, que le feu qui eschauffe vostre charité, se répandra dans l'ame de tous les Ecclesiastiques, qui composent avecque vous la Hierarchie de l'Eglise militante, & que ces hommes vertueus, animez de cette ardeur, ne donneront point de tréve au monstre de la lascheté, ny dans les chaires, ny dans les tribunaus de la Penitence, ny dans les conversations particulieres. Ie m'asseure que les bons Religieus, qui marchent sous les estendarts de toutes les saintes societez, dont l'Epouse de Iesus Christ est enrichie, suivront vn si pieus exemple.

Le respect que i'ay pour toutes ces personnes consacrées à Dieu me persuade encore, qu'il ne s'en trouvera point parmy elles, qui vouluft dans les compagnies & dans les discours ordinaires, faire paroître quelque estime pour les miserables aveugles qui se seroient battus de cette façon indigne, bien loin de témoigner que s'ils estoient d'vne autre profession, ils auroiet fait la méme chose. Ils sont trop bien instruits dans les beautez genereuses de nostre Religion, pour avoir des sentimens si bas, & si peu cóvenables à ceux qui participent, ou qui pretendent au royal sacerdoce du Fils de Dieu. Ils sçavent trop bien que le crime qu'on commettroit, en portát les interests du prince des tenebres contre ceux de leur Souverain, & en prenant le party de la lascheté, pour combattre celuy de l'illustre valeur qui vient de leur grand Pontife éternel, seroit de la nature du blasphéme de Iudas, lors qu'il prefera son infame avarice, à la magnifique liberalité que ce Seigneur avoit répanduë en la divine Madelaine, quand elle ietta sur luy avec vne

O o ij

sainte profusion, tres-grande quantité de parfums precieus. Le goust de la manne du Ciel qui remplit leurs ames, les empeschera de souhaitter les aulx & les oignons d'Egypte, & la colomnie de feu, qui les esclaire pendant la nuit de cette vie, leur fera mespriser les aveuglemens qui regnent dans ce pays infidele.

A MONSEIGNEVR LE CARDINAL MAZARIN.

C'Est à vous, Grand CARDINAL, que ie dois addresser mes dernieres paroles en cette tres-humble priere; puis que vous estes celuy qui portez les dernieres, & les plus nobles marques de la grandeur Ecclesiastique, qui paroisse dans ce Royaume. Le magnanime Roy auquel il obeït, vous a choisi dés sa premiere ieunesse, pour luy donner des conseils vtiles à perfectionner en sa Majesté, les illustres vertus qui sont necessaires à sa dignité supresme, & au bien de son Estat. Vostre Eminence tient auprés de ce puissant Monarque, la place que le grand Pape S. Silvestre occupoit autrefois dans la Cour de l'Empereur Constantin. Comme il formoit la foy de ce Prince, & l'eschauffoit de l'ardeur qu'il fit depuis paroistre contre les idoles, dont son Empire estoit infecté : aussi on attend de vous, MONSEIGNEVR, vn soin semblable, d'entretenir par vos avis pleins de zele, les bons desseins que nostre Souverain fait esclatter tous les iours, contre le pernicieus & lasche Duel. Vostre Eminence possede la haute qualité de Prince du Sang de Iesus Christ, les nobles caracteres s'en voyent mesme iusques sur la couleur de vos habits ; & ce Rouge qui brille avecque tant d'esclat, doit estre vn signe perpetuel du feu qui anime vostre courage, & de la part que vous prenez à la generosité Divine du Fils de Dieu. C'est luy qui vous a donné cette double gloire, d'estre & Ministre de son Estat & premier Ministre dans ce Royaume. Nous esperons, MONSEIGNEVR, que cette faveur du Ciel servira à ioindre d'vne maniere admirable, les interests du Roy de tous les Rois avec ceux de nostre Monarque. Et ie suis asseuré qu'entre toutes les choses, qui contribuent à faire connoistre que vostre Eminence agit par des mouvemens legitimes, la destruction du Duel, à laquelle elle donne ses soins, tiendra tousiours le premier rang. C'est par cette œuvre incomparable qu'on verra abbatre le plus fier Ennemy du Verbe incarné & de nostre Prince ; puis que c'est luy qui fait perir miserablement, & avecque lascheté, tant d'illustres Sujets de l'vn & de l'autre qui sont nez pour estre vaillans, & pour servir à leur gloire commune. Nous attendons avec esperance, l'heureus succez de cette entreprise, & nous verrons avec ioye, l'estime generale qu'elle vous causera.

DISCOURS AUX DAMES POUR LES obliger à user de leur pouvoir, afin de faire triompher la veritable Valeur, de la lascheté du Duel.

CHAPITRE XI.

Quelque solides que puissent estre les raisonnemens, que i'ay employez pour destruire le plus grand Ennemy, qui se soit iamais opposé à l'esclattante valeur, que nous estimons, ie les tiens cependant presque sans force, s'ils ne sont appuyez de ces illustres personnes, qui font prendre le sentiment qui leur plaist, de toutes les choses qu'on leur presete. C'est de leurs yeux si esclairez & si remplis de discernement, qu'on doit puiser le iugement & la lumiere, & c'est des oracles qu'elles prononcent, qu'il faut attendre l'approbation, ou la condánation des ouvrages qui sont faits pour paroistre devant le monde. Il n'y a point d'honnestes gens qui ne reverent la delicatesse spirituelle, avecque laquelle ces Dames qui donnent à la Cour son plus bel ornement, iugent du prix de toutes les choses qui sont produites devant elles; & c'est avec grande raison, puis qu'ils ne seroient pas de ce nombre choisi, qui compose l'eslite de ceux qu'on regarde toûjours avec estime, s'ils n'avoient affermi les inclinations de leur naissance, & acquis les derniers traits de leur politesse, parmy les agreables conversations de ces charmantes personnes. Elles sçavent tres-souvent former l'esprit des plus grands Genies, quoy que leur corps qui tient encore de l'enfance, ne le soit pas iusqu'à sa derniere perfection.

Il semble que la Nature ne les ait faites, que pour donner de l'admiration aux hommes: & sans mentir ie ne puis considerer la façon dont elle les esleve au dessus de ces mesmes hommes en vne infinité de manieres, que ie ne me persuade qu'elle a pris plaisir à se iouër d'eux, & à se mocquer de l'autorité qu'ils veulent prendre sur vn sexe, qui ne peut iamais estre soumis, qu'à l'Empire de la douceur & des charmes. Ils peuvent bien establir des loix, & introduire des maximes pour assujettir les femmes sous leur domination; mais ils n'ont point de forces pour empescher qu'elles ne renversent facilement quand il leur plaist, toutes les machines qu'on a preparées pour combattre leur souveraineté. Et cette Nature qui a donné aux hommes en apparence, le pouvoir de regner sur ce beau sexe, luy fournit en secret des armes, assez puissantes pour destruire ce qu'elle semble avoir establi. Et afin qu'on ne l'accuse point de trahison en cette rencontre, elle confesse qu'elle est vaincuë elle-mesme, & que la puissance dont elle a fait vn magnifique present aux Dames, surpasse celle qu'elle s'est reservée, pour faire paroistre les merveilles que nous admirons tous les iours dans l'estenduë de l'Vniuers. La Majesté de Dieu qui n'enseigne que des veritez importantes, nous apprend par le Prince de ses Apostres, qu'en ce qu'elles ont mesme de foible, elles meritent d'estre honorées.

Qui oseroit donc apres tant de fortes raisons qui attirent nos respects, refuser de les rendre à ces aimables personnes? Pour moy ie les supplie de croire, que ie ne manqueray iamais à vn devoir si legitime; & c'est dans cette pensée que ie leur découvre les raisonnemens de ces discours, que i'ay fait à l'avantage de la belle Valeur, pour laquelle ie suis

t

asseuré qu'elles ont vne tres-grande affection, & au mespris de la Lascheté, qui est la plus insupportable de toutes les bassesses à leurs ames genereuses.

Ie leur demande vn peu d'attention, pour considerer la force des raisons, qui font paroistre les laideurs infames du Duel, & les coniure de les appuyer, & d'avoir autant d'horreur pour ce monstre de timidité, qui s'efforce de se cacher à leurs yeux par ses illusions, qu'elles ont eu autrefois d'estime pour la generosité empruntée, dont il taschoit de se parer.

Le Roy de tous les hommes attend de leurs sentimens cette iustice, qu'elles luy doivent pour reconnoissance de tant d'avantages qu'il leur a donnez. C'est luy, MESDAMES qui porte dans sa personne toutes les richesses & toutes les beautez de la Divinité, qui verse avec vne abondance inconcevable dans le cœur de ceux qui le respectent, les torrens delicieus de toutes sortes de perfections. C'est luy qui forme des Heros quand il luy plaist, plus magnanimes, plus liberaus, plus magnifiques, plus agreables mille fois & plus charmans, que n'ont iamais esté les illustres personnes, dont les histoires des Nations nous rapportent tant de choses admirables. C'est luy qui sçait enfin donner aux Seigneurs de condition, qu'il a fait naistre pour honorer sa grandeur infinie, toutes les belles qualitez que vous estimez dans les hommes les plus accomplis; mais que vous ne sçauriez iamais rencontrer en la maniere que vous les aimez, si ce puissant Auteur de la Nature n'y met sa Divine main. C'est luy qui sçait donner cette derniere perfection, ce ie ne sçais quoy, qui fait admirer les homes qu'on appelle galants, dans le sens que vous approuvez, & qui bannit

bannit de la pensée, tout ce qu'elle pourroit se representer d'indigne d'vn Gentilhomme, qui veut marcher sur les pas de la plus belle vertu. Il sçait achever ce parfait ornement de la politesse, d'vne façon si digne de luy & si esclattante, que c'est son Esprit admirable, qui anime ces personnes merveilleuses qui possedent tant de tresors; au lieu que c'est l'orgueil tousiours bas & tousiours foible, qui donne le mouvement à tout ce que font les autres, qui taschent à s'ériger en honnestes gens, en cachant ce qu'ils ont dans l'ame.

Ouy, MESDAMES, c'est vne verité que ie prononce à la veuë de cette Puissance invisible qui nous gouverne, & à celle de toute la Cour, qu'il n'y a iamais eu d'hommes superbes, & que les siecles qui viendront apres nous n'en produiront point, qui ne portent dans le plus caché de leurs ames le venin de la bassesse, en vn point si mesprisable que vous ne les pourriez souffrir, si leur misere paroissoit à descouvert. Il n'appartient qu'a nostre Divin Heros, le plus illustre de tous les homes, de répandre les belles qualitez qui vous sont agreables, dans ceux qui les reçoivent de sa liberalité : le principe dont il les fait agir, est si excellent, qu'il emporteroit infailliblement vostre estime, s'il vous estoit connu ; puis qu'il est proportionné à la source divine, dont il procede.

Enfin, MESDAMES, c'est ce mesme Seigneur de tous les Seigneurs qui a formé la Nature, qui vous a donné ces privileges extraordinaires d'en estre les plus beaux ornemens. C'est de luy dont vous tenez toutes les grandes qualitez, qui vous font regner si absolument sur l'esprit & sur les cœurs de tous les hommes. La puissance que vous exercez sur eux avec tant de souveraineté, est vn effect de la sienne. Les nobles sentimens qui plaisent à vos inclinations espurées, sont les impressions agreables qu'il met en vous avecque tant de bonté; & l'amour que vous avez pour toutes les bonnes choses, est vn charme tres-doux, dont il se sert pour esleuer vos pensées iusqu'à luy, qui est toutes ces mesmes choses que vous aimez, dans vne maniere bien plus excellente, qu'elles ne sont dans la Nature. Si vos beautez veritablement estimables, si les plaisirs que la ieunesse porte avec elle, touchent vos sens delicats, il est le grand faiseur de miracles, qui peut faire que tous ces avantages dont vous iouïssez maintenant, passent avecque vous dans ses Estats. C'est où il vous fera regner avec plus d'esclat, que n'en a à cette heure tout ce que la Terre possede de plus riche & de plus esclattant. C'est où il maintiendra vos roses & vos lys dans vne viuacité si bien establie, que rien ne la pourra destruire : vos yeux y brilleront d'vn feu si charmant, qu'il produira le respect & l'admiration de tous ceux qui seront assez heureus pour le pouuoir regarder; & le temps qui corrompt toutes choses, n'aura plus de pouvoir sur les douceurs d'vne ieunesse perpetuelle : celles de la conuersation la plus spirituelle & la plus agreable qu'on se puisse imaginer, ne finiront iamais dans cet Empire, que les mains genereuses & bien faisantes de nostre Monarque ont fondé pour vôtre satisfactió eternelle.

Il vous demande seulement pour recompense de tant de biens qu'il vous veut donner, vn peu de complaisance pour sa noble Valeur, & beaucoup d'auersion pour l'infame Lascheté, que son Ennemy veut produire à vos yeux par ses funestes tromperies, sous les apparences de cette belle perfection. Son inclination en cette rencontre doit estre la vostre, puis que vous estes trop genereuses pour ne pas aimer vne qualité si illustre, & ne pas haïr vn crime si plein d'ignominie. Vsez donc de vostre pouvoir sur l'esprit des personnes de condition de ce Royaume, afin de contribuer à les rendre magnanimes, comme vous faites tous les iours à les rendre honnestes gens. Que vos paroles, vos pensées, & vos mouvemens soient animez de ce noble desir, & qu'ils iettent dans leurs cœurs, l'estime de la Valeur dont ie vous ay entretenuë pendant tout ce discours, & l'horreur du lasche Duel qui luy est si opposé. Ostez l'asseurance à ceux qui voudront soutenir son party, de le faire en vostre presence, & que vos ruelles & vos cabinets soient des Trosnes augustes pour cette excellente vertu, d'où le crime que nous abhorrons, soit banni avecque toutes ses bassesses & ses timiditez.

En donnant vostre estime aux belles actions, que la Generosité fera produire à tant de Braves, qui s'efforcent de se signaler en mille occasions que la guerre presente tous les iours, tesmoignez vostre mespris pour ceux qui s'imaginent qu'on les doit appeller Vaillans, parce qu'ils se piquent de bravoure, & qu'ils ont fait plusieurs de ces infames combats, où la Lascheté preside. Si vous les faites passer, côme ils sont, pour autant de marques de peu de cœur; & si vous demandez quand on vous les dira, en quoy c'est que celuy dont on vous pretend faire voir le grand courage, a tesmoigné qu'il en avoit, si vous dites que vous serez bien aise de l'apprendre, mais que pour les Duels vous ne les estimez pas des effects d'vne cause si illustre, vous aurez à mon avis trouvé le foible, par où l'on peut facilement détruire cette basse manie.

Pp ij

Si ceux qui se sont laissez vaincre à ce Monstre plein de timidité, reconnoissent que leur crime les fait passer pour lasches auprès de vous, & qu'au lieu d'en pretendre des loüanges ou de la gloire, comme on faisoit autrefois, ils n'en recevront que la honte, que pourroit attendre vn miserable qui auroit fui à la veuë de toute la Cour dans vne occasion signalée; ie suis asseuré, MESDAMES, que vous aurez donné le dernier coup au plus grand Ennemy que la Valeur ait iamais eu. Le triomphe que vous en recevrez, est si auguste & si esclattant des brillantes beautez de la victoire, que ie n'ose entreprendre de le descrire. C'est vn ouvrage pour ceux qui admireront dans quelque temps, les effects de l'amour que vous avez pour la haute Valeur, & encore faut-il que les Heros qui sont dans les pompes de l'Eternité, achevent de publier vos loüanges. Les caracteres dont ils se serviront pour cela, ne pourront estre effacez par la longue suitte des temps, & ils feront paroistre vos genereus desseins avecque tant de lustre, que les yeux de tout ce qu'il y aura de grand parmy toutes les creatures, s'occuperont tousiours à les considerer.

CONCLVSION A LA REINE.
CHAPITRE XII.

ADAME,

 Les vertus qui accompagnent vostre Majesté, portent avec elles vn feu si plein de lumiere, qu'il est impossible que ceux qui levent les yeux pour les considerer, n'en soient à l'instant mesme parfaitement esclairez. Les splendeurs qu'elles iettent, s'estendent iusqu'aux endroits de la terre où le Soleil n'a pas le pouvoir de produire le iour; & ces bornes puissantes, qui empeschent ce bel Astre de paroistre aux peuples qui sont ensevelis dans les horreurs d'vne nuit, qui occupe vne grande partie de l'année, sont trop foibles pour fermer le passage à la Renommée qui porte l'esclat de vos perfections. Aussi, MADAME, est-il tres-asseuré, que vostre Majesté a receu vne impression plus noble de la lumiere éternelle de la Divinité, que celle qui paroist dans ce flambeau du Monde, à la veuë de tout l'Vniuers. Cette clarté, MADAME, qui vous enrichit avecque tant d'esclat, me fait voir que vous estes l'Ennemie irreconciliable des tenebres & de l'aveuglement, & me donne vne esperance certaine, que vous aurez la bonté de proteger ce discours; puis qu'il n'est composé que pour répandre l'ardeur de la Generosité dans le cœur de vostre Noblesse, & pour dissiper par les clartez qui en fortent, les noires vapeurs dont celuy qui aveugle les hommes, a pris plaisir de l'offusquer. C'est par les laschetez du Duel que ce Perfide a obscurci l'esprit, & a pû abbattre le courage de ceux qui considerent avec estime, vn vice si veritablement mesprisable.

Il se trouve peu de Nations dans la terre, élevées à la connoissance des merveilles de nostre Religion, qui n'ayent esté assistées dans vne acquisition si precieuse, du zele des Princesses qu'elles ont eu l'honneur de posseder pendant leur vie. L'Angleterre confesse qu'elle est obligée de ce bien, à Marguerite; la Hongrie, à Giselle; la Pologne à Damburca; l'Allemagne, à Etelberge. Tout l'Empire Romain doit ses reconnoissances pour cette faveur signalée, à la bien-heureuse Helene, mere de l'Empereur Constantin. Celuy sur lequel vostre Majesté regne presentement, a receu cette grace excellente par le moyen de l'illustre Clotilde, & la genereuse Indegonde porta de ce mesme pays, ce don celeste en Espagne: mais, MADAME, parmy le grand nombre de ces excellentes Souveraines, nous n'en voyons point qui ayent pû abbattre ce Monstre de lascheté, que le Demon a produit depuis plusieurs siecles, sur le plus auguste Theatre de la terre.

Il avoit paru iusqu'auiourd'huy si espouvantable, si bien fortifié de ses propres erreurs & des profondes bassesses qui l'environnent, & si enraciné par la subtilité de son venin, dans la possessió du cœur de la pluspart des personnes considerables de ce Royaume, qu'on n'avoit pas crû qu'il fust possible de rien entreprendre vtilement contre luy. Les abominations qu'il porte, ainsi que cette beste que le Texte sacré nous represente, qui se faisoit admirer & adorer

& la Lascheté du Duel.

de tous les peuples du monde, avoient répandu leur poison de telle sorte dans l'ame de la plupart des hommes, qu'ils estoient contraints de rendre leurs hommages à ce cruel Ennemy de la Generosité. La terreur dont il frappoit ceux qui le regardoient, accabloit comme un coup de foudre, tous les mouvemens que la verité produisoit en eux, & qui leur faisoient connoistre que ce destructeur de la Valeur, meritoit qu'on luy fist la guerre.

Il s'est trouvé des hommes, dont la hardiesse intrepide a triomphé de la fausseté des erreurs : les Sectes Heretiques se sont veu battre en ruine par des courages genereux, aussi bien que le culte des Demons auoit senti la force de tant d'illustres Soldats du Fils de la Vierge, qui ont signalé leur victoire par le sang qu'ils ont répandu en le destruisant; mais pour le Duel, MADAME, comme il est la plus forte place que cet fier Tyran, qui a eu l'audace de se reuolter contre Dieu, ait iamais opposée aux conquestes de son Souuerain, il a aussi esté la derniere que l'on ait osé attaquer. C'est où il a mis les tresors de son orgueil : c'est où il pare ses laideurs & ses lasches trahisons, de tout ce que ses illusions & ses artifices ont de plus faux & de plus sinistre; & c'est par leur secours qu'il a paru couuert des armes de la Valeur, afin d'esblouïr par cette finesse la veüe de nos Braues, qui n'auroient pas aimé sa lascheté, si elle s'estoit monstrée deuant eux, telle qu'elle est dans elle mesme.

Cette entreprise, MADAME, contre cét infame seducteur, surpasse asseurément toutes celles qui ont esté faites iusqu'à nostre temps. Elle a esté reseruée du Ciel comme vne grace particuliere, à vostre Majesté. Ie ne vois dans la multitude de toutes les choses, qui se sont executées par les Hommes, rien de plus grand, rien de plus genereus, ny rien de plus agreable aux yeux de celuy qui vous a fait la plus puissante Reine du Monde, que le dessein que vostre Majesté a pris, de faire la guerre à ce lasche crime qui tyrannise vos Subjets : aussi faut-il auoüer que pour le pousser à bout, il estoit necessaire d'auoir cette lumiere d'enhaut, qui fait connoistre les choses iusques dans le fond de leur estre, & vn courage animé par la puissance infinie de celuy qui inspire les desseins heroïques, qui sont formez pour sa gloire. C'est, MADAME, par cette double grace que la main liberale de la Diuinité a répanduë dans vostre ame, que vostre Majesté voit toutes les veritables laideurs qui sont cachées sous les vaines apparences du Duel, & qu'elle est remplie de cette belle Generosité, qui ne peut souffrir que la lascheté des Demons abuse si injustement les Gentilshommes, que Dieu a soûmis à son autorité. N'est-ce pas vne chose cruelle que ces Intelligences condamnées aux supplices eternels, leur puissent si funestement persuader que les timiditez de ce crime portent les caracteres de la veritable Valeur, & que les maximes releuées & magnanimes du Fils de Dieu, sont lasches & priuées de ce qui est de plus illustre dans cette excellente perfection ?

Cét attentat, MADAME, contre la Valeur essentielle, que le Roy des Rois possede par la communication que son Pere luy fait de sa propre substance, ne se doit point endurer par vne Reyne tres-Chrestienne, qui possede auec abondance la lumiere de la Generosité. La plus grande de toutes celles qui ont porté la Couronne deuant la naissance de Vostre Majesté, a esté selon mon sentiment, Esther

Souveraine

Souveraine des Perses. Ces deux Vertus que ie reconnois en vous sans flatterie, esclatterent en elle auecque tant de lustre, qu'elle parut plus esleuée par sa pieté esclairée au dessus de toutes les grandeurs qu'elle possedoit, que ces mesmes dignitez ne l'estoient au dessus du commun des Hommes. Son cœur plein de l'ardeur genereuse que le feu de la force Diuine y auoit imprimée, ne ragardoit le peril euident qui menassoit vne vie si pretieuse que la sienne, que pour le mespriser. Toutes ces belles qualitez luy furent données de Dieu, afin qu'elle s'en seruist à domter l'orgueil du superbe Aman, & à sauuer son Peuple, que ce cruel vouloit faire miserablement perir.

Ie vous puis dire auec verité, MADAME, que le dessein hardi de cette Princesse, n'estoit que l'ombre de celuy que vous conceuez maintenant : de mesme que le fier Aman, & la Nation des Hebreus que cette Reyne vouloit sauuer, n'estoient que les figures du Prince des Tenebres & du Peuple Chrestien, que ce persecuteur s'efforce continuellement d'exterminer par ses noires perfidies.

S'il est donc vray, MADAME, que les choses merueilleuses que la belle & incomparable Esther a faites, ne sont que des portraits imparfaits de celles que le Souuerain de tous les Monarques demande de Vostre Majesté, combien deuons-nous croire qu'il a mis en elle, de sentimens admirables & de Generosité extraordinaire? En effet nous voyons qu'au lieu des trahisons d'vn homme que cette grande Princesse a pû surmonter, Dieu veut que vous triomphiez de celles du Demon, & qu'au lieu du Salut Temporel qu'elle a procuré à des personnes fort grossieres, & à toute la lie d'vn Peuple, il vous veut rendre assez puissante pour le causer & temporel & eternel, non seulement au commun des Chrestiens, qui sont enfans de Dieu & membres de son Fils; mais aux plus grands Seigneurs & aux plus illustres Gentilshommes, qui jouïssent des auantages que nostre Religion enferme.

Vostre guerre, MADAME, n'est pas en cette occasion contre les Armées des Ennemis ordinaires de cét Estat, que nous auons veu souuent deffaire auec vne facilité glorieuse: elle est contre les puissances innombrables de ces Princes inuisibles qui president dans les airs, & qui joignent à la force ouuerte, les finesses & les artifices les plus subtils, pour s'en seruir à captiuer des hommes.

Ie crois, MADAME, que Vostre Majesté trouuera bon que ie luy die, dans la veüe des biensfaits qu'elle a receus de la liberalité Diuine, qu'elle est obligée d'auoir beaucoup de fidelité & de chaleur, pour les interests du Fils de la Vierge. Les auantages qu'il vous a donnez, doiuent estre employez à le rendre victorieus de ses Ennemis irreconciliables, qui veulent destruire son Empire, & ternir l'esclat de sa haute Valeur. Comme ces perfides trompeurs, voyent tous les iours, que nostre ruïne est causée par les impressions que reçoiuent nos sens, qui sont sujets à se mesprendre & faciles à estre abusez; c'est contr'eux aussi, MADAME, qu'ils dressent leurs principales machines en cette rencontre, & nous voyons auec regret, que leur ruse n'est pas inutile à leurs pernicieus desseins: car quãd ils ont caché sous leurs illusions diaboliques, la terreur & la lascheté qui est essentielle au Duel, & qu'ils le reuestent d'vne pompe apparente; lors qu'ils font paroistre vn homme qui se bat, ce semble, auec courage, qui voit couler son sang, qui en tire à son ennemy, & qui luy done souuent la mort auec vn succez glorieus à la veüe des hommes; qui est celuy qui puisse refuser son estime & son approbation à cette action criminelle, & qui ose protester hautement qu'il ne s'est rien fait que de lasche en ce funeste combat? Toutefois, MADAME, il n'est pas plus asseuré que nous deuons vn iour mourir, qu'il est certain que tout ce qui a brillé auec gloire en cette occasió.là, n'est que bassesse & que lascheté. Ce qui paroist contraire à cette verité, est l'abus & la tromperie dont nos sens sont ensorcelez. C'est ce que i'ay prouué par tous les raisonnemens, que i'ay tasché d'esclaircir dans ce discours; & qu'il seroit ennuyeus à Vostre Majesté, de recommencer encore vne fois. C'est tres souuent pour la punition de nos crimes, que la iustice Diuine permet (ainsi qu'il arriua autrefois à ce Roy d'Egypte endurci) que nous tombions dans ce terrible aueuglement, qui tire les choses de leur propre iour, pour les faire voir autrement qu'elles ne sont. C'est enfin, MADAME, contre cette peste des courages genereus, contre ce venin que l'Enfer a produit, contre cette illusion magique, qu'il faut que vostre Majesté combatte. La Raison & la Philosophie nous donnent des moyens pour nous détromper, lors que nos yeux nous persuadent faussement, qu'ils voyent luire plusieurs Soleils sur nos testes, ou qu'vn baston tres-droit, que nous mettons dans l'eau, deuient à l'instant mesme courbé & tortu. La Foy nous en insinuë encore de plus asseurez, quand ces mémes sens nous veulent obliger à croire, qu'il n'y a aucun changement en la substance du pain & du vin, apres que par les paroles du Prestre, celle du Corps & du Sang du Fils de la Vierge en a pris la place. C'est aussi, MADAME, par le se-

Q q ij

cours & du Raisonnement & de cette Foy Diuine, que Vostre Majesté verra dissiper les sombres nuages, qui offusquent si pitoyablement la veüe d'vne grande partie de Vostre Noblesse, & qui l'empeschent de remarquer les lasches horreurs, dont le crime que nous detestons, est tousiours accompagné.

Ie ne doute point, MADAME, que la fermeté dont vous croyez les belles veritez de nostre Religion, ne soit incomparablement plus estimable, que celle auecque laquelle le Roy Agrippa s'attachoit aux choses que les Prophetes de l'ancienne Loy auoient annoncées. C'est pourquoy si ce Prince en a esté loüé publiquement du grand S. Paul, ie pense qu'il me sera permis de dire à Vostre Majesté, que c'est de l'abondance de cette Vertu, qui fait l'ornement de sa Pieté exemplaire, qu'elle doit tirer des armes, pour vaincre le Monstre qui cause de si grands desastres dans cét Estat. C'est vn trésor qui doit fournir les choses necessaires pour cette guerre legitime, à ceux qui ont l'honneur de l'approcher. Nous voyons desia presque toute la Cour esclairée sur cette matiere: les Armées & les Prouinces vn peu éloignées de cette lumiere, ont besoin de vostre application, MADAME, & celuy qui vous la demande auec sa douceur adorable, merite d'estre escouté, puis qu'il peut commander auec empire.

Vostre Majesté porte dans sa qualité Royale, les nobles caracteres de la grandeur de ce Souuerain de toutes les Creatures. Il prend plaisir à mettre en elle, les illustres impressions qu'elle répand. C'est pourquoy ie me persuade qu'il luy donnera vn rayon de cette puissance, auecque laquelle il peut d'vn de ses regards hardis, ietter la honte & la terreur dans l'ame de tous ceux qui aimerôt le Duel. C'est par la crainte violente que ces timides coupables ressentiront au iour brillant du magnanime Fils de Dieu, qu'ils crieront aux montagnes de les accabler, afin de n'estre point exposez à la veüe de cette Diuine source de toute la Valeur, dont leur timidité, alors despoüillée de toutes les illusions qui nous la couurent aujourd'huy, ne pourra supporter l'esclat. Oüy, MADAME, puis que vostre cœur est échauffé du feu genereus, qui sort de celuy du Fils de Dieu, i'espere que vos yeux seront animez de la mesme ardeur, & qu'ils produiront le desir de suiure les illustres mouuemens de la veritable Generosité, aussi bien que l'auersion d'vn crime si rempli de confusion & de mespris.

Nous voyons desia paroistre ces effects glorieus à la Majesté de Dieu, & à celle du puissant Monarque qui commande à tout ce Royaume. Vos soins, MADAME, s'accommodent parfaitement auecque le zele qu'a ce vaillant Prince, d'exterminer la lascheté de ce vice, de tous les endroits où s'estend sa Souueraineté. Vous aidez en cela au plus noble desir qu'ait iamais fait paroistre aucun Roy, que nos Estats ayent possedé. C'est par ce moyen que Vostre Majesté aura contribué d'vne maniere admirable, à donner des Heros pour subjets, à celuy que Dieu vous a donné pour Fils. Autrefois Alexandre se plaignoit de ce que dans ses diuertissemens, il n'auoit pas des Rois auecque lesquels il pûst faire paroistre son emulation, en courant aux ieux Olympiques: mais ie trouue, MADAME, que nostre Souuerain plus heureus que luy, n'a pas sujet de faire cette plainte; puisque ceux que vous auez produits aupres de sa Majesté, sont ces Braues que vos saincts empressemens obligent tous les iours à s'esleuer dans la haute Valeur, qui les fait estre beaucoup plus illustres, plus grands & plus estimables, que n'estoient les Rois qui viuoient au temps que ce Prince de Macedoine, faisoit paroistre vne ame si superbe.

Continuez donc s'il vous plaist, MADAME, de pousser le Duel à bout par toutes les voyes imaginables, faites en sorte qu'il soit banni de tous les lieux où vostre pouuoir est respecté, & ne doutez point que celuy qui peut tout ce qu'il veut, ne recompense auec vne liberalité digne de sa Grandeur eternelle, les Seruices que Vostre Majesté luy aura rendus en cette occasion. Si vous vous efforcez de destruire son infame Ennemy, il vous fera triompher de tous ceux de cét Estat: si vous trauaillez à estendre son Empire, il affermira le vostre; & si vous donnez à sa gloire Vostre Personne & tous vos desseins, il se donnera luy mesme à Vostre Maiesté, auecque la profusion infinie de toutes sortes de biens & d'auantages.

FIN.

www.ingramcontent.com/pod-product-compliance
Lightning Source LLC
Chambersburg PA
CBHW050755170426
43202CB00013B/2439